决战深贫奔小康

JUEZHAN SHENPIN BEN XIAOKANG

国务院扶贫开发领导小组办公室综合司
国务院研究室农村经济研究司 ◎ 编

中国言实出版社

图书在版编目（CIP）数据

决战深贫奔小康 / 国务院扶贫开发领导小组办公室综合司，国务院研究室农村经济研究司编 . -- 北京：中国言实出版社，2020.12

ISBN 978-7-5171-3606-4

Ⅰ.①决… Ⅱ.①国… ②国… Ⅲ.①扶贫－案例－中国 Ⅳ.① F126

中国版本图书馆 CIP 数据核字（2020）第 233215 号

出 版 人　王昕朋

责任编辑　郭江妮

责任校对　王战星

出版发行　**中国言实出版社**
　　　　　地　　址：北京市朝阳区北苑路 180 号加利大厦 5 号楼 105 室
　　　　　邮　　编：100101
　　　　　编辑部：北京市海淀区花园路 6 号院 B 座 6 层
　　　　　邮　　编：100088
　　　　　电　　话：64924853（总编室）　64924716（发行部）
　　　　　网　　址：www.zgyscbs.cn
　　　　　E-mail：zgyscbs@263.net
经　　销　新华书店
印　　刷　北京中科印刷有限公司
版　　次　2021 年 1 月第 1 版　　2021 年 1 月第 1 次印刷
规　　格　710 毫米 ×1000 毫米　　1/16　　18.5 印张
字　　数　240 千字
定　　价　68.00 元　　ISBN 978-7-5171-3606-4

本书编委会

主　任：郭　玮

副主任：苏国霞　张顺喜

编　委：（以下按姓氏笔画排序）

　　　　王　澎　王昕朋　韦　飞

　　　　朱艳华　余向东　张　一

　　　　张伟宾　林江平　胡明宝

　　　　贺达水　黄　阳　曹振华

　　　　韩　啸

目 录

产业发展篇

易地搬迁篇

生态扶贫篇

挂牌督战篇

收官之年绷紧弦　坚决啃下硬骨头

姚　媛

2020 年是脱贫攻坚收官之年。剩余任务虽不多，却都是"难啃的硬骨头"。在 2020 年 3 月 6 日召开的决战决胜脱贫攻坚座谈会上，习近平总书记强调，到 2020 年现行标准下的农村贫困人口全部脱贫，是党中央向全国人民作出的郑重承诺，必须如期实现。这是一场硬仗，越到最后越要紧绷这根弦，不能停顿、不能大意、不能放松。

在临近如期完成脱贫攻坚目标任务之际，从中央到地方，凝心聚力，向深度贫困发起最后总攻：挂牌督战持续展开，社会力量合力跟进，扶贫资源有针对性地倾斜，产业扶贫、就业扶贫、易地扶贫搬迁后续工作等相互配合，为推进深贫地区加速发展，促进贫困群众增收和加快发展方式转变，再添一把火。

尽锐出战，形成攻坚强大合力

在四川省凉山彝族自治州，还有 7 个贫困县、300 个贫困村，全省 20.3 万贫困人口，这里占了近 90%。

为打好深度贫困的"歼灭战"，四川省对凉山州这些贫困县、村制定了挂牌作战方案，省级领导带队，省、州、县联动。四川省农业农村厅、水利厅、人社厅、发改委等 10 余个省直部门抽调人员组成专班，分别就农业产业扶贫、贫困地区饮水安全、贫困劳动力务工就

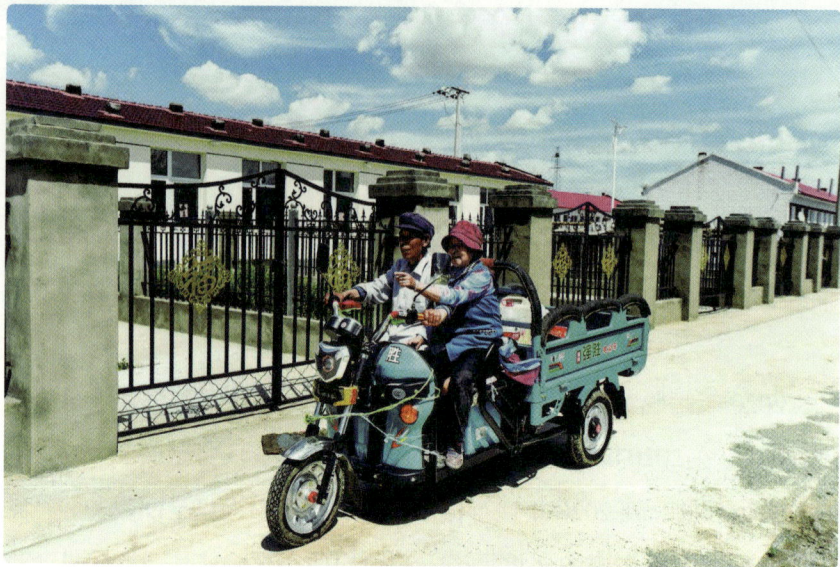

河北省康保县照阳河镇易地扶贫搬迁点，村民喜迁新居

业、易地扶贫搬迁等不同专项展开挂牌督战，一项项整改清零，一户户对账销号，把扶贫措施细化到户。

深入农村、探访群众、查住房安全、看医疗卫生……在贵州省都匀市墨冲镇，挂牌督战以召开座谈会、查阅资料、个别访谈、实地察看、现场核查、随机抽查、明察暗访等方式展开。一村一村地过、一户一户地走、一个问题一个问题地解决，对全镇的脱贫攻坚工作进行全面细致的检查，致力于发现问题和短板，全面销号解决。

较真碰硬"督"，凝心聚力"战"。中央统筹、省负总责、市县抓落实，各地的挂牌督战正积极向前推进，通过持续保持攻坚态势，层层压实责任，从而强化攻坚举措，解决制约完成脱贫攻坚任务的突出问题和薄弱环节。

攻克深贫堡垒的信心，来自"五级书记抓扶贫"、全党合力促攻坚的制度优势，来自专项扶贫、行业扶贫、社会扶贫"三位一体"大扶贫格局，多方力量、多措并举，有机结合和互为支撑。建立东西部扶贫协作、对口支援、定点扶贫、社会扶贫等行之有效的帮扶机制，广泛动员社会各界持续参与，形成攻坚决胜的强大合力。

近300个中央单位参与定点扶贫，实现对592个贫困县全覆盖，示范带动省（区、市）层层组织开展定点扶贫工作。

2020年，中央企业承诺投入和引进无偿帮扶资金33.57亿元，用于脱贫攻坚难度大、贫困程度深的重点地区，培训基层干部和技术人员9.44万名，购买和帮助销售贫困地区农产品16.59亿元。

"社会力量要主动请缨，与党中央同心同德、同向同行。"4月8日，31家民营企业和社会组织联合发出倡议书，动员社会力量结对帮扶挂牌督战贫困村，助力打赢脱贫攻坚战，为消除中华民族千百年来的绝对贫困贡献一份力量。

聚焦"两不愁，三保障"，支持力度只增不减

虽然近期遭遇了新冠肺炎疫情的冲击，但脱贫摘帽必须如期实现，脱贫攻坚的支持力度只增不减。中央财政投入力度、金融扶贫支持力度、项目布局倾斜力度、易地扶贫搬迁实施力度、生态扶贫支持力度等进一步加大，扶贫工作的重心向深度贫困地区聚焦。

截至到5月，财政部已累计下达2020年中央财政专项扶贫资金1396.36亿元，资金下达时间比往年提前1个多月，分配重点向"三区三州"和"三区三州"之外贫困人口多、贫困发生率高、脱贫难度大的深度贫困地区以及挂牌督战地区倾斜。

陕西省在财政紧张的情况下，2020年安排省级财政专项扶贫资金41.4亿元，较上年增加5.4亿元，增长15%。

住房和城乡建设部办公厅、国务院扶贫办综合司近日发布通知，要确保所有建档立卡贫困户需改造的危房2020年6月底前全部竣工。

中国银保监会印发《关于进一步加大"三区三州"深度贫困地区银行业保险业扶贫工作力度的通知》，提出银行业保险业要聚焦重点地区和特殊贫困群体，着力加大对"三区三州"135个深度贫困县，特别是未摘帽贫困县、未脱贫人口的金融支持力度。"三区三州"深度贫困地区财政补贴型农业保险的保险费率在已降费20%的基础上，再降低10%—30%。

民政部会同国务院扶贫办印发《社会救助兜底脱贫的行动方案》，重点加强对未脱贫的人口和收入不稳定、持续增收能力较弱、返贫风险较高人口的监测预警，及时把符合条件的人口纳入兜底保障范围，多措并举关爱帮扶特殊困难群体。一张基本民生兜底保障网正在编密织牢，切实做到兜底保障"不漏一户、不落一人"。

深度贫困，难在致贫原因复杂。决战深度贫困，重在"精准"，要聚焦突出问题，因村因户因人施策；既要集中力量打歼灭战，更要一针一线下好"绣花"功夫，将扶贫工作下沉到基层一线，全力补齐短板弱项。

从3月8日起，四川省都江堰管理局高级工程师刘强就一直在美姑县督导。为抓好7个未摘帽县在建工程建设，保障农村贫困人口的饮水安全，四川省水利厅已组建12个工作组共157名成员督战凉山，并在全省复查补漏。

贵州省紫云自治县的紫云第六小学，教学楼、综合楼、学生食堂等设施已基本建设完工。紫云县先后实施控辍保学"百日攻坚行动"和"春夏行动"，实施"五个一工程"、改善办学条件等多措并举，目前已基本实现义务教育阶段建档立卡学龄儿童少年全部就学，家庭经济困难学生100%享受国家政策资助。

云南省曲靖市会泽县火红乡龙树村贫困户解粉珍一家五口，仅出了1万元，于2019年11月搬进了会泽县城以礼街道的易地搬迁安置点，拥有了一套100平方米的房子。

在甘肃省宕昌县开展的"3+1"冲刺清零行动中，需要维修和标准化布置的137个卫生室、新建的50个村卫生室已全部建成使用。宕昌县还为全县所有村卫生室配备诊查床等15种价值2万元的医疗设备，为乡镇卫生院配置DR机、区域心电中心网络平台系统、远程摄像平台等设备，使全县每个乡镇都有一所标准化的卫生院。

在普遍实现"两不愁"的基础上，全国上下共同努力、迎难而上，重点攻克"三保障"面临的最后堡垒。

立足长远，力求实现高质量脱贫

在海拔4200米的西藏自治区拉萨市尼木乡乌米组的现代农业产业示范园内，村民多布杰正带领不少村民采收平菇。园区内的尼木县食（药）用菌工厂化种植基地，2019年产值达430万元，为当地52户家庭分红7.8万元，并带当地86户实现增收60余万元。

山东省济南市市中区与湖南湘西州龙山县开展劳务对接，提供180余个工作岗位，近日，首批31名龙山县建档立卡人员经县人社局统一包车，"点对点"直接抵达济南。

河北省近日出台的《2020年易地扶贫搬迁工作实施意见》明确了通过加快配套园区建设、加大就业扶持、完善配套设施、加快拆旧复垦、加强公共保障等措施，将易地扶贫搬迁工作重心由工程建设转向后续扶持，确保搬迁群众稳得住、有就业、逐步能致富，做好易地扶贫搬迁"后半篇文章"。

近日，农业农村部有关负责人表示，将通过提升产业发展水平、做好农产品产销衔接，大力培育联贫带贫主体，着力强化技术服务指导和社会化服务三大举措，力促深度贫困地区加快脱贫。

打赢脱贫攻坚战，不但要重视"扶贫进度"，更应关注"脱贫质量"，要立足长远，构建扶贫长效机制，从而实现长期脱贫。各地不断强化产业、就业，做好易地扶贫搬迁后续工作的引擎，持续促进贫困地区加快发展，让贫困群众长期稳定增收。

云南省贡山独龙族怒族自治县独龙江乡地处高黎贡山国家级自然保护区和"三江并流"世界自然遗产核心区，是我国人口较少民族独龙族的主要聚居地。当地通过实施生态补偿，让贫困人口就地转成护林员或生态保护人员，大力发展以草果为主的林下特色产业和生态旅游业，走出一条从毁林开荒到巡山护林、从刀耕火种到依林致富、从与世隔绝到开门迎客的生态脱贫之路。

青海省充分利用丰富的太阳能资源优势，建成4类光伏扶贫项目，装机规模73.16万千瓦，占全省光伏容量的8%，年发电产值预期8.8亿元，扶贫收益5.7亿元，带动7.7万户28.3万贫困人口，占全省贫困人口的52.5%。

特色产业不断壮大，产业扶贫、电商扶贫、光伏扶贫、旅游扶贫等较快发展，以脱贫攻坚统揽贫困地区经济社会发展全局，深度贫困地区经济活力和发展后劲明显增强，呈现出崭新的发展局面。

阳光洒满桑干河谷

——河北省阳原县"打赢脱贫攻坚战"见闻

余向东　　邓保群

冬日午后，阳光洒满桑干河谷地。河北省阳原县南良庄晶燎种植专业合作社的晒谷场上，晾晒过的小米金灿灿铺成一片。蓝天白云映衬下，周围的乡村景色，显得如此温暖。

阳原县1849平方公里土地，干旱少雨，地瘠民贫。桑干河由西向东穿境而过，南北被恒山与阴山余脉所夹持，全域仅有16%的河滩地适宜稼穑农耕。古老土地上世代躬耕的农人，久困于穷。200多万年前发源于此的泥河湾文明、从这里走向世界的东方人类遗址，静卧于荒山老岭间供游人追思探寻。

历史走到今天，28万阳原人的小康路，开始在眼前铺展。截至2019年10月31日，阳原县退出贫困人口27592户48557人，183个贫困村全部出列；综合贫困发生率由2017年底的20.18%降至0.5%，农村人均可支配收入增长至万元以上。"两不愁三保障"全面达标，"户脱贫、村出列、县摘帽"步步扎实。

阳原县委书记孙海东说："能够摆脱贫困，是一个奇迹。这个奇迹，取决于脱贫攻坚战略的实施，汇聚起方方面面扶贫力量，以超常规的举措向贫困宣战。近3年来，产业井喷式增长，基础设施历史性跨越，农民群众内生动力极大提升，各级干部作风极大改观。"

脱贫攻坚战打响以来，阳原县委、县政府直面挑战，补短板，强弱项，打造新支撑，推进新跨越，干部沉下去群众动起来，聚合社会各界力量，用心、用情、用力，奋力啃下硬骨头。

拧开自来水龙头，告别千年苦咸水

"两山夹一川"的地理环境，恰恰像抽水机一样，裹挟着大量土壤有机质顺流而去。阳原县不少地区农村饮水条件很差，西部村镇饮用水氟超标达 70% 以上，祖祖辈辈被氟斑牙、氟骨症等疾病困扰，"告别苦咸水，喝上放心水"是农民群众长久以来的渴望。

"水是曲长城村的命。"河北省农业农村厅驻阳原县曲长城村第一书记严春晓说，前几年村里的老百姓想要吃水，都要到邻村去拉。3000 多口人的大村子，要去几公里外的邻村拉水、引水，水质还往往不理想，"烧完锅底一层白"。庄稼浇不上水，老百姓收入也上不去。

严春晓急村民所急，铁了心要"掘地千尺找水源"，他请来河北省水文地质队的专家多处勘察，终于在村南山脚下找到水源位置。而且出苦咸水的原因也找到了——过去打井要么太深要么太浅，触动了坏水层，深井要打到 300 米处刚刚好。

南山脚下的地质复杂，塌陷严重，不仅要更换凿井设备，而且进度非常缓慢。寒冬下，施工队的工人嫌工作太苦跑了大半，"签了协议"的施工队老板在苦苦坚持。严春晓带人每天两次上山送饭，好生招待，协助组织人力施工。历时半年多，终于出了水，清凌凌的好水。曲长城村的老百姓高兴得"像小孩儿过年似的"。

东井集镇一度是阳原县水质最差的地方，水质含氟量高达 1.4%，远超国家标准。2018 年 4 月，北京市朝阳区建外街道工委和西堰头村建立了中西部帮扶关系，由建外街道筹资 69 万元，在村里建设了一个标准化水站，同时联系北京北工雄峰机床工具有限公司援助了价值

100万元的净水设备，"爱心水站"速战速成。

"经多次测试，净水设备系统总脱盐率超98%，净化过的水晶莹清澈、甜美甘醇，水质完全达到设计标准。"北京市朝阳区帮扶干部，挂职县委常委、副县长水伟介绍。此外，村里对建档立卡贫困户设有30多个送水员公益岗位，每月补贴300元，免费为村里的孤寡老人、缺乏劳动力的家庭送水。

"有点矿泉水的味道。"在爱心水站门口，村民王万林笑着说，"以前年轻人回村里除了买礼物，也会顺带买些纯净水回来，因为村里的水实在难喝，现在他们把村里的水带回城里吃。"

做好水文章，阳原下了真功夫。县委、县政府按照"新建一批、维修改造一批、管护一批"的原则，分类推进，逐村解决。3年来，累计投入资金1.49亿元，实施了98个贫困村和31个非贫困村的安全饮水工程，94个村更换水源地，新打机井23眼，更新管道78.48万米，实施自来水入户31个村，巩固提升健康水站25个，确保了14.95万人的饮水安全。困扰阳原农村群众千百年来的饮水问题得到彻底解决。

谋百姓安居乐业，告别百年旧窑洞

打量一个地方的贫困状况，住房是一个直观指标。

阳原的先辈们，傍山建房、凿窑而居，随着时间的推移和人们活动范围的延展，不少老化的旧居存在安全隐患。村落空心率高、留守老人多的现状，也倒逼着村庄整治改造。

然而，实现居有所安，面临巨大困难。土窑房偏僻分散，基础设施配套落后，整治投入大，一部分村民"穷窝虽破不愿挪"的观念根深蒂固。

阳原县在充分调研论证基础上，形成了"危房改造、村庄整治、土地利用、产业发展""四位一体"的工作思路。该模式以农村危房改造为切入点，集中整治散乱、废弃、闲置的房屋院落和低效利用的建设用地，腾拆出一定规模的土地，利用土地增减挂钩政策获得收益，用于发展产业和基础设施建设，最终实现危房改造、村容村貌提升、盘活土地资源、产业发展的四个目标。

"不能一搬了之，还要考虑好整体的、长远的发展。这是'四位一体'的宗旨。"孙海东说。

2017年底，千家营村利用贫困地区土地指标跨省交易的政策优惠、深度贫困村"双基"建设支持，推行"四位一体"，开始整体搬迁。经过两年努力，千家营村建成民居170户、互助幸福院12户，用上了水冲式厕所，实现"电代煤"。村里还建设了养殖小区，实现了人畜分离居住。互助幸福院里，房间还设有洗菜池、储藏间，厕所里还安装了安全扶手，既方便又贴心。

大田洼乡官厅村是集中安置了7个村的新村。为扎实落实易地搬迁"搬得出、稳得住、有产业、能致富"的要求，大田洼乡同步规划了80亩设施农业园区，还结合泥河湾遗址保护开发工程进行劳力输出，每个施工单位认领10—20个劳动力，帮助其就业。

阳原县对全县所有农户房屋进行了安全等级鉴定，"四类重点对象"的危房全部得到改造。近3年来，累计实施危改6738户；"四位一体"模式下，18个村完成整治提升，973户搬入砖瓦房，155户特困老人住上幸福互助院；通过拆旧复垦，累计节余新增耕地指标1019亩，收益1.2亿元。

2019年，总投资2.43亿元的6个集中安置区全部建成并交付使用。目前，全县完成安置人口6469人，建成7个配套产业园区，并通过就业培训、入股分红、资产收益等渠道增加搬迁群众收入，做到后续帮扶全覆盖。

让群众看得起病，让穷娃娃上好学

脱贫攻坚，健康为先。"让贫困群众看得上病、看得起病、看得好病，防止因病致贫、返贫，无病早防、有病早治，这是阳原县健康扶贫的核心指标。"孙海东说。

阳原县成立了健康扶贫行动工作领导小组，由县委书记牵头，卫健、医保、民政为成员单位的健康扶贫专门班子，负责对全县各项健康扶贫工作进行统筹协调，各乡镇党委书记挂帅本级健康扶贫工作专班，行政村配备"健康扶贫助理"协助开展健康扶贫，从县、乡、村三级构建起全面推进健康扶贫工作格局。

全县建立健全"基本医疗、大病保险、医疗救助"多层次医疗保障救助联动机制，建档立卡贫困人口参加城乡居民医保个人缴费部分政府全额资助，参保率达100%。

阳原县人民医院牵头成立的"医联体"严格执行"先诊疗后付费"政策，县域内"一站式"报销服务网点延伸到所有乡镇卫生院，贫困人口县域内合规医疗补偿比超90%。开辟了贫困人口慢病卡办理绿色通道，开展了"慢病卡人员遍访"行动，确保慢病卡应办尽办、随增随办、报销及时。

"乡村医生入户调查识别、乡镇卫生院医务人员入村指导、县级医院对大病病情指导巡查等有效方式，打通了医疗扶贫'最后一公里'。"阳原县人民医院党总支书记李卫军说。419名家庭医生定期对贫困人口、残疾人、低保人员、特困人口全覆盖巡访，签约服务57377人。

治贫先治愚，扶贫先扶智，教育扶贫是阻断穷根的长久之策。阳原县明确把控辍保学和学生资助作为教育扶贫工作重点，让贫困家庭的孩子能上学、上好学，不仅能接受学历教育，而且还拥有一技之长。

　　井儿沟中心学校书声琅琅。这座覆盖了 13 个行政村的九年一贯制学校近年来办学条件明显提升，帮扶单位资助 300 万元新建了一个操场，建档立卡贫困户的住校学生每年补助 500 元，住校免费。"牛奶、苹果、火腿和鸡腿每星期都会发放一至两次，现在的孩子比我们那个时候幸福多了，长得也高。"校长杨荣金说。

　　阳原县教育体育和科学技术局的负责人介绍，县里大力实施"两免一补""三免一助""雨露计划"等教育扶贫政策，实现了教育资助建档立卡贫困家庭学生全覆盖；2016 年在全省率先办理生源地助学贷款，累计为 9150 名大学生发放贷款 6877.5 万元。在硬件设施方面，全县累计投入资金 3.39 亿元新建、改建、扩建学校 56 所，义务教育学校办学条件位居全市前列。

　　阳原县的职业教育也同步推进。县里利用市级财政扶贫专项资金 270 万元，对符合"雨露计划"职业教育补贴政策的 1800 名在校生发放补贴。投入资金近 100 万元，采取讲座、田间授课等多种形式，围绕种植、养殖技术技能，举办了 12 期农业实用技术培训班，共培训建档立卡贫困人口、各类致富带头人 879 人。

兴产业因地制宜，助增收多业并举

　　阳原县有一张国家级名片"中国毛皮碎料加工基地"，"碎皮缝制"技艺在行业内独树一帜。集碎皮加工、成衣制作、产品销售、技术研发等于一体的产业集群，带动起西城镇、东城镇、揣骨疃镇、浮图讲乡、东井集镇、化稍营镇等一批加工重点乡镇及特色专业村。

　　在东城镇东城村的皮毛微工厂里，机器嗡嗡地响着，工人有条不紊地分拣、缝整皮毛碎料。该村有皮毛加工户 1000 多户，从业人员 2500 多人，年加工成品褥子 70 多万条，产品内销北上广等大城市，远销日本、韩国、俄罗斯等十几个国家和地区，年产值 2.8 亿元。

附近的卡窑村也是一片繁忙景象，村里的微工厂老板李永峰说，县里大力支持厂子的发展，用扶贫资金买了 88 台缝皮机，"微工厂深入到最基层，让村民家门口就业，稳定带动农户脱贫"。

貂皮毛料加工的生意红红火火，养殖"带皮带毛动物"的畜牧养殖业同样风生水起。

阳原县养驴的传统始于两汉时期，是历史上著名的军驴繁殖基地，优良品种"阳原驴"个高体重、产肉率高、驴皮厚实、出胶率高，被认定为国家地理标志产品。

阳原县推出了肉驴养殖"三金"模式：集中代养分股金、分散领养赚酬金、企业租场领红金，形象一点说来，即"农民的驴由公司养""公司的驴农民养""公司租场农民领租金"，实现政府、业主、贫困户"三赢"。阳原的驴产业日趋壮大，建设了 2 个万头驴、5 个千头驴、8 个百头驴养殖基地，引进了宸鹏佳禾、张家口建投、天厦牧业等 6 家养殖企业。全县肉驴养殖覆盖 70 个村 7986 户贫困户 13892 名贫困人口。

种植杂粮杂豆的传统优势，作为立地产业之本，自然不能丢掉。在精心谋划打造的区域公用品牌"原味桑干""阳原扶贫"引领下，阳原县形成"原上皇"小米、"往柿"西红柿等系列扶贫品牌矩阵，供佛杏、鹦哥绿豆、阳原驴成功申请认定为国家地理标志产品，阳原杂粮入选首批支持革命老区脱贫攻坚"一县一品"品牌农产品，泥河湾产业公司的"泥河湾及图形"杂粮商标被评为"中国驰名商标"，品牌影响力提升了农副产品的附加值。

摘穷帽事在人为，民不脱贫耻为官

孙海东到阳原县任职时，请人撰写了一张条幅"民不脱贫耻为官"，原本挂在他的办公室里，后来移到"县扶贫攻坚办"的会议室，"这样进进出出开会、办事的各级干部，都能看得见"。

"干部沉下去，群众动起来"，拧成一股绳，汇聚成全县上下脱贫攻坚大合唱。阳原县 34 名县领导分组包扶 14 个乡镇，省市县驻村工作队 669 名干部全脱产、全天候、全身心入驻所有行政村开展帮扶，6990 名"一帮五"责任人结对帮扶贫困户，2043 名村级网格员轮番入户走访，真正把帮扶工作做到了群众心坎上。

我接触的阳原当地干部群众，常常建议"多写写"外来挂职干部和驻村工作队员，"他们离家别小，扎根阳原帮扶，更加不容易。不仅帮助引资引智、引进项目，还帮助我们开阔思路、谋划发展路径"。

"乡亲们没把自己当外人，不好好干点事感觉对不住人。"中央和国家机关工委帮扶干部、挂职阳原县委副书记的王羽霄快人快语。他在阳原挂职 3 年，遍访贫困村，学会了方言。因为经常早出晚归，不少县直单位与乡镇的保安门卫，都把他当成本地任职干部。他坚持"县里需要、政策允许、工委可为"的帮扶原则，为 2500 多个贫困户争取了护林员就业岗位，为 7000 余名贫困学子申办了生源地助学贷款，争取农村基础设施建设项目贷款 1.73 亿元、棚户区改造项目贷款 13 亿元。

"这一年多的历练，是我人生中最值得珍惜的财富。"农业农村部委派的扶贫挂职干部，县委常委、副县长陈涛的足迹，遍布全县 14 个乡镇以及众多贫困村和非贫困村、规模以上涉农企业、部分涉农中小企业与合作社。陈涛依托原单位优势，充分发挥自己的特长，成立了科技扶农专家团、打造推广阳原品牌、拓展阳原驴产业、建设完备的县域电商体系、洽谈引进企业投资合作。

水伟谈起刚到阳原时的场景："离首都这么近，竟然有那么贫困的地方，部分村子的房屋相当破烂。许多农户的家里有几口大缸用来腌咸菜，用咸菜下饭。"现状催使他的脚步加速，积极参与到生猪养殖核心育种项目、国家级生猪站基地建设项目、南梁村育肥牛养殖项目的实施中，协调优质农特产品的产销对接，协助蔬菜大棚、爱心水站的建设落实，组织企业参加洽商会。

河北省公安厅交管局驻阳原县榆林关村第一书记刘景业，被村民取其名字的谐音称为"敬业书记"。他"把村民从墙根拉起来"，带领大伙儿建小米加工厂、开展"五星文明户"评选、铺设千兆光纤、开办健康大讲堂、建公共浴室，还买了 2000 只扶贫鸡，让村民每天有鸡蛋吃。

河北公安警察职业学院派驻四十亩滩村第一书记孙国亮，也是"超期服役的老工作队员"了。从 2016 年 2 月来到四十亩滩，他多次受到村民挽留，走不掉也舍不得。他帮村里建起来的蔬菜大棚，历经波折艰辛，正一年年迎来好光景。截至 2018 年底，全村 63 户建档立卡贫困户全部摘帽，村民年人均收入由 2015 年的 2600 元上升到 8000 多元。

和农民一样下地干活、曾经的"大胖子孙国亮"，几年下来瘦了二十多公斤。孙国亮不时用手撑一撑腰部，他以不变的乐观应对"腰椎出了点毛病"的疑问。

走进阳原，让人感觉阳原县脱贫攻坚战的征程上，有写不尽的群英谱。

"班子团结，干部队伍风清气正，不管本地干部还是外来干部都能做到'三军用命'，这是打赢脱贫攻坚战的有力保障。"阳原县县长李德说。

向最后的"山头"发起冲锋

——甘肃省庄浪县实施"双百攻坚"行动见闻

吴晓燕　鲁　明

2020年初春，作为甘肃省深度贫困县，庄浪终于历史性地甩掉了"穷帽子"，实现整县"摘帽"退出。全县45万名干部群众孜孜以求的愿景终于成为现实：2014—2019年，庄浪累计减贫3.13万户共13.6万人，贫困发生率下降到0.75%。

在脱贫攻坚的征途上，庄浪书写了一份让党放心、让人民满意的优秀答卷。庄浪干部群众深知：要追求更加幸福美好的生活，"摘帽"绝不是终点，恰恰是新的奋斗起点。

"当前，我们正按照习近平总书记在决战决胜脱贫攻坚座谈会上发出的总攻号令，向最后的'山头'发起冲锋。"庄浪县相关负责人表示，庄浪正以更加精准的举措、更加精细的工作、更加扎实的作风，全力以赴开展决战决胜脱贫攻坚问题整改清零"百日攻坚"行动和农村人居环境整治暨全域无垃圾治理"百日攻坚"行动（简称"双百攻坚"行动）。

坚持问题导向，突出"聚焦点"——紧盯未脱贫户、脱贫监测户和边缘户，"一户一策"抓攻坚促提升

"两不愁三保障"是脱贫攻坚的"聚焦点"，是打赢打好脱贫攻坚

战的重中之重。庄浪县相关负责人说，2020 年以来，为确保高质量脱贫，庄浪县严格落实"四个不摘"要求，持续保持攻坚态势，聚焦"两不愁三保障"重点领域，聚焦中央脱贫攻坚专项巡视"回头看"、国省脱贫攻坚成效考核、中央纪委国家监委调研督导反馈问题以及各类监督检查、暗访督查等发现的问题，从严从实狠抓整改。县上紧盯短板弱项，专门制定整改方案，明确整改责任、整改措施，建立整改台账，列出问题清单、责任清单、时限清单和任务清单，深入推进"九大冲刺"行动、"十查十看十补课"行动，举一反三，对标对表，不折不扣、逐项逐条整改到位，坚决做到脱贫攻坚问题高质量清零。

从 2020 年 3 月 20 日开始，庄浪在全县范围内组织开展了决战决胜脱贫攻坚问题整改清零"百日攻坚"行动。行动紧盯全县剩余未脱贫的1128 户 3095 人、有返贫风险的脱贫监测户 701 户 3304 人和有致贫风险的边缘户 2171 户 9560 人的稳定脱贫和整体提升问题，全力开展义务教育、危房改造、饮水安全和基本医疗"3+1"冲刺清零后续行动，纵深推进产业扶贫、就业扶贫、易地搬迁、村组道路、东西部扶贫协作与中央定点帮扶、民政兜底"5+1"专项提升行动，深入推进脱贫攻坚各类问题高质量整改，着力巩固脱贫成果，全面提升脱贫质量。

"为攻克最后的贫困堡垒，我们为 36 户未脱贫户、28 户脱贫监测户、81 户边缘户确定了挂牌作战责任人，同时组织扶贫干部深入农户，全面核查未脱贫户、脱贫监测户和边缘户的收入状况及'三保障'完成情况，深入分析致贫原因、致贫风险，根据户内发展需求和致贫原因制订了'一户一策'脱贫计划和帮扶计划。"庄浪县阳川镇党委书记王天成说，自"双百攻坚"行动启动以来，镇里重点实施了"3+1"冲刺清零后续行动，全面排查了贫困户在安全饮水、住房、义务教育、基本医疗方面存在的问题，建立了动态监测监管制度，紧盯发现问题，建立问题台账，逐个销号。

阳川镇副镇长苏明明介绍，"双百攻坚"行动启动以来，镇里全面排查了农村老化饮水管道，共改造了三益村、苟岔村两个自然村的2200米管线；建立了危房动态监测机制，实行月报告制度，发现一户、报告一户、改造一户，全面实现农户住房安全有保障；结合日常进村入户工作，与学校建立互动关系，对学生到校情况进行监管，对有辍学倾向的学生及时进行家访，确保全镇无辍学学生；根据全县户籍清理整顿和贫困人口动态管理工作要求，对建档立卡贫困人口参合参保情况进行了清理核查，督促自然增加的22人缴纳合作医疗、养老保险，同时落实参合参保资助政策。

稳"硬茬"抓"急茬"
——抓住产业和就业两个关键，保住群众的"钱袋子"

"群众要稳定脱贫、过上好日子，收入是'硬茬'，所以必须把产业抓好，解决好群众增收致富的关键问题。"时间进入4月中旬，庄浪县赵墩乡关道村党支部书记郭芳华坚持每天凌晨三点钟起床，然后赶到果园里实地查看，判断是否会发生春季霜冻，并视情况组织群众进行烟熏防冻。

为带领群众依靠产业致富，2018年，郭芳华在村里创办了果品产业合作社，吸纳贫困户一起发展，每年稳定收入10万元以上。如今，村里的2800亩果园中有一半已经挂果，去年全村实现果品收入500万元。"我带领群众把果园管好了，确保村民们今年在苹果产业上稳定增收，大家的'钱袋子'就保住了，脱贫的基础也就牢固了。"

"'双百攻坚'行动开展以来，我们在大力抓好果品产业和牛产业发展工作的同时，想方设法实施就业扶贫，全力夯实群众稳定脱贫的基础。"赵墩乡党委书记李安稳说，乡里及时摸清了全乡有意愿外出务工劳动力的底子，并采取了"四个一批"的办法，打出了就业扶贫的"组合拳"，即通过有组织对外输转就业一批、县内企业和建设项目带动就业一批、扶贫车间复工复产吸纳就业一批、开发乡村公益性岗位安置就业一批等举措。

"跟产业扶贫一样，就业扶贫也是庄浪实施'双百攻坚'行动、纵深推进'5+1'专项提升行动的重点内容。为夺取脱贫攻坚战的全面胜利，县委、县政府把就业扶贫摆在当前工作重中之重、急中之急的位置来抓，聚焦做实重点任务，抓紧抓细各项举措，全力打好就业扶贫的'组合拳'。"庄浪县人力资源和社会保障局相关负责同志说，庄浪将就业扶贫作为到村到户到人的精准帮扶措施，突出劳务有组织输转"点对点、一站式"服务，按照"一户一策、一人一案""一对一、人盯人"的工作思路，集中一切可以集中的资源，调动一切可以调动的力量，持续提升组织输转的规模和质量，全力促进全县农村劳动力特别是贫困劳动力的输转就业创收。

消除"脏乱差"，"干干净净"奔小康
——农村人居环境整治让农村实现"净、靓、美"脱贫

"双百攻坚"行动实施以来，人们惊喜地发现，庄浪县万泉镇田湾村变样了。过去，村里随处可见因群众多年无序修建而遗留的残破房屋、墙壁，垃圾也没有集中统一收集，村内到处是柴草堆、粪堆、土堆……村容村貌"脏、乱、差"。

田湾村党支部书记田岁茂说，县里启动"双百攻坚"行动以来，村里在镇党委、政府的指导下，深入开展了农村人居环境整治暨全域无垃圾治理。经过近一段时间的努力，田湾发生了巨大变化：村里设置了集中收集点，在各自然村设置了临时收集点，同时为农村公益性

岗位人员划分了垃圾清扫责任区，确保及时清扫；村内乱堆乱放现象得到了有效治理，村里要求群众家的苹果枝条，必须整齐堆放在地头，或统一交售给企业用于生产生物肥料。村里对群众在道路、巷道上无序搭建的房屋全部拆除，农田中搭建的简易房全部拆除复垦；对于被破坏了植被的地方，也全部栽植了绿化树和花卉。

"在狠抓农村人居环境整治的同时，我们还积极推动工作向前延伸，确保农村以'净、靓、美'的崭新面貌脱贫奔小康。"庄浪县万泉镇党委书记刘晓东说，万泉镇的苹果产业覆盖率高达97%，镇里以此为基础，积极推动苹果产业向荒山荒坡发展，一方面拓展了苹果产业的新空间；另一方面绿化了荒山荒坡，美化了环境，保护了生态；既消除了"脏乱差"，又促进了产业发展，筑牢了高质量脱贫的基础。

下足绣花功夫　聚力脱贫攻坚

肖力伟　张　瑜

陕西清涧县人文历史悠久、自然景观瑰丽、红色遗迹众多、民风民俗淳朴。有人称之为陕北高原最后一块没有被现代工业污染的净土，也有人称之为黄土高原的生态家园。

这是一片被造物者垂青、多彩多情的土地，但也是一片被贫困缠绕的土地。截至2018年底，全县共有建档立卡贫困人口18836户49461人，贫困发生率为8.12%。

踏平坎坷成大道，脱贫攻坚正当时。近年来，清涧县倾全县之力、汇全民之智、聚精锐力量，坚持以问题为导向，瞄准短板，倒排工

清涧县李家塔镇组织帮扶干部志愿者为土豆种植大户刨收土豆

期，下足绣花功夫，在打赢脱贫攻坚战的道路上负重前行。截至 2019年 11 月底，100 个贫困村全部退出，实现脱贫摘帽。

压实责任聚合力

面对 2019 年底前"摘帽"的"军令状"，清涧县以脱贫攻坚统揽全县经济社会发展全局，成立脱贫攻坚领导小组，实行县委书记、县长双组长制，制定了全县攻坚责任清单，明确责任分工，建立工作组联席会议制度，每月定期通报反馈工作情况。

在具体实施中，县里开展县级领导包抓镇（中心）、镇（中心）领导包片、帮扶单位主要负责人包村、"四支队伍"驻村、帮扶干部包户的"夯实帮扶责任、助力精准脱贫"专项行动。落实村户对标清单上墙制度，落实所有帮扶措施内容全覆盖。向脱贫任务较重的建档立卡贫困户选派第一书记、驻村工作队。

县里印发《清涧县打赢脱贫攻坚战三年行动》通知，着力激发贫困人口内生动力，夯实贫困人口稳定脱贫基础，加强扶贫领域作风建设，切实提高贫困人口获得感，为实施乡村振兴战略打好基础。

除了大面上的指导方针，清涧县还细化了实施方案，印发《清涧县脱贫摘帽"七化"工程实施方案》，分解落实 38 个专项行动，健全"三位一体"大社会扶贫格局，努力实现高质量脱贫退出。

在"对症下药"的同时，清涧县还紧密跟进攻坚动态。本着"找差距、补短板、推工作、促提升"的原则，全面查找全县当前脱贫攻坚工作中存在的弱项和差距，进一步规范和提升脱贫攻坚工作水平；微信公众平台开通《清涧县"百日攻坚"实时战报》栏目，实行一天一发布，对全县各行业部门、镇（中心）扶贫工作动态以及对标清单任务完成进度进行实时报道。

产业扶贫增后劲

发展产业是脱贫攻坚的根本之策。清涧县因地制宜，坚持长短结合、远近结合、大小结合原则，按照"短线产业促脱贫，长线产业促发展"的思路，不断优化产业布局，形成了优质枣果、文化旅游、生态养殖、特色农业、传统加工和新能源等"六大产业"发展格局。因村因户因人落实帮扶政策，因地制宜发展村级集体经济，不断创新扶贫产业体制机制，确保有劳动能力的贫困户至少有一项长效产业、有一人实现稳定就业，确保产业项目全覆盖。

在充分调研、广泛论证的基础上，县里综合光照、土壤、温差等自然条件，确定了"东枣西果"的中长线产业布局。东区沿黄河、无定河两河三岸的8个镇（中心）重点发展红枣产业，西区242国道沿线6个镇（中心）重点发展山地苹果业。目前，全县红枣林面积达90万亩，山地苹果面积达13万亩。

清涧县依托深沟大壑天然防疫屏障，发展生态养殖业，主打绿地牛肉、黑毛土猪、红枣鸡蛋等畜禽产品，全县畜禽饲养量达65万头（只）。相对平整的塬地、坝地重点发展小杂粮、中药材、香菇菌类、大棚蔬菜等特色农业；结合生产传统，发展石板、粉条等加工业。同时，积极开发太阳能等清洁能源，建成装机总容量达12.52兆瓦光伏扶贫电站。

县里的旅游资源也是"富矿"。依托历史文化、红色文化、民俗文化和黄河无定河大峡谷自然奇观等资源，实施全域旅游战略，深入打造以黄河、无定河"两河"文化带、"北国风光"为重点的"东线一日游"，以及以路遥文化观光体验带与驿站文化为重点的"西线一日游"两条旅游线，现已建成太极圣境、路遥书苑、"北国风光"等3个3A

级景区，荣获"全国生态特色旅游县""中国十佳最具投资潜力文化旅游县""中国最美乡村旅游目的地"等称号。

清涧有三千多年的枣树栽培史，素有"中国红枣之乡"之美誉。在陕煤集团的帮扶下，实施了投资达 3.4 亿元的北国枣业公司红枣深加工产业扶贫项目。目前，北国枣业公司已与 5244 户枣农签订了 1 万多吨红枣销售订单，与贫困户签订每公斤不低于 3 元的收购协议，涉及贫困户 3277 户，预计户均增收 5500 元。

暖心政策惠民生

"把各项惠民利民政策落实落地，用足用好，让广大贫困群众有更多的获得感和幸福感！"清涧县委、县政府在工作中始终坚持着这一工作理念。

在清涧县折家坪镇，许多贫困群众切身感受到了精准扶贫带来的喜人变化。一条条水泥路绿树掩映，一片片农田整齐划一，一个个养殖场依山而建，清凉甘甜的自来水接到房内，贫困村民的房前屋后焕然一新。

"我们农村以前地陡、路窄、喝水难，干什么都不易，你再看现在，地平了、水有了、路好了、山绿了。"折家坪镇东沟村党支部书记白军培说。

"晴通雨阻、人背畜驮"的场景曾是清涧县乡村道路的真实写照。如今，对于通村的水泥路建设，当地的老百姓称赞不已，都说这是政府办的一件大实事。清涧县重点围绕解决贫困群众出行难、农产品运输难的问题，坚持依托项目，积极争取资金，全面加强贫困村交通道路建设，实现全县 351 个行政村通村道路全硬化的目标。

交通道路、安全饮水、危房改造、电力建设……这些让清涧县群众所津津乐道的变化，都是精准扶贫工作开展以来带来的喜人变化。目前，全县实现了户户通电率100%，自然村通动力电。从2014年以来，全县共323个行政村在实施农村安全饮水工程，共投入资金1.15亿元，共解决农村饮水困难人口18.63万人，全县农村自来水普及率为95%。

盘点近年来扶贫政策给清涧县经济社会发展带来的欣喜变化，着实令人欣慰，一项项扶贫举措、一串串增长的数字、一件件惠民实事、一幅幅民生图景，传递出了脱贫攻坚为枣乡人民带来的喜人变化。

大山深处战深贫

——甘肃陇南探索特困地区脱贫高效路

吴晓燕　鲁　明

　　地处甘、川、陕三省交界地带的甘肃省陇南市，属于秦巴山集中连片特困地区，是甘肃脱贫攻坚的主战场。2020 年是打赢脱贫攻坚战的收官之年，甘肃未退出的 8 个深度贫困县中，陇南占了 3 个，全市尚有 142 个贫困村、3.69 万贫困人口未脱贫，任务异常艰巨，时间非常紧迫。

甘肃礼县龙林镇扶贫车间，贫困群众就近务工

"面对艰巨的脱贫任务，陇南始终坚持以'弱鸟先飞、至贫先富'的勇气和'敢死拼命'的精神决战贫困，坚持以脱贫攻坚统揽经济社会发展全局，始终聚焦深度贫困，紧盯'两不愁三保障'，全力推进责任、政策、工作落实，结合实际探索出了片区扶贫、产业扶贫、电商扶贫、旅游扶贫、金融扶贫、社会扶贫和生态扶贫等多条有效路子。"据陇南市委书记孙雪涛介绍，虽然这次新冠肺炎疫情给脱贫攻坚带来了一些不利影响，但在党中央的坚强领导下，在省委、省政府的关心支持下，在社会各界的大力帮扶下，陇南有把握、有决心、有信心打赢打好脱贫攻坚战，与全省、全国一道进入全面小康社会。

"三个第一"的嬗变

地处西秦岭东西向褶皱带发育的山地中的陇南，是全国区域性整体贫困的典型代表，也是甘肃乃至全国最贫困的地区之一。

陇南到底有多贫困？时间回溯至 2011 年，当时陇南有"三个第一"：全市有贫困人口 130.46 万人，贫困发生率高达 53%，位列全省 14 个市州第一；贫困人口数量在秦巴山特困片区 18 个市中位列第一；9 县区全部为国家扶贫开发工作重点县，贫困县占比全国第一。

长期以来，复杂的地质地貌等多重因素，导致贫困在陇南的山山水水间一代一代向下传递，这份贴着"三个第一"标签的"账单"，始终像西秦岭绵亘不绝的大山一般，沉甸甸地压在陇南市党政领导班子和干部群众的心头。

"2015 中国消除贫困创新奖""全国电商扶贫示范市""全国十佳精准扶贫创新城市"……短短几年之后的今天，当人们再度走进陇南，摆在世人面前的则是"三个特点"成绩单：陇南是全国唯一的电商扶贫示范市，电商扶贫成效显著；陇南深入开展"拆危治乱"人居环境整治集中行动，基本消除了"视觉贫困"，从根子上解决了住房安全问题，被国务院扶贫办作为典型案例全国推广；陇南通过大力发展山地特色农业和乡村旅游等多元富民产业，农民收入快速增长，全市农民人均可支配收入由2011年的2621元提高到7734元，年均增长14.48%，年均增速居秦巴山特困区18个市第一。全市共减贫126万多人，1565个贫困村退出，6个县区脱贫摘帽，贫困发生率下降到1.56%，全县被国务院扶贫办确定为全国3个脱贫攻坚成就经验总结示范县之一，脱贫攻坚取得了决定性进展。

贫困程度有多深，脱贫攻坚就有多难。陇南何以在短短几年之间取得如此成绩？

成绩的背后，是陇南干部群众夜以继日、坚持不懈的努力和付出。随着进入脱贫攻坚的关键阶段，陇南不断增强脱贫攻坚的组织力量，持续加大资金投入，始终坚持"两不愁、三保障"基本要求，强化"一户一策"，建立领导包抓、责任分解、检查监督的机制，真抓实干埋头苦干，扎实推进扶贫工作。

向最后的贫困堡垒发起冲锋

2020年是脱贫攻坚收官之年。为攻克最后的贫困堡垒，陇南市发出了"时间不等人，争分夺秒干；挂牌真督战，打仗冲在前；全力备大考，交出好答卷"的动员令，向最后的贫困堡垒发起总攻。

"我们将突出重点人、重点村、重点县，落实挂牌督战机制，精准落实好'一村一方案'和'一户一策'计划，确保全市剩余贫困人口全部脱贫，贫困村全部退出，宕昌、西和、礼县3个深度贫困县如期脱贫摘帽。同时，巩固已脱贫的6个县区的脱贫成果，确保7.29万'监测户'和'边缘人口'不返贫致贫。"陇南市扶贫办相关负责人表示，为此，陇南将盯紧盯牢时限要求，抢时间、抓进度，确保上半年全面完成脱贫各项任务，将义务教育、基本医疗、住房安全和饮水安全保障方面的弱项短板全部补齐，全面清零各类问题。通过层层压实责任作风，确保全市上下心往一处想，力往一处使，争分夺秒，决战脱贫、决胜小康。

在礼县，当地展开了精准脱贫"百日攻坚"专项行动。礼县县委副书记唐继荣说，近日，礼县广大领导干部签订脱贫攻坚责任状，向县委、县政府作出了郑重承诺：将积极响应习近平总书记决战决胜脱贫攻坚总攻号令，坚决贯彻落实县委、县政府的工作部署，服从指挥、听从命令，一线作战、攻坚克难，不忘初心、牢记使命，不获全胜、绝不收兵。

宕昌县把党建优势转化为扶贫优势，围绕"党支部建在产业链上、党员聚在产业链上、群众富在产业链上"的总体思路，实施组织联建、产业联营、党员联帮、群众联富的产业新模式，实现支部领办合作社和合作社带动贫困户"两个全覆盖"，进一步构建完善"党建＋国有公司＋专合组织＋贫困群众"的党建扶贫模式，建立了村党支部领办合作社联合控股富民公司带动产业发展的扶贫新机制。

守着"绿水青山"，赢来"金山银山"

"忙的时候管家里的花椒树，闲了就到这里来打零工。"在陇南武都油橄榄开发中心大湾沟油橄榄引智基地，两水镇杜家村村民张新民正忙着准备给油橄榄树施肥。她说近几年她每年都会有2—3个月在基地务工，主要从事打芽、除草、施肥等工作，一年下来能给家里增加4000—5000元的收入。"最关键的是，这个园子离家近，又能打工挣钱还不耽误照顾家里，一举两得"。

不离乡，不离土，干好自家农活的同时还能在家门口找到务工增收渠道。这几年，随着脱贫攻坚进入决战决胜的关键阶段，这样的增收模式正在改变越来越多陇南农民群众特别是贫困户的生活。

"以前，我在上海当厨师，月收入4000多元，后来看到家乡大力建设美丽乡村、发展旅游扶贫，乡村旅游发展越来越好，农家乐的生意也越来越火，我果断辞职回家，接手哥哥创办的农家乐，现在一年纯收入十几万。"陇南市康县长坝镇花桥村"龙凤山庄"农家乐负责人卯张宝说，为了帮助乡亲们特别是贫困户增加收入，农家乐除了从本村及周边农民中招募服务员，尽量从本村及周边农户家采购食材，并帮助他们向游客销售本地土特产。

近年来，陇南充分挖掘利用自身优势资源，让群众在产业链上就近就业，拓宽群众增收渠道，有效改变了当地农民群众守着"绿水青山"过苦日子的局面。

"这些年，我们立足区域优势，不断做强长效性主导产业，做优区域性优势产业，做精地方性特色产品，引进培育短平快的富民产业。全市农业特色产业规模稳定在1000万亩以上，产值预计达到180亿元。同时，我们积极推进小庭院、小家禽、小手工、小买卖、小作坊等'五小'产业培育，推广了大南瓜、空心挂面、清酒等多个特色产品，发展成效显著。"陇南市有关负责人介绍说，陇南市按照"亩均3000元以上收益的种植业和户均1万元以上收益的养殖业"的产业培育目标，不断做大做强四棵"摇钱树"、做精做优四个"特别特"、做好做实四个"特色养"等长线产业，大力发展订单辣椒等门槛低、周期短、见效快的短平快产业及适合贫困户发展的"五小"产业。下一步，陇南将坚持长短结合、远近互补，大力谋划发展"麻、辣、香、甜"等特色富民产业，大力推广"宕昌模式"，推进合作社规范提升，扶持龙头企业做大做强，积极推进村集体经济发展壮大，构建完善扶贫产业体系，让农民群众特别是贫困户在全产业链中增收致富。

决胜脱贫攻坚的"上郡之战"

——陕西榆林市"四个坚强有力"破题深度贫困纪实

余向东　　肖力伟　　胡明宝

榆林，古称"上郡"，位于陕西省最北部，地处陕、甘、宁、蒙、晋五省区交叉地带，是黄土高原与内蒙古高原的过渡区。绵延曲折的明长城穿境而过，九曲黄河浩浩荡荡，毛乌素沙漠苍凉壮美，塞上古城独具风韵。

这是一片富饶的土地，地下煤气油资源储量在全国举足轻重。1984 年，新华社一篇《陕北有煤海 质优易开采》的报道，披露了神木发现大煤田的消息，榆林拉开能源化工大开发的序幕，从此迈上经济社会发展的快车道。陕西省神形兼备的"跪俑地形图"，一时间昂起高傲的"头颅"。

这又是一片贫瘠的土地，地上土壤瘠薄生态脆弱。以长城为界，榆林北部为毛乌素沙漠风沙草滩区，南部为黄土高原沟壑区，土地资源贫乏严重制约了农业发展与农民增收。2014 年，全市共有建档立卡贫困户 15.35 万户 41.56 万人。

曾经狼烟四起、御敌门外的边关之地，曾经红军转战陕北、挫败强敌的红色根据地，在新时代打响了脱贫攻坚的"上郡之战"。"要进一步提高政治站位，全面提高区域脱贫攻坚质量，又要切实做到村村过硬、户户过硬，确保脱贫攻坚走在全省前列。"榆林市委书记戴征社要求全市落细落实"攻击点位"。

榆林市各级党政部门立下军令状，将脱贫攻坚作为统揽全市经济发展全局的"一号工程"。各级"一把手"全部上阵、一抓到底、挂图作战；下派驻村工作队、选派各级帮扶干部奋战在扶贫一线。2018年底，全市贫困人口减少到 2.69 万户 5.17 万人，贫困发生率下降到1.74%，5 个贫困县实现摘帽。

在榆林，可以深刻感受到当地脱贫投入的力度、干群的热度、扎实的脚步、前行的速度，"四个坚强有力"擂紧鼓点、攻城拔寨，奏响打赢脱贫攻坚战的主旋律。

坚强有力推进特色产业做大做强

——榆林市大力发展特色农业，构建起以龙头企业、合作社为主体带动的农业产业化扶贫体系，将贫困户镶嵌在产业链上，走出了一条工业反哺农业、生态与产业协调发展的脱贫之路

驱车穿行于榆林市南部黄土高原丘陵沟壑区，地形破碎，梁峁纵横，颇能感受到其发展产业之不易。过去，这里的农民都是在山坡地上种些杂粮，干旱贫瘠、广种薄收、靠天吃饭，一方水土难以养活一方人。

榆林市市领导说："脱贫攻坚，产业是根本。榆林要依托自身优势，做大做强特色产业，将贫困户镶嵌在产业链上，全力打赢脱贫攻坚这场硬仗。"

为摘掉穷帽，榆林市在瘠薄的土地上下足"绣花"功，治沟造地、平整梯田、沙地改土……在保护好生态环境的同时，不断寻求特色产业发展破题之举。

站在米脂县沙家店镇清水沟村黄土塬上放眼望去，波澜壮阔的山

地苹果园在近坡与远山间递次排开。村党支部书记常建飞介绍，过去这些荒山荒坡，通过土地流转入股到村集体合作社，由产业扶贫资金每亩补贴 1200 元进行土地平整，并提供化肥、苗木进行集中统一建园，整村推进山地苹果，实现农户全覆盖，人均拥有果园 3.4 亩。

"对产业发展规律的认识，是个不断深入的过程。"米脂县副县长孙文强说，"我们抓住陕西苹果'北扩西进'机遇期，实现了山地苹果产业的惊险一跃。没想到种植出来的苹果品质这么好，米脂山地苹果品牌很快被市场认可，成为农民脱贫增收的支柱产业，亩产效益过万元。全县苹果产业从无到有，发展到 20 万亩。"

山地苹果作为新兴产业，为榆林南部贫困地区增添发展活力。2018年榆林苹果产业产值 30 亿元，今年将新增 7.49 万亩，栽培总面积达到 97 万亩。围绕苹果产业的"带贫机制"，在这片土地上不断创新探索。

绥德县赵家圪村以"三变"改革为抓手，采取"党支部+合作社+贫困户"的发展模式，将 1 万多亩荒山荒坡流转到村集体，通过招商引资出租给二十四圪专业合作社，统一治理平整为高标准梯田，建设规模化山地苹果产业园区。相邻的马连沟村，也将 5000 多亩土地流转至村集体，由陕果集团投资打造山地苹果示范园区，采取"公司+合作社+基地"模式促进农民脱贫增收。

到 2018 年底，以赵家圪村为中心，绥德县名州镇建成山地苹果示范基地 2 万亩，推出"土地入股、扶持建园、科技服务、托管经营、务工扶贫、配股扶持、借种还苗"等多种方式，吸纳带动贫困户 511 户1190 人。

类似苹果产业一样，幅员广阔的榆林土地上，许多的特色产业在沟沟梁梁间扎下根来。

府谷县依托"中国海红果之乡"独特资源优势，在府谷县聚金邦农产品开发公司带动下，发展海红果特色产业，深加工海红果酒、海红果汁等产品，取得良好的经济效益。公司采取与果农定向合作形式，年收购海红果 700 多万斤，为果农增收 700 多万元，惠及 600 多户果农。公司董事长刘子贤站在高大粗圆的储酒罐前，掰开手指头说："随着市场的不断扩大，今后每年可以消化海红果 5 万多吨，将为果农增收 1 亿元。"

在靖边县高家沟便民服务中心赵庄村，原本荒芜的沙土地上成为山药种植的良田。经过检测，这里的土质疏松、含钾量高、地下水资源丰富、光照充足、昼夜温差大，特别适宜地下根茎类作物生长。于是，村里引进种植山药，为贫困户拓展了增收渠道。驻村工作队员贺美荣算了一笔账：一亩山药产量为 5700 斤左右，市场价 2.3 元/斤，每亩毛收入约 1.3 万元，除去 7000 元成本，可纯收入 6000 元。2019 年贫困户实现户均收入 10 万元。

自脱贫攻坚以来，榆林各区县立足产业优势，不断增加产业投资力度，大力发展苹果、杂粮、核桃、黑猪、肉羊、光伏、日光温室、电子商务等特色产业，通过利益联结机制，将贫困户牢牢镶嵌到产业链条中，确保稳定脱贫。这些产业已覆盖 10.4 万贫困户、28.32 万人。

坚强有力推进集体经济发展壮大

——榆林市把党建引领村级集体经济发展作为打赢打好脱贫攻坚战的"助推器"，深入推进"三变改革"，建立村级集体经济股份合作社，充分发挥社会力量，实施"村企共建"，大力发展农村集体经济，建立长效脱贫机制，实现贫困群众稳定脱贫和可持续发展

发展壮大村级集体经济，是增强农村基层党组织活力、决战决胜

脱贫攻坚的"关键一招"，也是解决贫困群众"两不愁、三保障"的重要经济基础。榆林市坚持以党建引领，贫困户全覆盖参与，成立村集体股份经济合作社，推动村级集体经济"破壳壮大"。

"村集体经济发展起来后，去年底村里的125户建档立卡贫困户只剩4户兜底户，其余全部脱贫退出了。"米脂县杨家沟村驻村第一书记朱兆飞高兴地说。

朱兆飞是榆林市驻村第一书记的标杆式人物，所获荣誉证书不计其数。荣誉来自于辛勤付出、来自于扶贫业绩，从市级国企总经理岗位下派到山沟沟里驻村帮扶，其战略眼光与经营思路依然能够照亮一片天。杨家沟村集体股份经济合作社下面，有黑毛土猪合作社、佳米驴合作社、文化旅游发展有限公司等，股份制合作犹如"老母鸡孵蛋"。杨家沟村的贫困户和其他村民，通过村集体经济分红、务工、土地流转等多种方式，2019年人均纯收入已达到12680元。朱兆飞的目标是要建立集生态农业观光、特色餐饮、农耕体验、红色旅游等于一体的乡村产业休闲综合体，他带领杨家沟的村民奔波在路上。

走进神木市大柳塔试验区生油村，居民区清亮整洁，柏油路穿村而过，蔬菜大棚排列有序，一幅美丽乡村风景图徐徐展现，村民们脸上洋溢着幸福的笑容……

"强村和富民是一辆车的两个轮子，少一个都不行。"生油村党支部书记李振清说。该村积极探索"三变改革"，壮大村级集体经济，6个村民小组分别成立了股份经济合作社，还成立了生油村合作总社，抱团发展特色种养业及瓜果观光采摘业，形成了"一组一业"的良好发展格局。经过3年脱贫攻坚，生油村农民人均收入从不足4000元增长到17800元，2017年底成功摘掉贫困村的帽子。

生油村驻村第一书记马爱平说："畜牧养殖场现存栏肉驴130头、肉牛140头，今年投资80多万元建成标准化羊圈，波尔山羊存栏130

只；30亩水面鱼塘共投放各种鱼苗7.8吨；64座标准化大棚，种植各类果蔬15种；还有300千瓦光伏电站一座。这些项目都是合作社在经营，全体村民有份。"

发展集体经济，资金从哪里来？"村企共建"是榆林推进村集体经济发展的重要抓手。"针对企业众多的特点，榆林策划实施了'企村共建'的帮扶行动，使贫困村有更多的力量来帮扶、有更多的资金来发展。"榆林市扶贫办主任王志强说。

府谷县目前已形成了一个"村企结对共建"大网络。府谷县扶贫办主任马有林介绍，依托县内工矿企业多和府谷企业家乐善好施、扶危济困意识强的优势，府谷县引导全县206家工矿企业与部门协同对接帮扶202个涉贫村。今年以来，全县共达成"村企共建"基础设施项目98个，意向资金2026.75万元。

榆林市不断加大的地方财政投入成为脱贫攻坚强有力的"硬支撑"。近4年仅市级财政资金投入近27亿元，2020年已下达省、市、县财政专项扶贫资金23.99亿元，市本级配套资金8.64亿，以不低于20%的增幅持续增加投入。

坚强有力健全社会保障扶贫体系

——榆林市着力构建就业、医疗、教育、养老、住房以及安全饮水保障体系，综合政府、企业、行业、社会等扶贫力量，补齐脱贫攻坚各项短板，全力保障贫困群众的生产生活，使贫困群众不断增加获得感

"神木虽然不是贫困县，但是仍然存在贫困群众，而且这些群众往

往都是特殊困难群体。用心、用情、用力开展精准帮扶，着力构建保障性脱贫机制，丝毫不能放松。"神木市委宣传部领导说。

神木市坚持把贫困户公益性岗位作为就业扶贫的重要举措之一，变以往"给钱给物"式的输血为"可再生"造血，根据农村贫困群众文化低、年龄大、就业难的实际情况，针对"无法离乡、无业可扶、无力脱贫"的"三无"贫困劳动力，量身定制了"企业出资、不离村组、就地就业"帮扶模式，有效帮助这部分"就业困难户"成功实现了稳定就业。

"每天的活不多，负责打扫村里2公里左右的道路卫生。"今年58岁的张桂明，是神木市栏杆堡镇张家坬村的建档立卡贫困户，他说，"我年龄大了，身体又不好，感谢政府专门安置公益性岗位，在家门口实现就业、领上工资。"自从当上村组保洁员，张桂明每个月领取600元岗位补贴，加上在村合作社打零工的收入，年收入有1万多元，2018年顺利脱贫。

"就业一人，脱贫一户"。仅2018年以来，榆林市通过劳务输出、开发公益性岗位、在榆企业用工等办法，转移就业2.88万人，实现了有劳动能力、有就业意愿的贫困家庭至少有1人稳定就业。

"外出就业务工，家里的老人谁来照顾？"在府谷县孤山镇杨家沟幸福院笔者找到了答案。

正午时分，热腾腾的猪肉炖土豆、大烩菜、面条等端上餐桌，老人们围坐一起，品尝着幸福院精心烹调的午餐。

"年满70周岁，家中无人照顾的老人都可以申请进入幸福院。"杨家沟村幸福院院长、村主任杨永升说，"通过对老人集中供养的形式，一方面解放了贫困家庭的劳动力，另一方面可以为很多留守、孤寡老人进行兜底帮扶。"

今年90岁的刘招子老人是2018年2月搬进幸福院的。过去，她一直跟随患有智障的大儿子一起生活，相互难以照顾，生活没有保障。"这里住的好，吃的好，还有医生给检查身体，我很满意。"刘招子老人脸上露出幸福的微笑。

没有全民健康，就没有全面小康。榆林市以健康扶贫统领卫生健康工作，近年来累计投入 12 亿元用于健康扶贫，全面落实健康扶贫各项医疗保障政策，推行"12345"健康扶贫工作模式，即一本台账管到底、减存量控增量两手抓、全面实施三个一批行动计划、完成四个100%、实现五个全覆盖；建立了新农合基本医疗保险、新农合大病保险、民政医疗救助、政府兜底"四重保障体系"。

截至 2018 年 12 月底，全市建档立卡农村贫困人口参合参保率达100%，实现 11 种大病专项救治率、慢病签率、重病保障率达 100%；在民政医疗救助、县市区兜底后住院实际费用报销比例达 90%。与此同时，榆林市不断加强基层医疗服务体系建设，通过市财政奖补促进县乡村医疗阵地的达标建设，开展村卫生室"一村建站、联村服务"，全市验收通过规范化村卫生室 200 所（含贫困村）、标准化乡镇卫生院 40 所。

坚强有力推进扶贫扶志"6+6"工作法

——在陕西省推行的教育引导、行为规范、村规民约、文明创建、公益救助、司法保障等"扶志六法"基础上，榆林市结合实际全面推广以"贫困户培训全覆盖、树立反面典型、生产奖补、劳务补助、退出奖励、孝老敬老"为特色的扶志"六大举措"，激发贫困群众脱贫攻坚内生动力

榆林市在推进陕西省"扶志六法"基础上，结合自身实际全面推

广以"贫困户培训全覆盖、树立反面典型、生产奖补、劳务补助、退出奖励、孝老敬老"为特色的扶志"六大举措"，激励着贫困群众自力谋发展，铺就脱贫"志"富路与"智"富路。

贺汉雄是子洲县驼耳巷乡牛圈湾村的贫困户。2009 年起，他的家庭先后遭遇女儿患先天性心脏病、自己从十几米的高处跌下摔伤、自己做心脏病治疗手术等变故。贺汉雄说："疾病，几十万元外债，还有精神上的折磨，让我几乎崩溃。"

生活即便困顿，还是会有转机。2015 年，贺汉雄的帮扶责任人联系到了 5 万元的贴息贷款，帮他建起了 160 平方米的肉兔养殖场，引进 120 只种兔，还为兔场的发展规模、发展方式、销售模式出谋划策。从此贺汉雄起早贪黑，背水一战，精心喂养每一只让他改变生活的兔子，转过年，他出售 1000 多只"兔崽子"收入 3.6 万元。

2017 年，子洲县委宣传部帮扶牛圈湾村，为贺汉雄的经历和不服输的劲头所感动，帮助注资 50 万元扩大养殖规模，并带动村里的 50 户贫困户一起脱贫致富。牛圈湾村第一书记吴嘎每天都要去跟贺汉雄"拉拉话"，他说："贺汉雄现在是村里的红人，兔子不吃料、兔子要生产，随时都有村民来找他。在发展养殖的同时，他还带领大伙积极发展黄芪、黄芩等中药产业及葡萄、核桃等林果业，让大伙一起扩产业、增收入。2018 年，贺汉雄已退出建档立卡贫困户，他现在年纯收入有 20 多万元呢。"

"人生在世无尽难，幸福要靠奋斗换。"贺汉雄感慨。

绥德县石家湾镇沙滩坪村 23 岁的青年折明明，自从 3 岁那年因车祸高位截肢，长到 18 岁就一直躺在床上，没出过家门。2015 年，他通过网上学习，尝试编织十字绣、用塑料珠子做抽纸盒，眼前展开了一幅幅新图画。

2017 年，驻村第一书记刘新国找到折明明，建议他把自己的手艺变成"小产业",并帮助一起想点子、从网上采购原材料。当通过微信朋友圈,以30元的价格卖出第一个手工艺品时,折明明收获了今生最大的一份喜悦。现在呢?他的技术日臻成熟,在村子里带起了徒弟,个人年收入上到5位数,还当选"全国残疾人脱贫先进典型",到各地演讲作报告。

榆林市将竞争机制引入脱贫致富行动中,探索建立了"扶贫扶志励志基金"体系,动员广大群众参与到新民风建设活动中,激发贫困"后进"户的内生动力。

"6+6"工作法推行以来,榆林市共建立爱心超市1329个,实现贫困村全覆盖;培训贫困群众18.3万人次;开展道德评议6317场次;发放孝老敬老奖金599.2万元;培树各类模范脱贫户6894户,评选典型443人。以诚信、勤劳、实干、友善为内容的乡村风尚迅速形成,带动贫困群众摒弃"等靠要"心理,积极主动脱贫。

"上郡"之行,着实让人想象不到,黄土高坡与沙漠交融地带所展示出来的一种自然生机,古长城与古黄河交叉地带经济社会盎然跃动的生机,以及焕发在人们心头勃勃向上的生机。

打赢脱贫攻坚战的"贵州战法"

肖　克　　刘久锋

2020 年 3 月 3 日，贵州省人民政府公告：正安、水城、关岭等 24 个贫困县符合国家贫困县退出标准，同意退出贫困县序列。这是继 2018 年度 18 个贫困县成功实现脱贫摘帽后，贵州又一次县级层面的脱贫"加速"。

站在历史的节点回望，从全国贫困人口最多、贫困面积最大、贫困程度最深的省份之一，到减贫人数和减贫幅度位居全国前列，贵州准确把握脱贫之"势"，精准推进脱贫之"事"，着力绘底色、增亮色、添成色，奋力摆脱千百年来的贫困状况，演绎了高质量打赢脱贫攻坚战的"贵州战法"。

"作为全国脱贫攻坚的主战场，贵州能否按时打赢脱贫攻坚战，事关中国全面建成小康社会百年奋斗目标的实现。"贵州省委领导说。

基础设施先行：
为农村持续稳定脱贫奠定坚实的发展基础

过去，这里曾是中国的交通洼地，"喊应声跑断腿"，诉说着当地人出行的艰难；过去，这里曾是贫困落后的代名词，"人无三分银"的魔咒让世代贵州人抬不起头；过去，这里曾是"眼望哗哗河，有水喝不着"，一条悬崖绝壁上的天渠，讲述着当地人生活的酸楚。

如今，这里的百姓拿出愚公移山的精神，他们遇水架桥、逢山开路，打破了山地制约；这里开凿出一条条穿越大山的隧道，搭建起一座座漫步云端的世界级桥梁，织就了一张大气磅礴的高速路网；这里的百姓念起"山字经"，种下发财林，特色产业风生水起。

贵州是全世界喀斯特地貌分布最广泛的地区之一，修路难。1991年，贵阳到黄果树公路建成通车，这是贵州第一条高等级公路。2015年的最后一天，值得让贵州人铭记，因为贵州成为我国西部地区第一个、全国第九个实现县县通高速公路的省份。如今，贵州高速公路总里程达到6000多公里，普通公路更是超过20万公里。

快速、便捷的立体交通网络彻底打通了层峦叠嶂的山地。2014年贵广高铁开通，贵州省正式进入高铁时代。11个机场，覆盖全省9个市州，贵州成为我国西南地区机场分布密度最大的省份。

在打通交通"主动脉"的同时，贵州在疏通"毛细血管"上下了大力气，解决农村出行"最后一公里"的问题。2017年贵州在西部地区率先实现了村村通硬化路、村村通客运。此后，贵州提出把公路修到自然村寨、村民小组，发动农村"组组通"公路建设三年大决战，用了不到两年时间，累计建成7.87万公里的通组硬化路，全省近4万个30户以上村民组都通了硬化路，彻底解决了农村交通不便的问题，直接惠及1200万农村群众。

与此同时，贵州在全省大兴水利建设，共建成大中小型水库2634座，建设200多个骨干水源工程，铺设管道5100多公里，2019年底农村自来水普及率达到88.3%，集中供水率达到91.5%。如今，贵州正在集中精力实施农村饮水安全攻坚决战行动，解决剩余279万名农村人口安全饮水问题，让所有贵州农村群众喝上安全水、放心水。

2016年起，贵州针对部分农村地区电力保障能力与日益增长的用电需求不相适应、贫困地区及偏远少数民族地区电网建设相对滞后等问题，大力实施新一轮农村电网改造。如今，贵州农村电网供电可靠率达 99.7%，实现所有行政村通动力电，农民生产生活用电得到更好保障。

易地扶贫搬迁：彻底改变贫困地区人民的生存条件

"一口黑锅，一张床，一间破屋，漏风的墙"，这是 83 岁彝族老人张正英曾经的家的真实写照。"大大的房子明又亮，就业上学有希望"，这是张正英一家人现在的生活。2016 年 9 月 28 日，在废弃旧厂房居住多年的张正英携儿带孙，住进了恒大幸福二村青砖白墙的 100 平方米新房。原来"做梦都不敢想"的事变成了现实。

张正英一家此前住在贵州省毕节市大方县凤山乡银川村，那里是中国西部最贫困的山区之一。得益于精准扶贫的易地搬迁政策，一家人走出大山，儿子有了工作，孙子在家门口上了学。

张正英一家生活的改变只是贵州易地扶贫搬迁工作的一个案例。2015 年底，贵州打响易地扶贫搬迁"第一枪"，启动历史上规模空前的易地扶贫搬迁，"十三五"期间，搬迁总规模 188 万人，其中贫困人口 149.4 万人，整体搬迁自然村寨 10090 个。

从 2015 年 6 月打响全国易地扶贫搬迁"当头炮"，到 2019 年 11 月 20 日，这场总规模达 188 万、相当于 3 个冰岛全国总人口的"大迁徙"顺利完成。随着这盘"大棋"落子布局，接下来就要让棋"活"起来，从"怎么搬"向"搬后怎么办"转变，从"搬得出"向"稳得住、能致富"转变，让搬迁移民实现从"客人"到"主人"的转变。

搬迁群众入住后，贵州着力把工作重心转向后续扶持工作，加快建立完善"五个体系"，即基本公共服务保障体系、培训和就业服务体系、文化服务体系、社区治理体系、基层党建体系，继续书写易地扶贫搬迁"后半篇文章"，确保将安置点建成搬迁群众的幸福家园。

"我们实行一站式办公，群众'最多跑一次'就能把事情办好。"黔西南州册亨县百口乡党委书记罗朝康说，百口整乡搬迁安置点设有政务服务中心、党群活动中心、综治警务中心、就业创业服务中心等机构，还配套建设了"青春课堂""银发课堂"、幼儿园、便利超市、休闲广场等。

通过"五个体系"，贵州有效解决搬迁群众遇到的各种生产生活问题，保证每户家庭有一人以上稳定就业，确保搬得出、稳得住、能致富。据随机入户抽查，搬迁群众对搬迁政策的满意度达99.5%，对配套基础设施及公共服务设施的满意度达99%，对住房的满意度达98.3%，对就业脱贫措施的满意度达97.9%。

农村产业革命：为持续稳定脱贫构建牢固的产业支撑

脱贫攻坚，群众增收是"硬核"。

2020，是一个特殊的年份，更是一个充满希望的年份。

在贵州脱贫攻坚最新"战法"里，把耽误的时间抢回来、把遭受的损失补回来，奋力夺取"两个胜利"，是喜尝产业革命硕果后的又一次全新启程。

省委领导认为，在脱贫攻坚的关键时期，靠传统的、常规的办法来抓农业结构调整，难以在短期内实现，必须采取超常规的、带有革命性的举措促使其全面变革。

靠"一根竹"走出深山，"一根草"点石成金，"一只鸡""一条鱼"补齐受益短板的赤水市，靠发展特色产业在贵州省率先脱贫。"通过多年努力，赤水市已累计发展商品竹林85万亩、金钗石斛9.1万亩，年出栏乌骨鸡730万羽，生态鱼养殖1.5万亩，直接带动两万多名贫困人口增收。"

2018 年年初，贵州在全省发起一场深刻的振兴农村经济的产业革命，采取超常规举措，全面推行产业选择、农民培训、技术服务、资金筹措、组织方式、产销对接、利益联结、基层党建等"八要素"，大面积、大幅度调减玉米等低效作物种植面积，大力发展茶叶、蔬菜、食用菌、中药材、精品水果、生态养殖等高效特色产业。

2019 年年初，贵州明确 12 位省级领导领衔，在全国聘请 7 位院士作为产业发展顾问，在省内组织专家团队，采取一个产业一个领导小组、一个工作专班、一个专家团队、一套推进方案的措施，系统推进茶叶、水果、辣椒等 12 大特色优势产业发展。

如今，桐梓的方竹笋、安龙的食用菌、湄潭的茶叶、播州的辣椒、岑巩的林下经济……贵州各地用一个又一个的生动实践证明，只有超常规推进农村产业革命，深入落实"八要素"，推动"六个转变"，实现传统农业向现代农业转型，才能为脱贫攻坚"增亮色"。

"把 2020 年作为贵州脱贫攻坚决胜之年，以贫困不除、愧对历史的责任担当，群众不富、寝食难安的为民情怀，小康不达、誓不罢休的坚定意志，奋力夺取决胜之年的全面胜利，让贵州延续几千年的绝对贫困问题在我们这一代人手中得到历史性解决！"贵州省委领导说。

大别山下鏖战急

——河南信阳统筹打赢疫情防控和脱贫攻坚两场"硬仗"

张培奇　吴炳辉　马迎春

一场疫情，牵动着全国人民的心，却没有改变老区人民对美好幸福生活的向往。作为河南"南大门"的信阳，由于与湖北地理位置近，两地交往频繁，又逢春节返乡探亲高峰期，因此，信阳市尤其是信阳农村的疫情形势显得复杂严峻。

疫情发生后，信阳市迅速进入"战时状态"。大别山精神融入血脉的 880 万名老区人民万众一心、众志成城，与疫情展开激烈鏖战。

作为国家精准扶贫综合改革试点市的信阳，现有农村户籍人口 464 余万人，占总人口的 52.5%。习近平总书记多次强调："全面建成小康社会，没有老区的全面小康，是不完整的。"

6 年来的持续攻坚，老区信阳交出了一份合格答卷：作为当年仅次于中央苏区的全国第二大革命根据地，信阳是大别山集中连片特困地区，所辖县区为全域贫困县区。2018 年 8 月，曾经的鄂豫皖苏区首府所在地新县成为全市第一个脱贫的贫困县。随后，光山县、商城县、固始县、潢川县、息县、罗山县、淮滨县也相继退出贫困县序列。2019 年，全市有 5.2 万人脱贫，37 个贫困村出列。

在众志成城抗击疫情的同时，老区人民从未忘记继续与贫困战斗。他们以非凡的意志和毅力，着力打赢这两场战役，展现出了一幅幅决战疫情、决胜小康的感人画卷。

信阳市领导表示，要凝聚起众志成城、共克时艰的强大合力，奋力夺取疫情防控和实现经济社会发展"双胜利"。

大别山下农时忙

三月的豫南大地，春芽萌动，万物复苏。

孟子曰："不违农时，谷不可胜食也。"对于古人的至理名言，生活在农业大市的信阳人民理解得非常透彻。"你听，村里的大喇叭每天都广播指导春耕春种。"正在田间忙碌的淮滨县固城乡詹营村村民占均学说，"大喇叭通知大家下地之前都要戴好口罩，不要串门，不要扎堆……"

淮滨县小麦、油菜种植面积达 88 万亩。为确保防疫春耕"两不误"，该县组织农业技术人员到田间调研，给农民分发"农业专家服务卡"，并告诉他们可根据卡上电话咨询问题。

在光山县凉亭乡凉亭村茶农陈文学的茶叶加工厂，陈文学一边忙着加工茶叶，一边为春茶销售对接联系。忙碌之间，他不时打开微信，翻看由乡政府发送的茶叶生产加工技术指导信息……

凉亭乡素以"中国名茶之乡"著称。面对疫情，该乡在加强疫情防控的同时，抢抓农时，全力做好春茶开采的各项准备工作，最大限度地保障茶农稳定增收。

"当前田间管理重点是追肥和除草，目前市场和农户储备能够满足需要。"信阳市农业农村局相关负责人说，"目前是全市化肥等农资的需求旺季，我们正加强与农资生产企业对接。"

做贫困群众的"贴心人"

"虽然帮扶人没有到我家来，但他电话里的关心比我亲人还多！"

这是新县陡山河乡大塘村贫困户王长寿最大的感受。

"在此,我要对县委、县政府、乡党委政府、村'两委'及所有医务工作者表示感谢……"这是光山县凉亭乡王湾村22岁的贫困户宋坤坤写给县委、县政府一封感谢信里的话。

"1月18日,我与父母从武汉返乡过年。1月27日父亲有疑似新冠肺炎症状,2月3日母亲被确诊为新冠肺炎患者。父母相继被送往县人民医院隔离,我十分无助、恐慌。"宋坤坤回忆道,"在此期间,县乡党委、政府领导和村'两委'每天打电话关心我……县领导还冒着大雪送来慰问金,我们全家都十分感动!"

2月14日,河南省人大常委会副主任、信阳市委书记乔新江在平桥区检查疫情防控和春耕生产时强调,要在确保抓好疫情防控的同时,积极做好春耕备播准备工作,抓好瓜果蔬菜种植、运输、销售等环节,尽可能减少疫情防控对群众生产生活的影响。

"疫情突发后,全市统筹安排疫情防控和脱贫攻坚工作。"信阳市扶贫办相关负责人说,要求驻村第一书记通过现代信息手段跟踪了解基层产业扶贫情况,认真谋划因疫情感染致贫、返贫群众的帮扶工作。

为群众复工复产"保驾护航"

"我们农历正月十六就上班了,现在一个月挣三四千块钱,还可以照顾家里,真的挺好!"3月27日,在光山县官渡河产业集聚区的鹏程手袋有限公司生产车间,贫困户程秀芳一边工作一边感慨道。

信阳是人口大市、劳务输出大市,常年在外务工、经商人员250万人以上。在守好河南"南大门"的同时,全市各级党委、政府及时调整工作思路,挖掘本地就业潜力,优化外出服务保障,有序有效推动全市就业服务保障工作。截至 3 月 22 日，信阳市农民工已外出务工 109.3 万人，其中省内就业 29.3 万人（市内就业 20.9 万人），省外就业 80 万人，先后组织输送农民工的专车专列专机 5470 次。

作为劳务输出大县，新县把劳务输出作为改善民生、助力脱贫攻坚的重要手段来抓。疫情期间，为促进农民工返岗，新县在信阳市率先开通"务工就业直通车"，帮助务工人员安全有序返岗。与此同时，其他县区也通过多种方式，为群众复工复产"保驾护航"。

"市务工办也在精准施策，全力保障农民工返岗和外出务工，为企业复工复产提供人力资源。"信阳市务工办劳务输出中心主任刘泽介绍，全市还充分利用公共就业人才服务机构网站，全力为复工复产企业和广大就业者提供就业招聘对接服务。截至 3 月 22 日，信阳全市在疫情期间通过各种网络平台发布岗位需求信息 42.6 万个，发布用工企业 7222 家，接收各类求职信息 89421 人，累计达成就业意向 36952 人。

革命战争年代，无数革命先烈用鲜血和生命铸造了红色大别山"28 年红旗不倒"的传奇，孕育了"坚守信念、胸怀全局、团结奋进、勇当前锋"的大别山精神。2019 年 9 月 16—17 日，习近平总书记在信阳考察调研时强调："要把革命老区建设得更好，让老区人民过上更好生活。"殷殷嘱托，言犹在耳。半年多时间过去，一场"疫"情大考又一次让老区人民战斗在河南"南大门"最前沿，但在党中央坚强领导下，有"28 年红旗不倒"的坚定信念，深受红色基因涵养浸润的大别山儿女一定会更加团结一心，众志成城，坚定守好河南"南大门"，坚决打赢疫情防控和脱贫攻坚两场"硬仗"，以优异的成绩向党中央交卷，让总书记放心。

迎难而上攻坚贫困堡垒

吴晓燕　鲁　明

　　"春节前我在新疆打工，过年回家后，受疫情影响，只能待在家里，一直发愁没有收入来源。"2020年3月初，在甘肃省陇南市宕昌县木耳乡奤治村，在村里的扶贫车间中忙着包装中药材切片的脱贫户包金保说，为了不让疫情影响大家增收，村里的扶贫车间及时复工复产，让他和乡亲们不仅能在家门口上班，而且还不耽误春耕，一举两得。

　　据悉，截至3月初，宕昌县已有34家扶贫车间复工复产，复产率达到77.3%，有473名像包金保一样的群众在家门口实现了上岗生产，其中包括371名建档立卡贫困人口。据宕昌县相关负责人介绍，新冠肺炎疫情防控工作开展以来，宕昌在全面落实奖补政策的基础上，积极引导动员县内所有扶贫车间、合作社等各类经营主体全面复工复产，吸纳县内不能外出务工贫困劳动力就近就业。作为甘肃未摘帽的8个贫困县之一，宕昌正想方设法鼓励带动更多农民群众特别是贫困户，努力克服疫情影响，向整县脱贫摘帽发起最后的冲锋。

　　一手抓疫情防控，一手抓脱贫攻坚，两手抓、两手硬、两不误、两促进。甘肃是全国脱贫攻坚的主战场。2020年以来，甘肃省委、省政府按照党中央的决策部署，盯住症结、迎难而上，尽锐出战、精准施策，以更加有力的举措攻坚最后的贫困堡垒，努力打好疫情防控阻击战和脱贫攻坚战。

挂牌督战，扎实推进产业扶贫

"为聚焦攻克最后贫困堡垒，着力解决产业扶贫方面影响脱贫攻坚的重点地区和突出问题，2020 年，我们将紧盯全省未摘帽的 8 个贫困县、未退出的 394 个贫困村和 17.5 万未脱贫人口，紧扣产业扶贫中存在的突出问题进行分级挂牌督战。"甘肃省委农办、省农业农村厅领导说，"产业扶贫是实现脱贫的根本之策。我们将以贫困村产业培育、贫困人口收入增长和人居环境干净整洁为挂牌督战目标任务，确保剩余 17.5 万贫困人口中的 6 万人左右通过发展产业实现脱贫，确保未退出的贫困村达到行业验收退出标准如期退出，助推未脱贫县如期摘帽。"

甘肃省农业农村厅相关负责同志介绍，省农业农村厅专门组建了产业扶贫挂牌督战工作队，重点督战责任、政策和工作"三落实"，统筹各类资源，采取有效举措，稳定增加贫困人口收入，加快培育贫困村主导产业，建立健全农民合作社带贫机制，逐步形成贫困村集体经济收入持续增长的发展机制。同时，甘肃将督促各地坚持"五挂钩"原则，着力抓好到户产业扶持资金落实，对受疫情影响无法外出务工有意愿发展产业的贫困户进行全面摸排，引导贫困户尽量多种多养，扩大规模，尽快走上小群体、大规模发展路子。

疫情防控不松劲，脱贫决战不停步。在礼县，陇南市委领导深入偏远的三峪乡董山村、潭峪村、水沟村、三房村、弋家村，围绕疫情防控、产业扶贫、春耕生产、劳务输转等工作同干部群众面对面交谈，共同研究攻坚举措。

"黄蒿湾村去年产业扶贫方面有多少贫困户实现了入股分红？截至目前村集体经济收入是多少？……"在已实现脱贫摘帽的榆中县，中连川乡党委书记水生虎面对黄蒿湾村驻村工作队成员、村"两委"班子成员和乡包村干部一口气连提 20 个问题，对挂牌督战中黄蒿湾村存在的问题进行分类梳理。2020 年以来，为确保小康路上"一个都不掉队"，榆中县持续巩固脱贫攻坚成果，紧盯剩余未脱贫的 1015 户 3056人和脱贫监测户、边缘户，持续落实"四不摘"政策，落实挂牌督战责任，补齐短板，做到不落一户、不落一人、不落一项，全面完成剩余贫困人口脱贫目标。

统筹考虑，不误农时不误增收不误脱贫

新冠肺炎疫情防控工作开始后，甘肃省委、省政府专门出台了《关于坚决打赢新冠肺炎疫情防控阻击战促进经济持续健康发展的若干意见》，坚持疫情防控和经济发展统筹考虑，提出了 11 个方面 55 条政策。该《意见》将农民就业增收、脱贫攻坚等"三农"问题作为重点考虑内容，提出要确保不因疫情影响农业发展、农民增收致富、农村脱贫摘帽奔小康。

"为此，我们认真贯彻省里的扶持政策，积极谋划、统筹推进各项'三农'工作。"甘肃省农业农村厅相关负责人说，针对农业龙头企业复工复产中存在的问题，省农业农村厅组织召开了落实中小微农业企业信贷支持政策协调会议，会同中国人民银行兰州中心支行印发了《关于进一步做好全省农业企业信贷支持工作的通知》。针对受疫情影响部分贫困村出现农产品难卖的问题，一方面指导各地积极鼓励龙头企业在产地就近收购、贮藏、加工，另一方面依托各级扶贫产业产销协会、龙头企业和合作社，组织专门力量开展外销工作，农产品滞销问题得到了有效缓解，农产品出库量稳定增长，运销恢复顺畅。为切实保障疫情防控期间和出现灾害极端天气时贫困地区农民能稳定增

收，省农业农村厅组织召开了 2020 年农业保险工作第一次联席会议，指导各地加快推进承保机构遴选，督促承保机构简化农业保险办理程序，全力抓好承保到户工作。截至目前，大部分贫困县已经完成了保险机构遴选工作，早春易冻开花类作物的承保工作已陆续启动；省农业农村厅还积极协调争取将涉农骨干企业特别是养猪企业列入复工复产重点企业名单，给予专项贷款和贴息支持，并指导各地对尚未复工复产的龙头企业、合作社，按照"一企一策、属地管理"原则，建立重点涉农企业复工复产时间表，实行清单式精准分类管理。

在通渭县工业集中区，只见园区内的甘肃宏鑫农业科技有限公司的生产车间内，工人们正熟练而又迅速地进行装填、卸货、包装等操作，一条条地膜生产线作业有条不紊地进行着。"恢复生产以来，大家的干劲儿都很足。"该公司经理董元介绍，公司生产的地膜是全县农业生产的重要农资产品，为此，公司坚持疫情防控和复工复产"两手抓""两不误"，尽快实现全面复工复产，为全县春耕备耕提供充足的生产物资。

"目前，全省春耕生产正由南向北全面展开。通过开展周调度、建立紧急调运机制、组织村级党组织和专业合作社开展统一登记调运配送等一系列举措，目前全省春耕物资储备较为充足，价格总体稳定。"甘肃省农业农村厅相关负责人表示。

一个塞外深度贫困县的攻坚之路

——河北省张北县脱贫摘帽冲刺纪实

邓保群

旷野在这里施展了伟岸的筋骨，草原在此处孕育了诗意的生活。天造地设的河北省张北县，纵横交错之间，衍生了独特的自然、人文景观：激情冰雪，天路奇观，皇家都城，音乐草原……

然而，这片神奇而美丽的土地，却是河北省贫困人口最为集中的区县之一，传统产业支撑薄弱，基础设施欠账较多，村庄空心化严

张北县小二台镇德胜村歌舞队活动现场

重……2011年，张北被列入国家扶贫开发工作重点县、燕山—太行山连片特困片区县，2013年底，该县的贫困村有174个，贫困人口9万多人，贫困发生率29.6%。贫困问题一直困扰着它，一直到2017年，它仍然是河北省深度贫困县，脱贫任务异常艰巨。

拢指成拳，向深度贫困宣战。张北县党政主要领导双牵头、双负责，最大限度整合资源、调配力量、完善机制，"要把所有力量、所有工作、所有资源向脱贫攻坚聚焦聚集，确保贫困人口高质量脱贫摘帽。"张北县委书记郝富国说。

在县、乡、村1万多名扶贫干部和帮扶责任人合力攻坚下，在400多家定点帮扶和驻村帮扶单位企业倾力支持下，张北县因地制宜、统筹谋划、以点带面，交出了一份漂亮的成绩单。2019年底，张北100个贫困村整村出列，贫困发生率降至0.57%，这些闪亮的数字见证了张北脱贫攻坚的赫赫战果，全县高质量脱贫摘帽即将实现。

科学谋划，打好"三治一养"组合拳

脱贫攻坚工作是一项系统性工程，必须着眼长远，科学谋划。张北县以"三治一养"——治穷、治空、治脏乱差与解决农村养老问题相结合的模式，探索出一条扶贫与治理统筹推进的可持续发展路径。

易地扶贫搬迁是打赢脱贫攻坚战的"当头炮"，是解决"一方水土养不了一方人"的最有效策略。张北县通过集中安置为主、分散安置为辅的搬迁安置模式，妥善解决了17个乡镇418个自然村4204户9426人的安居问题。

张北全县有一半行政村的农宅空置率超过50%，"空心化"现象突出。县里围绕"空心率"和"搬迁同意率"两项指标，通过"1+1+6"的模式进行安置，即在县城近郊的义合美村建设1个大型集中安置社区；在公会镇建设1个西部区域小型集中安置社区；在大河镇水关村和盘长河村、公会镇双脑包村、台路沟乡后大营滩村、大西湾乡大西湾村和闫家坡村建设6个联村并建安置点。为了让村民不仅能实现安居，还能乐业，县里坚持集中安置区和产业园区"两区同建"，同步启动招商引资，吸引一大批劳动密集型企业入驻，提供就业岗位。

来到油篓沟镇义合美安置小区5号楼1单元402室，侯翠林大娘热情地端来水果、茶水招待大家。室外寒气激人，室内暖气充足，阳光照进房间，让房间显得更宽敞明亮。"大娘，住进新房感觉怎样啊？"

"忒好，很满足。"侯翠林说，他们家原来住在大河镇北房子村，距离新居60里，过去住的是土坯房，冬天需要生炉子取暖，居住条件非常简陋，完全无法和现在这100多平方米的3室1厅1卫相比，搬到这里后，家里30亩地都流转出去了。

对于一部分老人因生活习惯、行动不便等原因，不愿意"进城上楼"，和部分孤寡、留守老人常年无人照顾等问题，县里投资6400多万元，规划建设11个（目前建成10个）农村幸福互助养老社区，可满足1400多名老人入住。

走进公会镇幸福港湾养老社区，64岁的吴万云乐呵呵地和舍友聊天："从没想过不花钱还能住这么好的房子，吃饭有食堂，活动室里可以打牌、看书、锻炼身体，日子过得比以前舒坦多了。"据该社区相关负责人介绍，社区共入住了96位老人，其中有6名建档立卡贫困户，这里还为当地13名建档立卡贫困户提供了就业机会。

在实施以上举措的同时，县里近两年投资4.4亿元，实施了全域村庄垃圾治理、污水治理、道路保洁、厕所改造、断壁残垣等六大系列环境整治工程，村庄绿化、亮化、美化得到显著提升。

因地制宜，铺就旅游扶贫康庄大道

张北的旅游资源丰富，将其打造成脱贫的"朝阳产业"，是张北县近年来的主打项目。县里通过实施"景区带动、农旅互通、节庆拉动、招商推动"4 种模式，大力发展全域旅游。

2019 年 1 至 10 月，全县接待旅游人数 678 万多人，带动 14 个乡镇、70 个行政村、35 个贫困村参与到旅游扶贫当中，直接受益 1.1 万人，其中贫困户 1179 户 2065 人，人均年增收 2121 元。县里还积极引进奥伦达部落、华大未来农业田园综合体等项目，辐射带动周边村庄100 多个，惠及贫困人口近 1 万人。

尤其是 2019 年贯通了与尚义、沽源的连接线，建成 26 条乡村接通线，有利于做大做强"草原天路"这个旅游品牌，使其真正成为贫困群众脱贫致富的康庄大道。

张北从来不缺客人。很多人到张北，为的是一年一度的草原摇滚音乐节。草原与摇滚的组合，堪称浪漫。音乐节不只是拉动了县里的餐饮服务业，更集聚了人气，带来了商机，每年到张北考察项目的客商达 1000 多批次，一大批大项目先后落户于此。音乐节还把消费者拉到了农民家门口，促使特色农副产品的销售量猛增。

小二台镇德胜村很会借力。由于距离中都草原和草原天路都不远，村里开展了轰轰烈烈的民居改造，拆除了徐家村、马鞍架两个旧村，采取企业代建、政府补贴土地出让金的办法，集中建设风格独特、舒适宜居的德胜新村。如今，集休闲度假、生态观光于一体的民俗旅游在这里生根发芽，村民们把自家的民宿挂上网，旅游旺季时，一天住宿收入能达 1000 元左右。特别是张北草原音乐节前后，订单火爆，一房难求。

村口孙贵英家的"老王微民宿"营业两年了，每到周末，6个大卧室都会满客。整洁宽敞的房间，热情周到的服务，楼上露台还可以搞烧烤，让这里积攒了很多"粉丝"，山东、山西和内蒙古等地都有熟客。

"感谢党的好政策，真的没有想过不仅可以住那么好的房子，还可以用来搞民宿挣钱，现在，月均收入过1万元很轻松。"孙贵英说。

张北县坚持把旅游元素融入乡村，共实施美丽乡村建设140多个，形成"一村一品、一村一韵"的格局，村民通过土地流转、入股分红、参与景区建设、产品售卖等方式实现了脱贫增收。

景区拉动，带火周边乡村；节庆带动，释放综合效益；农旅互动，催生乡村巨变。张北的旅游扶贫还会不断给人带来惊喜。

志智双扶，提振脱贫精气神

雪后，张北成了银装素裹的世界。在公会镇落花营村的"道德银行+扶贫爱心超市"里，还有几个村民在接收、清点、兑换物品，清算积分，填写台账。

目前，落花营村"道德银行"总积分已接近7000分，辐射85%的贫困户，村民可以用"道德银行"存储的美德积分到"爱心超市"兑换日常生活用品。

"扶贫先扶志，扶贫必扶智。我们在想方设法为群众'增收入、富口袋'的同时，还要解决好'健精神、富脑袋'的问题。"河北港口集团驻落花营村第一书记李向民说，"'道德银行'存进去的是美德，取出来的是荣誉，养成习惯后，可以激活群众自我提升和发展生产的内生动力，转变部分贫困群众'等、靠、要'的思想。"

改变是潜移默化的。村里的一些贫困户丢弃了"蹲在墙根晒太阳，等着别人送小康"的观念，萌生了"脱贫致富比着干"的动力。在藜麦、大棚蔬菜种植等产业中，他们纷纷撸起袖子加油干，增收致富的路子越走越宽。截至 2019 年底，落花营村累计脱贫 151 户 281 人，贫困发生率 0.31%，全村脱贫出列。

盘常营村有一个"亲历扶贫"党建扶贫教育基地，将村内现有扶贫工作中的扶贫点打造成为参观教学点，从宏观到微观，全要素集中展示。

在"建档立卡档案室"，能一一浏览"精准识别"开展历程、扶贫手册、贫困户退出流程等信息；在"驻村工作队"栏目，可以看见一线工作队的衣食住行状况，了解他们是如何开展扶贫的；在"厕所革命"一栏，可以体验农村旱厕；在"危房改造"处，可以直观地看到新旧住房的前后对比……

这种沉浸式的体验与教学加深了参观者对于贫困的感知、对扶贫的认知、对政策的理解，成为扶贫凝聚合力、提振脱贫精气神的一个支点和窗口。

自建设以来短短几个月时间，该基地已迎来 60 批参观团队，成功举办 50 多场"不忘初心、牢记使命、亲历扶贫"主题教育活动，与 20 家单位建立党建扶贫、团建、研学教育基地长期合作关系。

强心健行谋突围

——陕西省平利县脱贫攻坚创新举措纪实

何定明　肖力伟　邓保群

当第一缕晨光刚刚照进"女娲故里"陕西省平利县，这 2600 多平方公里土地上的人们已经开始忙碌。扶贫干部走村入户，精准扶贫 O2O 服务站紧密联动，"新社区工厂"迎来一批批移民搬迁群众……

近年来，平利的脱贫攻坚战捷报频传：五次蝉联陕西省扶贫绩效考核第一；"平利方略""平利精神""平利模式"赢得社会一片赞誉；"两不愁、三保障"稳定实现；"五美平利"建设发展战略成效初显。截至 2019 年底，全县贫困发生率从 2014 年底的 20.9% 降至 1.2%，79 个贫困村全部高质量脱贫退出，为如期全面建成小康社会奠定了坚实基础。

久困于穷，冀以小康。俯视这一秦巴山集中连片特困地区重点县，如今社会经济繁荣、天蓝水净、生活和美，人们迈向全面小康的信心变得更加坚定，步伐更加稳健。

以"平利方略"为引领　打好精准施策组合拳

千里秀美山水的馈赠，使平利拥有丰富的物种资源、多样的立体气候、良好的生态环境。然而，山高坡陡，农户居住分散，产业发展滞后，基础设施建设历史欠账较大，边远山区的农户，常常遭受自然灾害侵袭，因灾返贫、因灾致贫现象比较突出。"十二五"末，平利县的贫困面和贫困深度令人揪心，全县有贫困村 79 个，贫困户 18507 户 44811 人，贫困发生率 22.4%，个别村贫困发生率超过 50%。

繁重的脱贫任务，成为压在平利县广大干群心头上的巨石。

克非常之役，需非常之举。2016 年，平利县十六次党代会，描绘了未来五年全县的发展蓝图：绝不为了脱贫而脱贫，而是以脱贫攻坚为统领，坚持将脱贫攻坚与县域经济发展、美丽乡村建设统筹推进，把全面建设生态美、城乡美、产业美、风尚美、生活美的"五美"平利作为脱贫攻坚的更高目标。

方针既定，实践铺展。县委、县政府经过长时间的调研论证，确定了"一个统揽、两个动力、十个全覆盖"的攻坚方略。

一个统揽：坚定不移地以脱贫攻坚统揽经济社会发展全局。具体在思想认识、组织机制和目标考核等方面，向脱贫攻坚聚焦；把工作重心、时间精力、可支配的资金和项目等各种资源，向脱贫攻坚聚集。

两个动力：充分激发调动党员干部主动投身脱贫攻坚和贫困户主动脱贫致富的两个内生动力。先后出台《在脱贫攻坚主战场选用干部实施办法》《贯彻"三项机制"助力脱贫攻坚十条措施》等制度办法，形成"脱贫攻坚论英雄"的鲜明导向；大力实施扶志、扶智"双扶"工程。

十个全覆盖：脱贫攻坚帮扶单位、扶贫工作队驻地、电子考勤、党员结对帮扶贫困户、市场主体结对帮扶贫困村、新社区工厂、电商淘宝店、民风积分爱心超市、"红黄绿"督办清单、精准扶贫 O2O 等十个全覆盖。

从全县的宏观谋划到一家一户的精准施策，平利打出了一套精准扶贫、精准脱贫的组合拳。近三年来，平利的脱贫攻坚工作先后荣获

平利县美丽乡村龙头新村航拍图

13项国家级荣誉和15项省级荣誉，人社部、财政部等国家部委对平利精准扶贫进行专题调研。同时，美丽乡村建设亦亮点纷呈，长安镇、长安十里茶园和三里垭村，分别被评为国家级特色小镇、中国美丽田园和全国"美丽乡村示范村"。

"三苦三真"冲前线　提振脱贫攻坚精气神

"脱贫攻坚容不得半点马虎，既要往深里做、往实里做，还要往精里做、往心里做。而这个过程，必须下足苦工和真功。"县委领导说，在田间地头现场办公，已成为平利党员干部的工作常态。

平利县构建"一村一名总队长"的一线作战体系，全县所有县级领导、部门和镇党政主要负责人直接到村担任脱贫攻坚总队长，一人一村，对村上脱贫攻坚任务落实负总责，让扶贫政策和各级工作部署落实到位。

平利县长安镇金沙河村贫困发生率高达73%，是全县最具代表性的深度贫困村之一。县委主要领导便一马当先，担任了该村的脱贫攻坚总队长。之后，他带头吃住在村里，与镇村干部会商对策、苦干真干,极大鼓舞了士气。

"领导苦抓真抓、干部苦帮真帮、群众苦干真干。从个例到群体,平利的'三苦三真'精神已经渗透到广大干群心中。"县政府领导说。

县政府主要领导则担任老县镇万福山村脱贫攻坚总队长,仅2019年10月份一个月,他就去了万福山村七次,其中有两个晚上还住在了村上,带领群众完成了1000亩核桃园、1000亩柿子园、500亩茶叶园、500亩中药材园的产业"矩阵"搭建,为稳定脱贫打下坚实基础。

水坪村第一书记王建,村上每个贫困户过生日,他都要亲手做上一碗长寿面;柳林坝村第一书记胡珂立下"村里不脱贫,我以任何方式离开都是逃兵"的誓言;蒿子坝村工作队长郑金林、小富沟村第一书记郑玉玺"父子齐上阵";正阳镇财政所副科级干部张凤宝,为了工作,不能在身患绝症的母亲身旁尽孝,被百姓誉为"拼命三宝"……

漫漫扶贫路,悠悠为民心。在"三苦三真"的"平利精神"感召下,平利脱贫攻坚的征程上,涌现出一批批真勇士。

科学管理"四个三" 攻坚靶心更精准

脱贫攻坚不是某个方面的单项工作,而是纵横联动的系统工程。平利采用"四个三"的科学管理方法,有效解决了脱贫攻坚的人力物力资源合理配置以及考核公平公正的问题。

"四个三"指的是:党组织力量的三方联盟(帮扶单位部门、帮扶工作队、村);现代商业O2O模式的三级管控(县、镇、村);公开公平公正的三色对标(黄、红、绿);固本强身的三变改革(资金、项目、分红)。

平利县检察院32名干警与贫困村党员和驻村干部组建支部联盟,修路、架桥、筑河堤,村容村貌得到极大改善。同时,积极谋划产业，让村民收入稳定增长，党群干群关系升温。"支部联盟实现了机关党建与农村党建大融合，把力量用在脱贫攻坚最前沿。"平利县检察院检察长陈猛自豪地说，"我们县检察院的工作经验已经被最高人民检察院推广。"

走进平利县任何一个社区，都能看到"新社区工厂"的身影，这是县里解决搬迁群众就业问题的一大亮点。

药妇沟社区党支部、新社区工厂党支部、县职教中心党支部、女子创业协会党支部和县电商协会党支部联合组建药妇沟社区支部联盟。各支部立足自身职能优势，大力实施"支部＋社区工程＋贫困户（搬迁户）"精准扶贫模式，引进小微企业入驻社区，实现了搬迁群众"楼上居住，楼下就业；一人进厂，全家脱贫；当年进厂，当年脱贫"的目标。药妇沟社区因此成功入选第四批国家级充分就业社区。

脱贫攻坚越往后，越是难啃的"硬骨头"，越需要出"巧招"。平利引入商业营销的O2O模式，组建县、镇、村（社区）、组四级微信"线上"服务体系，贫困群众"点菜下单"；设立相应的四级O2O"线下"实体服务站点，干部"接单服务"。按照"集中受理、分类办理、限时办结、过错问责"等原则，形成覆盖全县、便捷高效的脱贫攻坚O2O服务体系。

三分策略，七分执行。平利县的"红黄绿"三色公开对标，实现脱贫攻坚的全程监督：逐户逐项查验，未落实、不满意的用"红色"预警，主要领导亲自抓；有差距、有欠账的用"黄色"提醒，分管领导跟踪督导；已完成、群众满意的用"绿色"标注，帮扶干部巩固提升。墙上公示，接受群众监督。

产业扶贫是推动脱贫攻坚的根本之策。平利县以产业扶贫为载体，以股份合作为纽带，积极盘活农村土地、支农资金和农村劳动力三大资源，探索出资源变资产、资金变股金、农民变工人的"三变"改革新路子，近年来共支持引导 251 家经营主体与 11236 户贫困户签订五年帮扶协议。

作为陕西最边远的贫困山区之一，平利冲出贫困重围的动能是什么？西北大学校领导曾评价道："是党建，是智慧，是情怀，是精神，是担当，是拼搏，更是新发展理念，是系统化思维，是超前规划，是顶层设计，是不忘初心，是敢为人先。"

勠力同心战"深贫"

——甘肃省庆阳市全力打好脱贫攻坚收官战见闻

吴晓燕　鲁　明

庆阳是革命老区，也是甘肃省脱贫攻坚的主战场之一。当前，庆阳尚有1个贫困县、28个贫困村、1.5万贫困人口未脱贫摘帽，0.84万已脱贫人口存在返贫风险，1.33万边缘人口存在致贫风险。为巩固脱贫成果、攻克最后的贫困堡垒，革命老区庆阳正全力以赴实施挂牌作战，促脱贫、防返贫、阻致贫，打赢打好脱贫攻坚收官之战，努力让老区强起来，让百姓富起来。

"一户一策"深入推进"绣花式"扶贫

昔日，庆阳全市有7个县都是六盘山集中连片特困地区的片区县，其中环县、镇原县属甘肃省定深度贫困县。贫困面大、贫困程度深，贫困家庭的情况千差万别，致贫的原因各有不同，脱贫攻坚难度极大。面对这种情况，庆阳如何才能打赢脱贫攻坚战，老区人民如何才能步入小康？

"我们在搞清贫困户'有什么的资源问题、缺什么的短板问题、能干什么的技能问题、想干什么的愿望问题'等问题的基础上，将未脱贫群众进行了'四类分类'，并依此落实'一户一策'，做到了扶持对象精准、措施到户精准。"庆阳市有关负责同志表示，庆阳对1.43万户有劳力且有技术的贫困户，落实产业奖补措施，实施产业提升脱贫；对1.4万户有剩余劳力且可输转的贫困户，落实就业技能培训、跟踪服务和政策奖补等措施，实施"就业增收 + 产业托底"脱贫；对1.79万户有一定劳力可打零工的贫困户，通过产业奖补资金入股专业合作社分红，实施产业互助合作脱贫；对1.21万户无劳力的贫困户，以奖补资金入股分红，实施"互助合作 + 兜底保障"脱贫。

"现在，我成立的合作社带动了36户养羊大户，吸纳了162户贫困户入股，实现了抱团发展。"在庆阳市宁县焦村镇半个城村，据民兴草畜种植农民专业合作社理事长孙健介绍，近年来，庆阳市大力发展现代肉羊产业，在村党支部的引领下，合作社通过"合作社 + 农户 + 市场"的模式，建成了核心示范场，吸引农户特别是贫困户自愿参与，共同促进宁县肉羊产业发展。合作社通过探索投羊还羔、代养代管、投羊还草、技术培训、一体防疫等模式，调动村民发展养殖的积极性，带动发展了一批养殖大户。

2012年返乡的贫困户李军刚，家里一直没有增收的支柱产业。为了带动李军刚脱贫，民兴合作社通过"借母还羔"的方式拿出20只母羊让李军刚养，且免费给他提供技术指导。"合作社不仅帮我发展肉羊养殖，还帮我进行销售。"2019年实现脱贫、如今已是养羊大户的李军刚说，"2020年春节过后，圈舍里又新下了14只羊羔，目前肉羊存栏57只，最近还要增加20多只。"

"331+"筑牢群众稳定脱贫基础

产业扶贫是打赢脱贫攻坚战的根本之策。近年来，庆阳立足自身资源优势和产业基础，提出了"北羊南牛、塬果川菜、草畜平衡、农牧循环"的发展思路，全力建设肉羊（奶山羊）、肉牛、肉鸡、生猪4

个产业区和苹果、饲草、中药材、瓜菜 4 个产业带，特色产业布局进一步优化。在此基础上，庆阳积极探索"331+"产业扶贫模式，通过组建龙头企业、合作社、贫困户三方利益共同体，推进"资源变资产、资金变股金、农民变股东"的"三变"改革，建立统一科学的品牌化质量管理体系，通过"+党建""+村集体经济"，把贫困群众嵌入产业链，让贫困户发展产业有"奔头"、企业带贫有"甜头"。数据显示，如今，在庆阳，贫困群众的收入中有 36% 来自特色产业。

"近年来，我们积极推进'331+'产业扶贫模式，大力引导群众发展肉羊养殖、苹果种植两个产业，先后注册成立了合水县惠民生态养殖农民专业合作社和庆阳红果蔬农民专业合作社。"在合水县太莪乡北掌村，据两个合作社的相关负责人高钦友介绍，为了带动群众增收致富，惠民生态养殖农民专业合作社通过改造 22 孔废弃窑洞、修建 7 座砖混结构羊舍，建起了 3000 只养殖规模的养殖场，带动 141 户贫困户就业。2019 年新带动了 90 户贫困户以产业到户扶持资金入股 56 万元，年底将按收益的 10% 进行分红。庆阳红果蔬农民专业合作社则通过流转 200 多户贫困户的 1448 亩土地发展苹果产业，吸纳了 49 户贫困群众入股；群众不仅可以拿到每亩 300 元—500 元不等的土地流转费，6 年后，果树进入盛果期，合作社将视所流转土地的地力情况，向农户返还 10 棵—20 棵果树的净利润。此外，合作社还根据发展需要，带动 32 户贫困户种植饲草 450 亩，预计亩均可增收 1000 元。

"之前我主要靠种地生活，但收入不行。现在，我拿 5000 元到户产业扶持资金入股惠民生态养殖农民专业合作社，不仅能分红，还能在这里打工，每月有 3000 元工资。"北掌村村民高怀彪说，得益于合作社的帮助，2019 年他就实现了稳定脱贫。

据了解，庆阳市探索实施"331+"产业扶贫模式以来，全市累计培育引进中盛、圣农、海升、正大等龙头企业 120 多家，成立专业合作社 8900 多个，带动 15 万多户贫困户、11 万户其他农户发展，为农户分红超过 1 亿元。2019 年，全市肉羊饲养量 740 万只、肉牛 95 万头、肉蛋鸡 3000 万羽、生猪 190 万头，苹果种植面积达 177 万亩，实现了产加销一体化，形成全产业链、全循环链的现代农业集群。"331+"产业扶贫模式，被列入国务院扶贫办"2019 年企业精准扶贫专项 50 佳"。

在特色产业红火发展的同时，庆阳市还着力打造特色产业区域公用品牌，提升产业发展效益。2019 年，"庆阳苹果"作为甘肃"十大绿色甘味"入选农业农村部首次认定的中国农业品牌目录；环县羊羔肉被评为"全国十佳羊肉品牌"，打入了香港市场；白羽肉鸡供应肯德基、麦当劳。

聚焦重点攻坚最后的贫困堡垒

"为打好脱贫攻坚的收官之战，夺取全面胜利，庆阳将深入实施挂牌作战，全力以赴促脱贫、防返贫、阻致贫，决战决胜脱贫攻坚，全面建成小康社会。"庆阳市相关负责同志表示，当前，庆阳正重点聚焦农村住房和饮水安全，全力推进"3+1"冲刺清零后续行动。

地处子午岭西麓的蒿咀铺乡是合水县最贫困的乡镇之一，全乡所辖的 4 个行政村都是建档立卡贫困村，2013 年贫困发生率达 45.34%。蒿咀铺乡党委书记高建军说，为了尽快帮助贫困群众拔穷根、挪穷窝、换穷貌，乡党委、政府紧盯"两不愁三保障"目标，集中力量开展易地扶贫搬迁工作，在距乡镇街道最近、基础条件最好的蒿咀铺村后庄组征地 171.64 亩，投资 5200 万元，让包括 144 户贫困群众在内的 216 户农民群众住上了安全、宽敞的新房，且户内人均负担不超过 2500 元。同时，针对全乡五保户及孤寡老人，乡上在集中安置点内新建了互助老人幸福院，配套了厨房、餐厅、棋牌娱乐室、健身器材、卫生厕所等设施，让孤寡老人实现了老有所管、老有所养、老有所乐。

嵩咀铺乡群众居住条件的巨大变化，只是庆阳市近年来大力推进易地扶贫搬迁的一个缩影。庆阳处于黄土高原腹地，当地群众有居住窑洞的传统习惯，但由于黄土湿陷性地质，加之使用年限及日常维护等问题，部分窑洞存在一定的安全风险。前不久，庆阳正在全市开展农村住房安全工作"回头看"，严格按照"查不漏户、查不准确、查不到位、查不保险"的要求，逐户"过筛子"，确保 6 月底前实现"危房不住人、住人房不危"。同时，庆阳还紧扣农村饮水安全水质、水量、用水方便程度、供水保证率"四项标准"，2020 年计划投资 2.98 亿元，实施水源提升、冻管改造、管网延伸、安装净化消毒设备等项目，确保水源稳定、水管不冻、水质达标，以巩固提升群众的饮水安全保障水平。

高质量答好脱贫攻坚"考卷"

——贵州从江县脱贫攻坚纪实

刘久锋　符爱波

"产业项目连成串，种植大棚形成片，侗家鼓楼成景点，村容户貌大改观，公益岗位助增收，健康扶贫保平安……干群同甘共苦，勠力同心战贫困。"这是贵州省从江县向"贫困"发起"总攻"、全县上下共同向着小康生活奋勇前进的真实写照。

从江县是全国、全省脱贫攻坚挂牌督战县之一，有 370 个村还未实现贫困人口"清零"目标，贫困发生率为 3.6%。2020 年以来，从江

从江县刚边乡宰船村群众喜获丰收

县党政主要领导带领全县干群，把思想和行动统一到挂牌督战工作上，把目标聚焦到"冲刺 90 天坚决打赢歼灭战"总基调上，突出问题导向，下足绣花功夫，补齐扶贫短板，高质量答好脱贫攻坚的时代"考卷"。

尽锐出战　构建"立体式"帮扶"大格局"

初夏的从江，骄阳似火。走进翠里乡高忙村食用菌基地，只见一片繁忙景象，在工人们认真操作和密切配合下，拌料、装袋、灭菌、接种、摆袋、养菌各个生产流程有序进行。

"我们的食用菌基地覆盖贫困户 15 户 82 人，主要是采用庭院式种植，这样不仅可以帮助群众稳定增收，还可以让他们照顾家人。"驻村第一书记李永通说道。

据悉，在李永通的带领下，高忙村围绕食用菌产业大力发展"庭院经济"，成功与贵阳农投集团合作，采取"党支部 + 企业 + 合作社 + 农户"发展模式，完成庭院种植食用菌 2.2 万棒，建成食用菌示范基地 1 个，建有党员与贫困户合伙菌棚 10 个。截至 5 月 8 日，采摘香菇 1.45 万斤，销售额 4.36 万元，有效带领了贫困户脱贫致富。

李永通的驻村帮扶是从江县各级干部鏖战脱贫的生动缩影。2020 年来，从江县始终把脱贫攻坚作为首要政治任务，县委常委会召开 18 次有关脱贫攻坚会议，从财政投入、干部配备等各个方面向脱贫攻坚聚焦。

三分部署、七分落实。从江县先后建立县级领导干部包乡镇、部门包村、干部包户的"三级包保"工作机制，即每名领导干部负责联系 1 个乡镇、包保 3 个以上贫困村、帮扶 5 户以上贫困户；105 个县直部门单位与贫困村结对帮扶；6554 名干部与 31165 户贫困户结对帮扶，县、乡、村三级干部肩上的责任更具体、更明确。

从江县按照条块结合原则，探索创新"1+19+34+N"立体式帮扶模式，即在用好黔东南州委下派的 1 支督战队、新增派的 34 个州直部门帮扶力量和从 6 个出列"兄弟县"提拔的 19 名党员领导干部任 19 个乡镇党委"第一书记"的基础上，在县级成立 1 个指挥中心，乡镇成立 19 个指挥部，村级成立 384 个指挥所、1544 个网格、207 个驻村工作组，共计 2122 名干部"下沉"开展蹲点帮扶。制定出台《从江县脱贫攻坚干部管理规定（试行）》，严格督导指导帮扶工作，全县形成了较真碰硬、苦干实干、狠抓落实的攻坚氛围。

精准施策　开对"药方子"拔掉"穷根子"

临近凌晨 1 点，农业局大楼食用菌专班的灯还亮着，此刻专班的同志正在忙碌着明天的农技专家"集中会诊"方案。

"我们要抓住省派科技特派员服务产业的机遇，对食用菌产业进行全覆盖'集中会诊'，加强技术指导，解决生产难题，为我县食用菌产业发展找准路子。"专班班长梁思甜一边忙着一边说道。

2020 年以来，食用菌专班紧盯发展目标，不断探索立体式林下套种、庭院式散种、扶贫车间集中种等模式，实现了食用菌种植面积 2839.35 亩，总产值 11782.40 万元，产业覆盖贫困户 5887 户 23728 人，兑现分红 131.97 万元，有效带动了贫困户致富增收。

产业扶贫，授人以渔。产业扶贫是稳定脱贫的根本之策，也是变"输血"为"造血"、帮助群众就地就业的长远之计。

从江县充分发挥立体气候、生态良好等突出比较优势，围绕林下养鸡、食用菌、百香果、蔬菜"四大产业"，组建由县级干部领衔的工作专班，坚持以市场为导向，强化产销衔接，打好点面兼顾、长短结合、大小并举"组合拳",加强农业基础设施建设,打响从江农产品特色优势品牌。完成生态肉鸡养殖 59.12 万只,生态蛋鸡已存栏 27 万只;完成食用菌产业种植 2839.35 亩(万棒);百香果已种植 1865 亩,完成 2020 年土地流转面积 6810.69 亩,育苗 205 万株;蔬菜产业重点围绕 200 亩以上坝区建设标准化蔬菜示范基地 2900 亩,有效实现全县未脱贫人口全覆盖。同时,推行"365"(三级联动、六项补贴、五个精准)劳务就业工作模式,实现有组织劳务就业 13.46 万人(贫困劳动力 5.81 万人)。

发起总攻　凝聚"最强力"攻克"最后壁垒"

"在周边产业基地干活,我每个月都有两三千元钱收入,现在我又参与建育苗基地,这个月收入应该更多。希望百香果育苗基地尽快建好,形成规模,让更多的乡亲都能和我一样,在家门口就能挣钱。"正在贯洞镇八洛村百香果育苗基地务工的村民李胜连说道。

八洛村百香果育苗基地是由中国贸促会投资 200 万元入股百香果种植龙头企业的扶贫项目,通过易地产业扶贫的方式将谷坪乡高武村、山岗村、高吊村和从江县加榜乡摆党村、从开村的贫困户利益联结起来。育苗基地有收益后,每年将固定收益的 10%,作为这 5 个村贫困户入股分红资金和改善 5 个村基础设施的建设维护资金。

"中国贸促会直接投入帮扶从江资金共 1700 万元,涉及教育扶贫、产业扶贫、就业扶贫、技能培训、住房保障和饮水安全、贫困村人居环境整治、党建扶贫七大类 33 个项目,目前,所有基建类项目均已开工,部分已建成投入使用。"中国贸促会挂职干部、从江县扶贫办副主任李鹏介绍说。

统筹帮扶资源,画好最大"同心圆"。从江县抓住与中国贸促会、澳门特区政府、杭州萧山以及省州帮扶部门对接的机遇，加大产业发展、基础设施建设、劳务输出、人才交流、教育卫生扶贫等方面合作，列出一批贫困群众最受益、对从江帮助最大的任务清单和项目清单，引导帮扶资源更好聚焦到产业、就业、教育、卫生等领域，变扶贫帮扶为长期合作。同时，广泛动员全社会力量，整合社会帮扶资源，推进国有企业"百企帮百村"、民营企业"千企帮千村"和"百千万行动"，充分发挥人大、政协、群团组织以及各种社会组织、志愿者支持参与脱贫攻坚的积极作用，有效凝聚起打赢脱贫攻坚战的强大合力。

号角声声起、战鼓催人急。从江县委、县政府铆足干劲，带领全县干群正咬定目标不放松，以昂扬的斗志、旺盛的干劲，用"一刻不能停、一步不能错、一天不能耽误，用百分之两百的决心夺取脱贫攻坚百分之百胜利"的决心，向最后贫困壁垒发起总攻。

产业发展篇

产业深植厚土　铺就脱贫坦途

——西藏自治区脱贫攻坚的产业担当

李　鹏

西藏，被誉为"世界第三极"，遍布着众多"人类生命禁区"。这里是从农奴社会一步跨越到社会主义社会的特殊地区，是全国贫困发生率最高、贫困程度最深的地区，也是我国"三区三州"深度贫困区中唯一的省级集中连片贫困区，2015年底贫困发生率高居25%以上，全部74个县区均为国家级贫困县区。

脱贫攻坚鼓声急，雪域儿女步蹄疾。四年来，西藏脱贫捷报频传：2016年5个县区脱贫摘帽，2017年25个县区脱贫摘帽，2018年25个县区脱贫摘帽。

贫困区域广、贫困程度深，贫困人口居住分散。西藏实现整体脱贫，困难可想而知。而深植遍布乡村的产业，无疑是西藏基本消除绝对贫困的一剂妙药良方，更为实现乡村振兴打下坚实基础。

强化政策，精准管理

近年来，西藏自治区把脱贫攻坚作为头等大事和第一民生工程，以脱贫攻坚为统领，形成了涵盖产业发展、基础设施建设、资金投入、人员保障等多层次、全方位、各领域的"1+N"扶贫政策体系。《西藏自治区产业精准扶贫工作指导意见》《西藏自治区产业精准扶贫规划》《西藏自治区关于加快市场主体培育推动扶贫产业提质增效》及《贫困地区发展特色产业促进精准脱贫的意见》等一系列文件相继出台，构建起政策体系的"四梁八柱"，形成专项扶贫、行业扶贫、社会扶贫、金融扶贫、援藏扶贫"五位一体"的扶贫格局。

为举全区之力合力攻坚，西藏自治区建立了"四包、四到、四统抓"制度：省级干部包县、地市干部包乡、县级干部包村、乡镇干部（驻村工作队、第一书记）包户统称为"四包"，资金、任务、责任、权利"四到"地市的管理模式，自治区统筹、地市总负责、县区抓落实、乡镇专干的"四统抓"制度，层层压实责任，为各地探索符合实际的产业扶贫路径提供了坚实的政策、组织、资金等保障，激发了基层主动性。

"在实际工作中，我们探索出通过规划定项目、项目定人员、产业定收入、收入定增幅、增幅定目标和统一标识公示牌、明白卡、信息档案的'五定三统一'办法，确保了产业扶贫与贫困群众精准对接，以及对扶贫项目的精准管理。"西藏自治区农业农村厅有关负责人介绍说。

据统计，2016 年以来，西藏累计投入 362.24 亿元，实施扶贫产业项目 2661 个，带动 23.8 万贫困人口脱贫，占总脱贫人口 38%，受益农牧民群众超过 70 万人，占西藏农牧民群众总数的近 30%。

"六宜"产业遍地开花

脱贫攻坚战打响以来，涉及西藏七个地市、上千乡镇的产业落地，入乡进村，"宜农则农、宜牧则牧、宜林则林、宜工则工、宜商则商、宜游则游"，一大批与农牧区实际情况相配套，与农牧民生活习惯、生产能力、生存技能相适应，就近就地解决就业的"六宜"产业遍地开花。

在尼木吞巴藏香净土产业有限公司制作藏香的手工艺人

　　小桥、流水，绿荫成林，拉萨市尼木县吞巴乡吞达村是国家级AAA景区，沿着吞曲河蜿蜒排列的282座水磨长廊是最著名的风景。这里还是藏香的发源地。"传承1300多年的藏香制作手艺，现在成了我们脱贫致富的金饭碗。"吞达村书记普布次仁说。最早，普布次仁生产藏香只为自家使用，后来成立了家庭作坊，又联合12户社员，成立吞巴乡藏香农民专业合作社，2016年，在尼木县政府的支持下，普布次仁又吸纳了村里23户藏香家庭作坊，成立尼木吞巴藏香净土产业有限公司，以"党支部+公司+合作社+贫困户+农户"的模式，带动全村村民拾起了老手艺，发展藏香产业。现在全村200余户有125户139人从事藏香生产，户均分红一万多元，成了全区闻名的藏香之乡。

　　在拉萨机场沿线有个市民周末游的好去处——曲水县才纳净土产业园。红的玫瑰、黄的百合、蓝的菖蒲应接不暇，观花季、采摘节几乎月月精彩，文化体验、餐饮旅游、产品研发、生产加工、实习培训产业链不断延伸。才纳产业园在农旅融合、产学研一体的道路上不断聚集发展，还带动周边四季吉祥村、白堆村的 300 多户易地搬迁户，通过在园区从事种植、服务、保洁等工作，几乎全部解决了就业。

从前，藏红花在西藏很少大规模种植。2016 年，郑安平从上海来到西藏江孜县日朗乡卡尔村创业，考虑到大棚蔬菜和藏红花不同的生产时期，把卡尔村冬季闲置大棚利用了起来。"我负责免费提供种球，给农牧民提供技术指导，待藏红花成熟全额收购，种植环节就由村里负责运营管理。"郑安平介绍说。两年多来，卡尔村 38 个蔬菜大棚都种上了藏红花，户均增收 2000 多元，负责大棚管理的 4 户贫困户每年都有上万元的收入。如今，这个模式已经在日朗、康卓、藏改 3 个乡推行，为 300 多名农牧民培训藏红花种植技术，带动了 200 多户建档立卡贫困户。如今，郑安平打造了帕拉庄园藏红花品牌，研发出藏红花功能性饮料、红酒、鲜花饼、藏红花蜂蜜、精油等深加工产品，"江孜藏红花"正在申报农产品地理标志。

如今，西藏自治区 975 个易地搬迁点，共涉及 26.6 万人，都配套建设了扶贫产业。无论是在雪域高原，还是在羌塘腹地，在大江两岸，在边境幽谷，扶贫产业如雨后春笋、蓬勃兴起。

筑牢乡村振兴根基

扶贫产业硕果累累，既为脱贫攻坚贡献了力量，也在乡村振兴之路上谋划布局、打下基础。

2016 年以来，西藏培育产业化龙头企业 145 家、农牧民专业合作组织一万余家，发展家庭农牧场 138 家，发展全国一村一品示范村镇 35 个，全国美丽休闲乡村 13 个，全国休闲农业与乡村旅游示范县 7 个，中国最具魅力休闲乡村 1 个，创建全国农村一二三产业融合发展先导区 2 个。

　　如今，西藏自治区的高原特色农牧产业蓬勃发展，青稞、牦牛、蔬菜等"七大产业"齐头并进，粮食总产量稳定在100万吨以上，青稞亩均增产50斤，打造了昌都—那曲—日喀则牦牛产业带；高原蔬菜不再稀缺，土豆、萝卜、白菜"老三样"彻底变为五颜六色的瓜果蔬菜。"西藏民宿"等乡村旅游扶贫示范工程不断推进，家庭旅馆、登山服务、农家乐、牧家乐等高原特色旅游业带动2.4万户贫困户脱贫。

　　曲水河谷，四季吉祥，一个整体搬迁的四季吉祥村，四年来陆续搬来了300多户建档立卡贫困户，围绕贫困户，园林绿化、苗木种植、缝纫手工等扶贫产业不断落地，新村从无到有，已显繁华，村民达娃说："现在人多了、绿化好了，我也在村里獭兔养殖场上班，家里收入每年都能增加万把元。"

　　亚德，意为"高山上的村落"，曾经的千年传承"亚德细褐"纺织技艺，成就了仁布县康雄乡的脱贫路，使得这个偏远的乡镇不再偏僻。仁布县康雄乡亚德细褐羊毛织品合作社年销售额达500多万元，带动100多人就业，人均月增收3500元，60多人学会了这一纺织技术，40余户贫困户靠此脱贫。目前，遍布全县乡镇的"加工延伸线"已经投入运行。"延伸线项目将在全县7乡1镇布局加工厂，预计解决300名长期固定用工和更多的灵活用工岗位，同时带动本地藏羊养殖业的发展，真正实现不离乡、不离村就能就业、增收，为乡村振兴提供有力的产业支撑。"仁布县农业农村局局长塔旦说。

　　洁白的哈达飘扬、吉祥的歌谣唱响，雪域处处欢歌。在习近平新时代中国特色社会主义思想引领下，西藏永别贫困，创造了举世瞩目的脱贫奇迹。奔向小康，雪域儿女满怀激情、昂扬奋进，期盼一个又一个奇迹诞生，未来可期、为时不远。

产业兴在家门口　挣钱不用去别处

——广西精准施策决战深贫

王腾飞　高　文　阮　蓓

广西是全国脱贫攻坚的主战场之一，而集中在石漠化区的深度贫困地区集"老、少、山、穷、库"于一体，自然条件差、经济基础弱、贫困人口多、脱贫难度大，是广西脱贫攻坚的坚中之坚、贫中之贫、困中之困。

集中力量啃硬骨头、迎难而上决战深贫！近几年，广西以产业扶贫为重要抓手，精准施策出实招，因地制宜挖掘特色资源，引进龙头企业带动做强产业，引领深度贫困地区群众加速拔穷根、奔小康。产业兴起来，群众不用去远处，家门口就能赚钱致富。

因地制宜抓特色　家门口发展产业

和广西很多贫困村一样，位于大山深处的那坡县城厢镇口角村，土地少且贫瘠，以前种的多是稻谷和玉米，效益低、收入少，不少村民不得不外出打工贴补家用。

从2016年开始，结合当地的土地和气候条件，当地政府规划引导口角村因地制宜发展桑蚕种养，一开始村民担心有风险不敢尝试，村里就组织大家出去参观学习，由县桑蚕办培训技术，并对建蚕房给予补贴，党员带头，如今村里的土地几乎全种上了桑树，有近一半的贫困户通过养蚕实现脱贫。"前几年我带着孩子和老人在外地打工，现在在村里养蚕收入也不少，还能照顾好家里。"40多岁的村民陆秀芬感慨道，日子比以前好过多了，家里盖起了两层半的小楼，欠账也慢慢还清了。

据口角村驻村第一书记冯显云介绍，养蚕见效快，从开始养小蚕到收茧，半个月就能见到收益，一个劳动力一个养蚕季可以有1.5万元至2万元的纯收入，过了养蚕季，还可以就近打工。

柑橘、桑蚕、油茶……这些都是广西近几年因地制宜大力发展的扶贫产业。广西壮族自治区农业农村厅产业扶贫办主任马敏介绍，为了指导遴选特色产业，广西农业农村厅在开展生产调查和专家论证的基础上，牵头探索实施发展县级"5+2"、村级"3+1"特色主导产业，重点发展油茶、中草药等克服石漠化劣势的产业。

以那坡县为例，近几年重点发展"桑蚕、中药材、油茶、猪、鸡+杉木、牛"的"5+2"特色产业，截至2019年6月底，全县桑园累计面积已超11万亩，覆盖全县108个村1.2万多户，其中贫困户4110户，年养蚕18.1万张，年产值近4亿元。全县"5+2"产业覆盖率97%，覆盖贫困户1.7万户。

龙头企业引进来　产业提升加速度

产业扶贫是脱贫的根本之策，龙头企业则是带动产业的强劲引擎。近年来，广西通过积极引进一批加工能力强、产品附加值高、辐射带动强的龙头企业，带动深度贫困地区发展扶贫产业。

在位于靖西市化峒镇五权村的海升现代柑橘产业（核心）示范区，示范区采用先进的种植技术，引进最新的柑橘品种；高垄宽行种植有利于排水、通风、透光，也方便机械化除草、喷药作业；采用杀虫灯等病虫害绿色防控措施和世界先进的以色列水肥一体化技术，保证种出的柑橘质优价高，产品俏销深圳及港澳地区，并成为百色首家取得出口资质的水果基地。

据介绍，示范区 2015 年底由靖西市政府引进海升集团投资建设，除了日常管理用工，到了采收期每天要雇四五百人摘果和分拣包装，不仅直接带动当地就业，重要的是对产业的示范引领作用。同时，海升无毒柑橘苗木繁育中心引进国际先进的温室网室技术和设备，为靖西乃至广西全区种植户提供安全、放心的无毒苗木，促进柑橘产业健康可持续发展。

2019 年初，那坡县借助粤桂扶贫协作项目引进的深圳同益新中控实业有限公司，丝绸生产线正式开机试产，结束了那坡县无丝绸生产线的历史。企业投资 3 亿元，计划建设年产白厂丝 500 吨、白绸 800 万米的智能化缫丝、纺绸生产线，建成投产后可安排 500—800 个就业岗位。目前，已招进厂的当地农民工 213 人，其中建档立卡贫困户 39 人。

有了丝绸厂收茧加工，还实行最低保护价收购，广大农户不用发愁蚕茧销路，可以放心大胆地种桑养蚕。2018 年初至 2019 年 5 月，那坡县新增种桑面积 3.1 万亩，年可实现增收 7132.7 万元，有力地带动桑蚕产业发展，农民养蚕收入也明显提升。

脱贫机制探新路　稳定长效后劲足

在脱贫攻坚过程中，如何激发贫困户脱贫的内生动力、建立稳定长效的脱贫机制是关键。近几年，广西都安县"贷牛还牛"产业扶贫模式探索出了一条新路径。

"送钱送物不如送一门致富技术"，都安县在结合当地条件并深入调研的基础上，选择养牛作为脱贫重点产业。贫困户买不起牛犊咋办，牛怎么养，能不能卖个好价钱……针对这些问题，都安县党委、政府设计了"政府、企业、保险、农户"协同推进的模式，政府通过小额扶贫贷款资金扶持贫困户养牛，贫困户免费从养殖企业贷牛，牛养大后再"还"给企业，企业扣除牛犊费用后收益归贫困户，还牛后再贷，实现滚动发展、持续增收。

不会养牛，有技术培训；怕牛死亡，有保险兜底；不愿自养，可以参加合作社或由其他农户代养……风险低，收益大，"贷牛还牛"项目在都安迅速发展。目前，都安已建成3个万头种牛基地、近200家养牛合作社，牛年饲养量达15万多头，形成了"县有基地、乡有牛场、村有牛社、户有牛羊"的养殖格局。

在规模养殖的基础上，都安同步推进"粮改饲"，同时引导龙头企业投资3亿元建设西南冷链仓储物流中心和牛羊屠宰加工厂，屠宰、精细加工、冷链3个环节无缝衔接，实现"牛在都安养，肉在全国卖"，一头牛卖出两头牛的价值。

政府主导、企业牵头、自养为主、联养为辅、改粮种饲、保险止损、保底收购、电商促销、冷链保障、滚动发展、持续脱贫——"一头牛"牵出了一条全产业链，促进了一二三产业融合发展，激发了贫困户脱贫致富的内生动力，带动40个贫困村实现摘帽，1.9万户贫困户脱贫，形成贫困户年均增收3000元以上的稳定长效脱贫路径。

培育特色产业、龙头企业带动、创新脱贫机制，广西产业扶贫加速推进。全区扶贫产业覆盖率不断提高，新型经营主体带贫能力明显增强，基本实现"一村一新型经营主体"或"一村一产业示范基地（园）"，产业扶贫挑起了脱贫攻坚的"大梁"。2017年和2018年两年时间，广西深度贫困地区累计实现93万名贫困人口脱贫、223个深度贫困村摘帽，其中近80%的贫困人口主要通过产业帮扶实现脱贫增收。

分类施策巧部署　补齐短板"点子"多

——贵州省安顺市紫云县扶贫产业发展势头猛

刘久锋

统筹流转 9.2 万亩土地，种植、养殖产业全面布局到镇、村、点；15 个 500 亩以上坝区高效农业快速启动，红芯薯、红辣椒、菜心、茄类拉开育苗大幕，林下菌、林下鸡产业蓬勃兴起……

作为脱贫攻坚国家挂牌督战县，地处麻山腹地的贵州省安顺市紫云苗族布依族自治县脱贫攻坚的鼓点急、声洪亮，产业发展势头正猛。

紫云县 500 亩坝区春种忙

道路建设：千家万户农货出麻山

"年年五谷丰，就是路不通；有货卖不出，致富一场空。"昔日流行于贵州的顺口溜，如今在麻山腹地的贵州省紫云县却成为尘封的历史，新建成的农村公路犹如飞舞的彩带串起了紫云的村村寨寨，连接千家万户，成为群众发展产业的致富路。

近年来，紫云县农民依托"村村通"水泥路硬化工程，运用便利的交通运输条件，大力发展种养加工等富民产业，形成一村一品或一村多品特色产业链，以产业信息、交通优势带动"村村富"。

在板当镇硐口村的蔬菜基地里，村民正在给白菜浇水，希望能够在年前上市卖出一个好的价钱，说起如今的变化，老百姓想都没有想过。

"以前路不通的时候，打田机也进不来，这地方没路的话，种白菜出去卖要背很长时间，现在交通好了，轻轻松松搬上车，'拉起'就走了，这个政策真的确实好。"硐口村蔬菜坝区管理人员阮家明说。

"我们充分发挥'钉钉子''啃骨头'精神，抢晴天、战雨天，日夜兼程，'抢'通了462公里的路网全覆盖项目，还为各村修建了1070公里的通组路，真正地修建了老百姓的连心路、致富路、产业路。"紫云县政府相关负责人说。

"路通了以后就带动了产业，每天都有一百多人在这里上班，每天的工资80元，产业带动300多户贫困户。"紫云县板当镇硐口村村主任王建说。

路通了，环境美了，在家门口捧起了"金饭碗"，让贫困户脱下了"穷帽子"。如今，"小康路"如毛细血管般蔓延到了紫云的每一个村镇，还延伸进寨子和村组，为农产品开辟了更为广阔的空间，各类村寨显现出从未有过的发展生机。

易地移民搬迁：告别深山奔向幸福生活

近年来，紫云县通过易地扶贫搬迁，将 2.02 万名生活在深山区、石山区的群众搬迁到城镇附近的 11 个安置点进行集中安置。如何让搬迁群众在城镇"稳得住""能致富"成为当地党委政府的必答题。

紫云县发挥森林覆盖高、林地面积广的优势，把林下经济作为促进易地扶贫搬迁群众就业、困难群众增收的产业大力培育，既让搬迁群众增收，又有效实现资源优势向经济优势转变。

"林下鸡、林下蜂、林下菌和中药材是紫云发展林下经济选定的重点产业。"紫云县政府领导介绍，该县林业资源丰富，当地群众有养蜂、养鸡、种菌和种植中药材的传统，不少群众都掌握了一定的技术基础。为了形成规模效应，紫云县目前已累计整合各类资金 1.74 亿元用于发展林下经济项目，打造了一批示范点，发挥了较强的辐射带动作用。

截至 2 月底，该县已通过"龙头企业＋国有林场＋合作社＋农户"的"场村联动"方式，统筹建设养蜂点 130 个、养蜂 2 万余群，建设完成 2000 余亩林下食用菌示范种植基地，发展林下鸡养殖 50 余万羽，逐步向"村村有林下产业、户户有林下增收"的目标迈进。

林下经济的发展，还让群众在家门口就找到了工作。据浪风关林场林下经济项目负责人介绍，该项目除常年雇佣管理人员 150 余人外，还招聘大量短时工人，目前发放给群众的劳务费已经超过了 100 万元，其中绝大部分是易地扶贫搬迁群众。

挂牌督战：按时高质量打赢脱贫攻坚战

"打好脱贫攻坚战，我们是一刻也不敢停、一天也不敢耽误，尽全力推进脱贫攻坚各项重点工作。"紫云县委领导说，确保按时高质量打赢脱贫攻坚战，告别贫困落后的穷苦日子，过上幸福安康的小康生活，是世世代代紫云人民的憧憬和梦想。

等不起，慢不得。紫云县在挂牌督战的基础上，组织县、乡两级领导干部对 162 个行政村实行全覆盖挂牌督战，对未出列的 21 个贫困村均由市、县两级党委、政府班子成员重点挂牌督战，层层压实责任，坚决做到精准督促、靶向作战。并以挂牌督战为契机，进一步调整充实县级指挥体系，以 12 个战区、17 个工作专班为班底，再次安排 1224 名脱贫攻坚前沿作战队员到村到户面对面、点对点开展基础信息核查、落实帮扶措施、动态走访监测，形成纵向一抓到底、横向互联互通的强劲督战体系。

迎难而上、共克时艰，紫云县按下"快进键"。

"这是我们村引进宁夏种植蔬菜的紫云籍人员回乡指导种植的，公司提供技术、菜种及销售，主要销往广州、上海，项目覆盖 77 户贫困户，户均增收将达 1.09 万元以上，村集体经济收益可达 20 万元。"这是松山街道办牛场村扶贫队队长黄朝勇给县级督察组成员谢朝军的情况介绍，对牛场村的基本情况、档案资料、"两不愁三保障"和农村饮水安全、易地扶贫搬迁、基础设施建设等情况黄朝勇了如指掌。

农村产业革命纵深推进，利益联结惠及贫困农户。按照"龙头企业＋合作社＋贫困户"的组织方式，紫云组建县级龙头公司，村村成立合作社，所有贫困户全部入社，持续带动 1.5 万余户贫困户户均增收 3800 元以上。

连日来，程华恩先后到猫营镇、火花镇等地 500 亩以上坝区督促指导，从技术、市场、利益联结等方面指导春耕生产。"有时一天下来，要跑四五个坝区。"程华恩介绍，眼下，紫云脱贫攻坚时间紧、任务重，作为县里的领导干部，更应发挥带头作用。

"剩下的贫困人口，都是贫困的堡垒，我们向最后的堡垒发起总攻，坚决以百分之两百的付出夺取百分之百的胜利，确保按时高质量打赢紫云的脱贫攻坚战，向紫云40万人民交上一份合格的答卷。"该县县委领导说。

培育特色产业　送去致富法宝

——全国畜牧总站为深贫地区"把脉问诊"

姚　媛

"自从村里建了村畜牧兽医服务站，真是实现了'鸟枪换炮'。"对于新疆维吾尔自治区巴楚县恰尔巴格乡拍斯吾塘村的村民来说，自动饮水碗、定制饲料槽、无害化粪污处理池等现代化设备比起以前的单户饲养模式，确实是高端多了。

更令人高兴的是，驻村工作队将当地引以为豪的优良品种多浪羊

河北省隆化县郭家屯镇南兆营村村民张海洋正在喂养3户特困户托管的肉牛

分级，筛选出更好品质的个体，并植入电子芯片精准管理，仅两年时间，已鉴定 2000 余只。

"畜牧总站经常派人来'把脉问诊'，村里的畜禽养殖规模和牲畜品质明显提升，牲畜存栏量由 2017 年的 2200 余头（只）增加到现在的 3500 余头（只），多浪羊养殖平均每只销售纯收入增加 200 余元；家禽及鸽子存栏由 2017 年的 4000 羽增加到现在的 1 万多羽。"新疆维吾尔自治区畜牧总站相关负责人说，"畜牧业对贫困户脱贫致富的支撑作用大幅提升，目前，全村贫困户已稳定脱贫。"

"产业扶贫，要持之以恒，久久为功，通过进一步改革创新，夯实贫困群众稳定脱贫和逐步致富的物质基础。"全国畜牧总站相关负责人说。

从河北省隆化县，到新疆的巴楚县、于田县，再到湖南省永顺县，近年来，全国畜牧总站这支畜牧技术推广的"国家队"，围绕推进特色畜牧产业高质量发展的主线，积极助力深度贫困地区的产业发展，取得喜人战绩。

精准施策补短板　　打通全产业链

脱贫攻坚本来就是一场硬仗，而深度贫困地区脱贫攻坚是这场硬仗中的硬仗。为此，相应的帮扶举措已经较早谋划。2018 年，农业农村部印发《"三区三州"等深度贫困地区特色农业扶贫行动工作方案》，同年 7 月 13 日，全国畜牧总站对口支持新疆特色畜牧业扶贫行动正式启动。

精准扶贫，精准是要义。为了深入了解对口帮扶的于田县和巴楚县的产业发展状况和需求，2018 年，畜牧总站先后组织了 3 次专题调研。调研组深入贫困村，考察养殖加工及饲料生产企业，了解当地扶贫产业特点和资源禀赋，解剖产业扶贫工作中遇到的问题。

"深贫地区产业基础比较薄弱，所以要下苦功、出实招，立足当地资源禀赋、消费习惯、市场环境等实际，精准施策，才能确保脱贫攻坚取得实效。"全国畜牧总站相关负责人说。

调研组发现，近年来，巴楚县大力扶持畜牧良种繁育中心，引进黑头萨福克羊、夏洛莱羊、西门塔尔牛等国内外优良品种，"四良一规范"养殖技术得到大力推广，特色品牌创建实现了从无到有。但是，当地畜牧业仍存在着良种繁育体系不健全、农村人畜混居、畜产品质量标准不规范、饲草料供给不足等短板。

在畜牧总站相关负责人看来，出现这种状况的原因是多方面的：从自然条件上来说，巴楚县土质盐碱性较为严重，地下水位较高，缺少可种植的饲草，饲草料供给明显不足；从生产观念来讲，当地依然以传统的单户养殖模式为主，技术薄弱、组织化和规模化程度低；最后一个重要因素是，良繁中心与当地群众之间没有建立起可持续性的利益联结机制。

为加强对南疆地区的技术指导，畜牧总站成立了来自全国畜牧总站、国家肉羊产业体系、肉鸡产业体系、奶牛产业体系等16位专家组成的特色畜牧业扶贫行动专家组，于2019年协调安排20万元项目经费，在巴楚县和于田县示范推广肉牛肉羊繁育技术。为了做好顶层设计，畜牧总站还出资20万元，委托国家畜禽遗传资源委员会专家、兰州大学李发弟教授团队，制定巴楚县肉羊产业发展规划，对全产业链条统筹谋划。

与此同时，畜牧总站协调推进天津奥群牧业有限公司、北京首农畜牧发展有限公司奶牛中心、克劳沃（北京）生态科技有限公司，与巴楚县和于田县签订产业帮扶合作协议，向两县捐赠西门塔尔牛冷冻精液5000支、优质成年杜泊种公羊20只，并就饲草料供给体系建设开展耐盐碱的牧草种植技术示范。

技术培训解难题　助农增产止损

"将技术送到家门口，将培训班办到村委会。"这是畜牧总站精准帮扶产业发展的着力点。为此，畜牧总站广泛开展科技帮扶，构建起完善的技术培训、推广体系。最直接的做法是，进村入户技术培训常态化。

2019年11月，畜牧总站组织华中农业大学动科—动医学院院长赵书红和湖北农业科学院畜牧兽医所所长梅书棋等4名专家，前往永顺县科皮村开展技术培训，重点讲解生猪选种选育、饲养管理、非洲猪瘟防控、土鸡养殖等关键技术，近50名养殖户慕名前来。

隆化县是典型的山区农牧业大县。过去，老百姓的养殖方式以散养为主。"4月把牛赶上山，到10月中旬再赶回来，十几头母牛，一头公牛，带回几头算几头。"隆化县委一位领导介绍说。

粗放的养殖方式，投入不低，效益却不高。为此，畜牧总站领导多次带队，与当地乡镇负责人、村干部以及养牛户举行座谈，并组织人员进行现场技术指导。

为有效解决当地肉牛配种难、种源差的难题，畜牧总站联合河北省畜牧良种工作站，为隆化县郭家屯镇黄牛改良示范站捐赠生物显微镜等人工授精配套仪器设备20台（套），累计赠送牛冻精1.25万支，目前已使用1万支左右，生产犊牛约5000头。

2020年3月，西屯村肖树臣家的牛产下一头小牛犊，郭家屯镇基层农技站站长张汉军乐得直夸："杂交出优势。采用冻精配种，无论是出生重量、体型等，都优于当地的本交牛。据测算，每头6月龄的架子牛比本交牛多卖2000元左右，后期育肥长势更好，日增重也比本交牛高，按 1000 斤出栏计算，可比本交牛提前 2 个月左右出栏。"

犊牛腹泻、牛肺炎等疫病一直是隆化县养牛户生产经营中的难题。南兆营村的博超种植养殖专业合作社，去年春天产下 60 多头小牛犊，因为犊牛腹泻死了 20 多头。"每头牛养大了，能有 4000 元纯收入。这么大的损失，让我怎么不心疼。"合作社理事长申万清说。

为此，该县联系了长期在一线工作、具有丰富经验的中粮集团高级兽医师张红彬。2019 年 6 月，张红彬来到南兆营村，对申万清家的牛当场诊断、开出药方，并对饲料配比、圈舍卫生保持、兽药配方使用提出改进建议。在张红彬的指导下，申万清家犊牛腹泻的问题有了好转，牛肺炎也得到了有效医治。

金融支持防风险　兜底保障保民生

融资难、融资贵、风险高，一直是制约肉牛养殖业发展的一大难题。在畜牧总站的帮助下，隆化县"联办共保＋险资直投"金融支持肉牛产业试点顺利启动实施。

"联办共保＋险资直投"模式，具体说来，就是由县政府出资为肉牛投保，人保财险公司承保，并为养殖户提供养殖贷款，贷款利息由县政府支付。该模式以"政策支持"解决产业主体融资信用不足等问题，以"险资直投"解决融资难、融资期限与生产周期不匹配等问题，以"联办共保"兜住生产经营中的自然灾害和意外事故风险，有效防止养殖户因灾致贫、因灾返贫。

2019 年度保险实施以来，共理赔 3551 头牛，赔款金额 1282.28 万元，目前仍有 1040 头牛正在走理赔流程，预计赔偿金额达 499.2 万元。

"险资直投"最大的特点，既能支持当地养殖产业的发展，又能有效带动贫困户增收。其贷款对象除建档立卡贫困户外，无论是企业、合作社还是家庭农场，均要与贫困户建立利益联结或利益分配机制。经营主体按照贷款 10 万元带动 1 个贫困户的标准，与贫困户签订分红协议，连续 3 年，每年给贫困户发放 3600 元分红，由乡镇政府存档保证落实。

截至目前，"险资直投"已累计发放贷款 236 户，合计金额 1.54 亿元；累计带贫 1573 户，向贫困户发放扶贫款 566.28 万元。

对于因病致贫的情况，隆化县主要采取兜底保障的方式提供扶持。2019 年底，南兆营村还有 3 户 7 人未脱贫。"这 3 户都是年老多病、丧失劳动能力，只能靠兜底的方式脱贫。"南兆营村驻村第一书记董延安说，"比如张印一家 3 口，他瘫痪在床 5 年多，妻子因患癌症做了手术，孩子还在上高中，生活压力可想而知。"

通过低保，村级光伏电站带动 3000 元 / 年的分红，以及中草药种植项目分红等方式，张印家已达到脱贫标准，但其生活水平、脱贫稳定性仍然不高。为夯实 3 户脱贫基础，2019 年，畜牧总站出资 6 万元，购买 6 头母牛，采用"肉牛托养"的方式，把牛寄养在当地养殖大户，母牛产下牛犊，有了收益，养殖大户在 3 年内以分红的方式将 2 万元返还给贫困户。如此一来，每年又能增收 6000 多元，稳定脱贫又增加了一重保障。

产业基地"长"出幸福硕果

李 昊　蒋欣然　付 雅

布楞沟，在东乡语中意为"悬崖边"。山大坡陡、沟壑纵横，一度是"三区三州"深度贫困地区、甘肃省临夏回族自治州东乡族自治县最偏僻、最贫困的村。"布楞沟难不难？没有水、路不通，难！缺教育、无产业，难上加难……"谈起昔日的布楞沟，东乡县一位副县领导用"多个难"来总结。

2013年2月3日，习近平总书记翻山越岭，来到海拔1900多米的布楞沟村，入户看望老党员和困难群众，嘱托"要把水引来，把路修通，把新农村建设好"。

如今，水引来了、路修通了，"多个难"的状况得以明显改变。临夏州以"催马扬鞭、只争朝夕"的精神状态和进取姿态，全力攻克最后的贫困"堡垒"。

挪出穷窝见笑颜

东乡县春台乡周家村隐于大山深处。马白德祖祖辈辈生活在此。"靠天吃饭，洋芋和玉米亩产只有600多斤。"马白德说，"吃水更难，没山泉也无河沟，就在院子里掏一口水窖，用来贮存雨水。"

2019年11月，马白德一家6口搬到了锁南镇城南社区易地扶贫搬迁安置小区。"柏油路通到家门口，去哪儿都方便。拧开水龙头就有清水，家门口就是学校和幼儿园，好着呢！"马白德笑着说。据了解，此次搬迁共涉及全县 22 个乡镇的 1710 户 9594 名建档立卡贫困户。

"易地扶贫搬迁只是手段，让搬迁后的贫困群众过上幸福生活才是目的。"城南社区党支部书记马福辉说。

东乡县按照"一人一卡、一点一册、一月一更新"的原则，对所有搬迁群众逐户、逐人摸底，建立翔实台账，形成就业岗位菜单、就业状态清单和劳动力资源账单。

在安置小区门口的东乡县职业技术学校，36 岁的马乃米奈正在跟老师学习制作特色小吃"花馃馃"。校长妥凤英介绍，针对尚未脱贫户，县里拿出专门经费，组织开展汽车驾驶、中式烹饪、美容美发、电焊等 12 个工种的技能培训，学费、伙食费、住宿费全免。

如今，安置小区里 4445 名贫困劳动力已有 3472 人实现稳定就业，他们正通过努力逐步摆脱贫困，在全面小康的道路上越走越起劲儿。

产业帮扶心底安

在东乡县大树乡乔鲁村的荒山上，集中连片的太阳能发电设备蔚为壮观。村集体所有的乔鲁村光伏扶贫电站采用联村联建方式建设，投资 5200 万元，占地约 400 亩，已于 2019 年 10 月 15 日全部并网发电，带动建档立卡贫困户 1950 户。

"发电收益经结转机构核算运维费用后，由村'两委'分配，用于支付贫困村公益性岗位劳动薪酬和村集体经济留存。"大树乡党委书记陈元辉表示。

黝黑的脸庞、粗糙的双手，村民马一吉勒将配好的草料放入食槽。几年前，儿子因车祸去世，儿媳改嫁，孙子年幼，全家的重担压在了马一吉勒一人身上。

他利用甘肃银行贷款在山脚下修建起一座羊圈，买了20只母羊，在精准扶贫贷款的扶持下，马一吉勒又修建了两座羊圈，年利润2万元左右。"2020年我又贷了10万元，建起一座牛圈。"他高兴地说。

在几十公里外的临夏县开源农民专业合作社马铃薯种植基地，贫困户杨光明正在打理田地。"2016年，我把家里的8亩地以每亩1300元的价格流转给合作社，合同签了30年；2017年，我又来到合作社打工，每月工资4000元；我爱人在另外一个地方打工，每月工资2400元；合作社还有分红，每年给我1500元。这些加起来，一年收入7万多元呢，这日子能不好吗！"杨光明说。

"县里先后投入4046万元，建立了马铃薯产业园，采取'五统一'措施，带动全县88个合作社6.8万户农户参与马铃薯生产经营，其中贫困户2.5万户，产值1.9亿元，农户年均增收2.4万元。明年我们的种植面积将翻一番，突破10万亩，将带动更多农户增收。"临夏县农业技术推广中心主任郭占忠说。

东西协作天地宽

走进位于临夏县的福建省厦门市思明区东西部协作扶贫车间，十多名妇女正按各自分工忙碌着，裁布料、纳鞋底、上鞋帮……"流水线"工作过后，一双双做工细致、样式精美的布鞋就制作完成了。

对于临夏县先锋乡妇女康学芳来说，眼下的日子虽然忙碌却很幸福，她说："过去，为了家里的老人、娃娃，我只能常年待在家；现在，我在家门口干活儿，不仅能顾家里，每月还有2000多元的收入。"

2018年起，在思明区的帮助下，临夏县建成精准扶贫布鞋加工培训基地，带动一大批和康学芳一样的家庭妇女稳定就业。"妇女的成功就业，减轻了很多贫困家庭经济负担，她们已经是脱贫路上的'主力军'。"临夏县特色产业办公室副主任李玉莲说。

秋日的临夏，清爽怡人。地处山腰平缓处的先锋乡，一派绿色葱茏，美不胜收，育苗、播种、施肥……走进甘肃成伯农业科技有限公司高原夏菜种植基地，长势喜人的高原夏菜迎来收获季。安家坡乡史娄村村民张霞正在和工友们分拣、打包新鲜的西兰花。"在这儿干活每天工资 80 元，还管早饭。"张霞说。

2020 年 3 月，厦门绿百合食品有限公司响应厦门市政府号召，成立了甘肃成伯农业科技有限公司。"临夏非常适合种植业发展，日照时间长，土地肥沃连片，刚好弥补厦门夏季蔬菜的空缺。发展高原夏菜不仅能够帮助群众在家门口就业，还能带动群众发展种植，公司负责包收。"公司负责人林秋香说。

东西协作，山海情深。近年来，还有许多像林秋香这样的厦门人，投入临夏州脱贫攻坚的战役中。

自 2010 年厦门市对口帮扶临夏州开展东西部扶贫协作工作以来，厦门市投入各级各类援临资金 19.61 亿元。主要用于产业扶贫、劳务培训输转、健康扶贫、教育扶贫、安全饮水工程、安全住房保障、基础设施建设、贫困村整体提升工程以及贫困残疾人脱贫等 1360 个项目，为临夏脱贫攻坚注入了强大动力。

"一碗粥"帮扶一山人

——团中央驻山西省石楼县扶贫队服务青年创业纪实

吴晋斌

3 年时间，依靠"一碗粥"带领乡亲们踏上小康路，吕梁山石楼县的创业青年张云觉得，这都是团中央驻石楼扶贫队启蒙与赋能的结果。

"服务青年创业，让星星之火燎原，成为脱贫奔小康的熊熊烈火，才能培育出深度贫困县持续发展的原动力。"团中央驻石楼扶贫队队

工人在生产"一碗粥道"产品

长孟利说。近年来，团中央驻石楼县扶贫队着力培育农村青年创业，为创业项目的成长提供全面指导、支持，一批青年创业带头人脱颖而出，"一碗粥道""甜蜜网事"等品牌成功开辟市场，带动乡亲们脱贫致富，为石楼县的长远发展留住了人才，提供了不竭动力。

找准方向才能吸引投资

石楼县位于晋西吕梁山西麓、黄河东岸，是国家扶贫开发重点县，是山西省深度贫困县之一。

2017年，本地青年张云从省城太原返乡创业，按照预先设想，他准备建一个小杂粮加工厂。

但是，事情从一开始就不顺利，张云带着投资商来了一次石楼，说好的300万元投资就没了。

"条件实在简陋，别的不说，光说交通，石楼没有一条高速公路。从县城到市区几十公里，开车要两个多小时。"张云说，换作是自己，也不会往这么个陌生的山沟沟里投钱。

鞭炮也放了，秧歌也唱了，周围的人都知道老张家的孩子回来建厂了。2017年6月，张云硬着头皮，用自己攒下的和找别人借来的钱，开始在裴沟乡桥子头村的一个小山沟里建厂。

由于资金的捉襟见肘，一年后，厂子还没有建起来，手里的钱和父母给弟弟攒的结婚钱全变成了固定投资，陷进去100多万元。

"最困难的时候，留在太原上学的两个孩子都没有补课的钱。"张云说，那时候，他经常是刚领上父母的退休工资，就去给工人发工资，找人借钱维持企业生存成为一种常态。其实他心里也明白，这时候的企业，去借钱是找死，不去借钱是等死。

2018年夏天，团中央驻石楼扶贫工作队队长孟利找到了还在四处借钱的张云。孟利的出现，让张云不再只顾埋头拉车，而开始抬头问路。

"你看看碾米企业在吕梁有多少个？靠粗加工能'得好'的又有几个？"孟利的话让张云陷入了思考。

张云原先只打算做点红枣收购和碾米加工，现在他终于明白，太原的老板撤资、融资不顺利，以及他办厂陷入困境，不是因为位置偏僻，真正的原因是项目没有盈利预期。

"我在超市站了两个钟头，发现谷类精细深加工产品有9个人过来买，一买就是几百块，我想入这行。"沉下心来进行深入的市场调研，打开思路的张云向孟利表达了自己改变经营方向的想法。

留住人才就能打开市场

开发一款消费者可简便易食的杂粮产品，农户生产原粮，企业搞深加工，做长产业链，作出品牌，带动乡亲们脱贫致富，沿着这一规划路径，"代餐粥"在孟利和张云的思维碰撞下脱颖而出。

2019年1月，在工作队的帮助下，张云成立了山西青创农业科技有限公司（以下简称"青创公司"），组建了金禾小杂粮农民专业合作社，邀请山西中医药大学的教授研制配方，注册了品牌"一碗粥道"，按照"公司＋合作社＋村集体＋贫困户"的扶贫模式，建立起企业与贫困户、村集体的利益联结机制。

这一模式，为企业撬动了700多万元的各类社会投资，公司主打的产品，逐渐聚焦到核桃芝麻黑豆粉、红枣小米粉、红豆薏米粉三款方便粥品。

2019年，"一碗粥道"成为吕梁市十大名特优功能产品。三款拳头产品，一天可以生产2000多盒，一盒在市场上可卖到三四十元。

做好品控、做强品牌成为张云的新目标。团中央扶贫队将张云扶上马之后，又开启了送一程的新使命。

扶贫工作队为"一碗粥道"和另一个蜂蜜品牌"甜蜜网事"联系协调了人民优选、淘宝天猫店、京东商城等线上销售平台，推介展销他们的产品。队长孟利还多次带领张云和"甜蜜网事"项目负责人前往国家商标总局、北京有关电商平台等对接品牌建设、推广有关工作。

"除了直播带货，我去年还上了综艺节目，现在每天都能接到上百个订单。"在扶贫队的孵化下，张云的市场营销能力越来越强。半年多时间，"一碗粥道"的产值和品牌价值均突破 500 万元，解决 20 余人就业，带动贫困户 200 余户。

"工作队的初衷很简单，为深度贫困县留住一个明白人，从各方面培育、扶持他的创业项目，让他成为县域'不走的人才'，引领带动一批群众脱贫致富，是实现小康和乡村振兴的长久之计。"孟利谈起自己多次寻找张云，并一步步助力他起跑时说。

扶智与扶志是实现路径

如今，随着"一碗粥道"的市场局面顺利打开，其对杂粮种植产业和其他相关产业的带动能力也逐渐凸显。

扶贫工作队队员胡志中介绍说，现在收购贫困户的杂粮，每斤比市场价格贵一毛钱。去年下半年，张云的加工厂"吃"掉了当地 34 万斤小杂粮，拉动了当地杂粮种植业的发展。

46 岁的裴沟乡杨家坡村民靳凤明负责从农户手中收购杂粮杂豆，他再也不用为收上杂粮如何往外运输发愁了。像靳凤明这样为青创公司做服务的农民有 16 名。

2019 年底，在第四届国际创新创业博览会上，张云的"一碗粥道"

与浙江义乌和北京的两家电商企业签约了 4000 万元订单。

由此，"一碗粥道"成为一个全国粥类产品优质品牌、成为深度贫困地区的青年创业品牌。

"保守估计，未来青创公司可消化优质小杂粮 300 万斤。"孟利说，这意味着，在扶贫工作队的孵化下，山西杂粮产业从原粮到餐桌的破题之作，又多了一个新品类，品牌引擎石楼县杂粮产业做大做强成为现在进行时。

据介绍，像"一碗粥道"一样，团中央扶贫工作队围绕石楼农村创业青年普遍存在缺技能、缺资金、缺平台、缺渠道等困境，争取到中国创业就业基金会 100 万元支持，以石楼团县委为实施主体，培育和挖掘了 20 个农村青年创业重点项目，直接资助帮扶，石楼县涌现出了花椒女等一批以创业引领带动乡亲们脱贫的青年才俊和"一碗粥道""甜蜜网事"等线上品牌。仅此一项，就撬动 2000 多万元社会资本投资，直接带动贫困户就业超过 300 人。

以"甜蜜网事"为例，在扶贫工作队孵化下，不仅获得了地理标志认证，还通过了欧盟有机认证，通过引进善农"蜂农工匠"，带动全县发展养蜂户 244 户，发展蜂群 1.4 万箱，产量达 168 万斤，在第四届国际创新创业博览会上，签订了 2000 万元订单。

"找见明白人，进行启蒙和赋能的孵化，让他们精耕小产品，作出大文章，从而优化产业链，延伸价值链，是深度贫困县青年创业和扶智扶志有机融合的最现实路径。"孟利说。

澜沧江畔众手浇开幸福花

王 艳 王腾飞 郜晋亮

这里是全国唯一的拉祜族自治县，也是全国"直过民族"区域最大、人口最多的县；这里山高水绿，资源富集；这里的人民勤劳，少数民族文化七彩纷呈，这片广袤土地却也一度被贫穷深深地困扰着。

曾经的澜沧，实现了由原始社会末期直接过渡到社会主义社会"一步跨千年"的跨越，今天，如何消除贫困，实现"两步奔小康"的历史使命，是澜沧新时代面临的一场硬仗。

澜沧江畔，脱贫战酣。"全面小康路上不能忘记每一个民族、每一个家庭。"习近平总书记的嘱托不断激励着澜沧各族儿女奋起直追，与贫困做斗争。

抓住痛点，才能甩掉穷帽子

即便是刚到澜沧的人，也能深切地体会到：澜沧路远。更不用提以前了。

"尽管澜沧是一个农业大县，但也是个农业弱县。为什么一直贫困？根子就在于交通基础设施落后，运输成本太高，导致优质农产品出不去。而且，澜沧自然资源禀赋极高，路不通，旅游的人自然也进不来。"澜沧县委领导坦言。

找着了"病根"，澜沧精准扶贫就有了发力点，第一件事就是修路。原来农村公路不通，现在都变为硬化路，到 2020 年末，澜沧所有村组将全部实现道路硬化。不仅如此，年内还要开建两条高速公路，到那时，整个澜沧的交通就实现了四通八达。

道路通了，不仅产业要跟上，脱贫信心更得提振。作为全国唯一的拉祜族自治县，澜沧少数民族占总人口的 79%，全县共有贫困村156 个，人均受教育年限仅为 6.3 年，很多人从未走出过大山，如何充分挖掘资源优势，培植致富信心，澜沧一直在探索。

"做梦都没有想到，如今寨子里会有这么大的变化！"老达保村村民李扎莫说。6 年的不懈努力结出脱贫硕果。截至 2019 年底，全县建档立卡贫困人口由 21.04 万人减少到 6909 人，贫困发生率从 45.85%下降到 1.61%，农村居民人均可支配收入从 2013 年的 5402 元增加到10835 元，年均增长 12.3%。澜沧实现了农村居民整体生活水平由基本生存型向小康生活过渡的历史性跨越，走出了一条"民族直过区"脱贫攻坚之路。

光脱贫还不够，还要做到乡村振兴与脱贫攻坚的有效衔接，"说到底，核心问题在增收，努力发展产业，尤其是旅游文化产业，通过发展产业带动农村人居环境整治，让老百姓得到看得见的实惠。"杨中兴说。

引来科技，优质农产品飞出山外

"晴天一盆水，雨天一把伞。照顾三七得像照顾孩子一样细心。"说起三七种植技术，澜沧县竹塘乡大塘子村拉祜族村民李娜努如数家珍。2019 年，李娜努总共种植了 2 亩林下三七，收成 20 多公斤，卖了6 万多元，明年她还打算扩大种植面积。

　　李娜努这些种植知识都是中国工程院的院士们手把手亲自教会的。2015年，中国工程院定点帮扶云南省普洱市澜沧县，在农民院士朱有勇的带领下，科研人员结合当地林多雨多的特点，确定了发展林下三七的方案。而林下三七种植技术正是中国工程院根据澜沧县的实际进行因地制宜、量身定做的科技扶贫项目之一。

　　2017年，中国工程院院士团队组织第一期林下三七培训班，李娜努积极报名参加，从除草、翻地、移栽到防虫，她学会了一整套技术。除了种植三七以外，她还可以通过在基地务工以及分红获得收入。"按照约定，企业租赁土地种植林下三七，每亩地要支付给农户60元租金，还要将收益的15%返还给农户。"云南农业大学教师、朱有勇院士团队成员黄惠川说。如此一来，李娜努一年的收入达10万余元，不仅成功脱贫，还成了村里的致富带头人。

　　李娜努还是一名党员，她说："我还准备带动更多的村民一起致富。"据竹塘乡党委书记黄镇介绍，如今，林下种植已经带动当地4694户15911人增收，其中包括建档立卡户2258户7784人。

　　"产业要发展，科技力量绝对不能忽视。"澜沧县委常委、副县长刘元昕说，中国工程院院士团队为澜沧的产业注入了活力。从2017年起，澜沧已经开办了3期培训班，陆续开办了冬季马铃薯、林下三七、茶叶等实训课程，面向全县各乡镇招生，培养了1500名会技术、懂经营的乡土人才。如今，澜沧已经建设了11个林下三七、15个冬季马铃薯的技术示范样板，全县推广林下三七种植面积达1万多亩，冬季马铃薯种植面积达1.7万亩。

　　为拓宽农产品销路，2019年11月，院士团队首次在澜沧开办电商培训班，来自全县20个乡镇、年龄从20—50岁不等的60名首批学员，从如何注册店铺、上传商品，到如何提升店铺流量以及如何直播带货等不断学习进阶课程，逐渐成长为一名熟练的电商商家。

37岁的李福是竹塘乡战马坡村村民，他说："我文化水平不高，之前对电商一无所知，学一点儿是一点儿，能帮助自己和村民把产品卖得更远。"随着新电商拼多多的加入，澜沧新农人的农产品将有机会借助互联网销售至全国，澜沧科技扶贫体系建立了从生产到销售的完整扶贫闭环。

5年来，在中国工程院的推动下，先后有200余人次的院士、数以百计的专家到澜沧开展科技扶贫工作，探索出了一条边疆民族贫困地区依托科技向绿水青山要金山银山的绿色发展之路。

借力文化，在唱歌跳舞中快乐脱贫

从澜沧县城出发，沿着蜿蜒的山路盘旋而上，近一个小时后，隐匿于大山深处的充满民族风情的拉祜山乡便映入眼帘。

"吉祥的日子我们走到一起，共同把心中歌儿唱，蜜样的幸福生活滋润着我，拉祜人纵情歌唱……""以前唱歌是自娱自乐，现在唱歌也能脱贫致富了！"34岁的李娜倮已经成为老达保快乐拉祜演艺有限公司的中坚力量。

老达保快乐拉祜演艺有限公司成立于2013年，演艺人员都是澜沧县酒井乡勐根村老达保村民小组的村民。"以前我们也经常到全国各地去演出，获得不少好评，但没想过能成立公司。"公司董事长张扎啊说，还是澜沧县政府向村民小组提议：可以在家乡编排拉祜风情实景演出，把游客吸引到这里来。

消息一传十，十传百，村民们高兴得不得了。但也有人心里犯嘀咕，会有人来看吗？真的能挣到钱吗？"不过这个疑虑很快就打消了，拉祜族儿女会说话就会唱歌，会走路就会跳舞，扛起锄头能下地，拿起吉他能上台，唱歌跳舞原本就是一件开心的事，即使没有人来，唱歌跳舞也会让我们更快乐。"据李娜俏介绍，她们擅长芦笙舞、摆舞、无伴奏和声演唱，但最为突出的就是吉他弹唱，80%的村民都会弹奏吉他，虽然从来没有接受过专业训练，甚至连乐谱都不认识，拉祜人却创作出了300多首脍炙人口的歌曲。

"真正一炮而红，是在2015年去了杭州大剧院演出后。"张扎啊说。

说起以前的苦日子，村民们都记忆犹新，有时候一周都吃不上一顿肉，一年就穿一套衣服，村里都是土路。而如今，村里修了石板路，表演团里有200多名成员，几乎覆盖到了村里的每家每户，有的村民还开起了客栈，受益于村里的旅游文化产业，村民多的一年可以收入十几万元，少的也有两三万元，村民们在快乐中让腰包鼓了起来。

据乡长李东明介绍，迄今为止，老达保快乐拉祜演艺公司共在当地演出730余场次，接待游客12万余人次。此外，表演团队还应邀外出演出200余场次，共创收407余万元，演艺人员年平均分红达16250元，演出分红成为建档立卡贫困户增加收入的最重要的渠道之一。

2019年末，老达保村民小组实现旅游综合收入927万元，人均可支配收入达11240元，90户398人建档立卡贫困人口实现脱贫。老达保民族文化助脱贫选题入选联合国"中国扶贫成就展"。

不落一人　不掉一户

——贵州省纳雍县勠力攻坚战深贫

刘久锋

切桑叶、进蚕房、喂幼蚕……在贵州省纳雍县勺窝镇，喂养桑蚕是当地农民罗幺妹一年多来最重要的事。

自 2019 年 4 月从农家妇女转变为每月收入 5000 元的技术员，罗幺妹成为种桑养蚕这一古老产业的"门徒"。养蚕，亦成为她人生中美丽的变奏。

在纳雍县，像罗幺妹这样在党委政府帮助下发展产业，实现脱贫的贫困户不胜枚举。

纳雍县是贵州省 14 个深度贫困县之一，也是贵州省乃至全国脱贫攻坚的主战场之一。近年来，纳雍县通过实施产业扶持、易地搬迁、教育和健康扶贫、生态补偿、社会帮扶等，贫困状况得到了巨大改变。截至 2019 年年底，全县 22 个贫困乡镇全部摘帽，199 个贫困村出列，45517 户、218917 人稳定脱贫，贫困发生率下降到 2.96%。

大山上有小山，小山上乱石如麻，光秃秃的山崖裸露于蓝天白云之下，满目苍凉。石头与石头之间的缝隙中，依稀有些泥土，可以种上一窝苞谷——这就是纳雍县的"先天条件"，"春耕一大坡，秋收几小箩"，发展面临诸多困境。

绿水青山就是金山银山，是纳雍冲出困境的发展共识。

"每年二月樱花盛开时，总溪河畔鸟语花香，游人如织！"厍东关乡陶营村村民杨有勇谈到"玛瑙红"樱桃，娓娓道来。

"以前荒山荒坡只能种些洋芋、苞谷，只够填饱肚子，改种玛瑙红樱桃后，收入大大增加。每年我都组织村民除草、施肥，采摘时节，以每公斤4元的价格给村民发工资，还得管饭。"杨有勇乐呵呵地说。

"每年樱桃成熟时，都会有数万人到厍东关乡基地采摘，这不仅解决了樱桃的销售问题，更带火了旅游。"据厍东关乡农业服务中心负责人周钰介绍，现在，厍东关乡约70%的村民都在种植玛瑙红樱桃，种植面积达2万余亩，其中盛产期2000余亩，初产期3000余亩，每亩可实现产值8000—12000元，带动了厍东关乡3900多人脱贫致富。

一座海拔2300米名为"山神箐"的山，曾经因采煤千疮百孔。谭正义曾是搞煤矿开发的"知名人士"，看着因采煤被破坏的生态，立志要把山"救"回来。从2013年，历经多次失败的谭正义，硬生生建起了7000多亩高山茶园。

从"毁绿"到"懂绿"，谭正义呵护培植了一个绿色生态的长效产业。

行走纳雍，目之所及，茶园绿意盎然，瓜果飘香，鸽子花迎风绽放。2020年，纳雍县已完成种植5万亩茶、7万亩皂角、8万亩刺梨、52万亩马铃薯、11万亩辣椒，一个个生态产业在高原大地上成长壮大，纳雍县的森林覆盖率也因此升至58.95%。

打赢脱贫攻坚战，最后硬骨头如何啃？

"董地乡要争取6月30日前把所有短板全部补齐，不仅要按时完成任务，而且要实现高质量脱贫。"董地乡"90后"乡党委副书记、乡长陈彬话语间有青春的热血和冲劲。

2020年以来，全乡155个红托竹荪大棚已经建成，4000亩辣椒、8000亩蔬菜种植有序推进；新增30万羽蛋鸡养殖场，新建1200头规模养牛基地，继续推进地方特色品种糯谷猪产业化示范，拉动全乡养殖业发展；塑料包装厂已经投产，地膜厂正在加班加点建设，两家工厂的年产值将达 7000 多万元……

贫困，"贫"与"困"常常连在一块。"那时候呀，没公路，去大定（大方县）一趟，要走上几天。"纳雍县化作乡安山村 91 岁周光文老人说。

2011 年，纳雍县开始建设建制村硬化路，2015 年，村村通公路全部实现，2019 年 5 月，实现 30 户以上村民组"组组通"硬化路。"交通基本靠走，通信基本靠吼"的时代已经一去不复返。

"没想到我家能够搬到城里，生活得这么好。"在纳雍县易地扶贫安置点白水河社区，许忠华在他 110 余平方米的家中说道。

据了解，纳雍县规划的易地扶贫搬迁 9201 户 42098 人已全部搬迁完毕。纳雍县致力于完善公共服务设施、解决就业创业难题、织密社区治理体系、丰富文化服务内涵、建设基层党建堡垒等易地扶贫搬迁后续工作，让搬迁群众搬得安心，住得舒心。

"目前，我们正在加快查漏补缺，千方百计补齐影响脱贫摘帽的短板，进一步稳固脱贫成果，确保在全面建成小康社会路上不落一人、不掉一户。"该县县委领导斩钉截铁地说。

产业"花儿开" 脱贫"呼儿嗨"

肖力伟　郭　英　冯建伟

行走在陕南大地，到处是一派生机勃勃、人民安居乐业的祥和景象。各地政府积极培植适合当地发展的优势产业，如柞水木耳核桃、平利茶叶绞股蓝、石泉桑蚕旅游等。

小木耳　大产业

两个大棚，3万多个菌袋，一年至少有4万多元收入，这是曾经作为贫困户的柞水县金米村王极东"想都不敢想的"。

金米村地处秦岭腹地，属暖温带到亚热带过渡性地带，冬暖夏凉，是木耳最佳适生区。自清朝起，当地群众就有种植木耳的习惯，但受限于技术，木耳产业没有形成规模。

2017年，柞水县委、县政府结合县情实际，确定把木耳作为主导产业。金米村依靠小木耳撑起了大产业，从地栽变成智能大棚里的塔栽、吊栽，村民们也从传统的拿锄头刨地转为用智能手机打理木耳种植。据驻村帮扶干部吴正超介绍，在中国工程院院士、吉林农业大学教授李玉技术团队的帮助下，当地先后研发了柞水一号、二号、三号、四号、五号5个木耳原种。木耳栽种方式从此前的自然生长、椴木点种、袋料地栽、塔栽发展到如今的吊袋大棚栽培。

在木耳大棚，大棚内装有360度可旋转高清摄像头和传感器等数据收集系统，实时监控大棚里木耳生长情况，收集大棚内外温度、湿度、二氧化碳等关键要素信息，将数据及时传输到控制终端，通过智能分析，实现木耳大棚自动通风、自动遮阳和自动喷水。

"立体栽植、节省空间，没有泥沙、干净卫生，同时克服了外部环境的影响，便于管理。我们还运用网络技术，建成设施控制智能化、生产过程可视化、技术服务网络化、产品追溯全程化的木耳大棚智能控制中心，对木耳大棚进行全程智能化管控，节省土地和人力资源。"吴正超细数新型栽培方式的优点。

2019 年金米村创新带贫模式，推行"借袋还耳""借棚还耳"的模式。村集体负责建设产业基地，将木耳大棚或地栽木耳借给农户管理，农户与村集体签订借还协议，由合作社免费向农户提供木耳菌包并进行技术指导，农户自己打孔、挂袋、采耳、晾晒、交耳，根据"借袋还耳"合同和合作社利益分配机制，合作社以每斤 30 元的保底价统一收购，扣除菌袋成本和付给村集体的费用，农户每斤干木耳可挣 7 元钱左右。全村共栽植木耳 143 万袋，产干木耳 12.45 万斤，实现产值 373.5 万元，户均增收 1.15 万元。

一片叶 富万家

站在平利县蒋家坪村高处远眺，2400 多亩绿油油的茶园错落有致，一座座茶山成了昔日这个深度贫困村的"金山银山"。

平利县种茶始于唐代，盛于明清，享有"贡茶之乡"的美誉。平利县 20 年持续打造一个富民茶饮产业。"平利女娲茶"获得"国家地理标志保护产品"称号，"平利绞股蓝"获得"国家原产地域产品保护"认证和"中国驰名商标"称号，"世界最早的茶——秦汉古茶"成为"丝路瑰宝"。如今，平利县女娲茶区域品牌价值评价结果突破 20 亿元。茶饮产业早已成为平利县实施精准扶贫的有效措施，形成了大厂带小厂、小厂连农户的产业链条。平利县绿茶和绞股蓝种植面积超过 20 万亩，发展新型经营主体 200 多家，一大批群众靠茶告别贫困，富裕起来。

蒋家坪村党支部书记罗显平介绍，茶产业作为村里的主导产业，尽管拥有多年种茶的历史，但是由于乡镇企业改制等原因，大部分茶园被荒废搁置。直到 2014 年村党支部通过招商引资，引进凤凰茶叶公司承包经营，投资 1000 多万元，对茶园进行改造升级，建成了 1000 平方米的茶叶洁净化加工厂。经过 4 年的茶园改造，蒋家坪村茶产业开始加速发展，村里的茶园才有了如今的面貌，带动贫困户 106 户 348 人增收，人均年增收超过 1000 元。

据了解，除了土地流转费，村民还可以通过采茶获取收益，当地茶园以劳务用工的方式带动群众增收，茶叶收入占村民人均纯收入的 30% 左右。罗显平介绍，蒋家坪村是深度贫困村，贫困发生率曾达到 47%，现在已降至 1% 以下。

罗显平说，蒋家坪风景秀丽，空气清新，距离安康市区仅有半个多小时车程，有很多游客到村里来旅游。村里有了"茶旅融合"的思路，2019 年，村里花 30 万元修建了女娲凤凰茶叶现代示范区的千米步道。今年以来，到村里来旅游的人已有五六万人，其中，"五一"劳动节假期就接待了 2.8 万游客，仅 5 月 4 日一天就接待了 17 个团队。6 月 18 日更是接待了 21 个团队，这个偏远的山区一下"火"了起来。

养桑蚕 "丝"路宽

1984 年，当地民众挖沙淘金时发现了一只"金蚕"。村民拒绝了文物贩子 8000 元收购的企图，把"金蚕"捐献给了当时的陕西省博物馆，后经鉴定为国家一级文物"鎏金铜蚕"。

一只铜蚕见证一条丝路。北依秦岭、南枕巴山的石泉县被誉为"丝路之源·金蚕之乡"。如今，桑蚕产业更是成为秦巴山区人民脱贫致富的主导产业。石泉县现有桑园面积7万多亩，其中优质桑园5万亩，养蚕农户近1万户，占农户总数的22%；年养蚕10张以上大户3000户，30张以上大户91户，80张以上大户3户；蚕桑强村50个，有池河、中池等6个蚕桑重点镇，蚕桑产业示范园区5个。2012—2019年，养蚕量稳定在7万张以上，连续8年位列全市第一、全省第一、西北五省第一。县蚕种场年制种能力20万张，为西北第二大蚕种场。

走进池河镇新兴村养蚕大户刘小兰家的养蚕房，一排排木架上，整齐摆放着蚕蔟，不少白白胖胖的蚕忙着吐丝结茧，洁白饱满的茧铺满了蚕蔟……据刘小兰介绍，最初，为了维持一家的生计，想着没有太好的出路，不如就养蚕，既能照顾小孩，还能有些收入。

就是抱着这种最朴素的想法，刘小兰付出艰苦的努力，十年如一日坚守蚕桑业。现如今的刘小兰不仅自己致富了，还成为乡亲们养蚕的带头人。她建立了小蚕共育点，为池河等3个镇的210余户蚕农共育小蚕1300余张。她手把手给农户传授桑蚕养殖技术，从采桑叶、喂蚕料、护蚕茧等环节提供一系列的指导服务，村民亲切地称她为"蚕老师"。养蚕让刘小兰收获了幸福生活，也让她成为贫困户脱贫致富的榜样。

石泉县蚕桑产业的龙头企业陕西天成丝业有限公司是目前陕西唯一的丝绸生产企业。在车间里，工人正在忙碌着，雪白的蚕茧经过高温蒸煮刷洗，在缫丝机上抽出细细的丝线，最终形成一束丝。

据该公司党支部书记孙浩勇介绍，企业与全县近万户养蚕农户签订收购合同，其中贫困户1176户，农民的养蚕收入总计5000万元。

据介绍，2014年以来，全县有3460户贫困农户兴桑养蚕，其中，2118户通过养蚕已脱贫致富。2019年，全县贫困户养蚕5596张，蚕茧收入790万元，户均蚕茧收入8458元。

从"苦甲天下"到奔向小康

——宁夏西吉县脱贫攻坚纪实

张国凤 高 飞 高 建

山大沟深、生态脆弱，位于六盘山西麓、黄土高原沟壑深处的西海固，曾有"苦甲天下"之称。宁夏回族自治区固原市西吉县地处西海固地区腹地，是西海固地区攻克贫困的一个堡垒。

如今，这里的村村镇镇、沟沟岭岭，已是山青水绿、一片丰饶。从曾经贫困发生率34.4%、贫困人口15.5万人，到2019年贫困人口减少到4340人，贫困发生率降到0.95%。

沧海桑田，大地无言。生活在此的人们用誓言和行动、用希望和汗水，将党的扶贫政策撒播进每一片土地，将战天斗地拔穷根的烙印深深刻印进每一个沟岔，浇灌出累累硕果。

带着干，有奔头
——支部会入户，好政策送进农户心里

硝河乡新庄村的村委会办公室里，只有几张简单的办公家具，驻村第一书记王元明已经在这里工作了三年多。

新庄村是一个回族聚居村，由于自然条件和历史原因，以往邻里纠纷不断，干群关系紧张，上访缠访频发，导致扶贫项目无法落实，干部甚至一度不敢进村开展工作。

王元明开的"药方"，是把基层党建与脱贫攻坚紧密结合起来。

群众在哪里，就把党建工作做到哪里。道路旁、家门口、路灯下、活动场……半年里，王元明的"路边会"召开了 60 多场次。面对面、零距离的交流，把政策讲清了、思想理顺了、道理说透了，矛盾纠纷少了，议政策、话发展的氛围浓了。

三年间，4000 亩马铃薯玉米套种基地、500 亩特色产业基地、1000 亩优质青贮玉米试验基地相继在新庄村落地，往日的"荒山"尽披绿装；全村牛存栏量由原来的 667 头增加到 2366 头，羊存栏几乎翻了一番，农民人均收入由原来的不足 3000 元增加到了 9536 元，全村 184 户 894 人建档立卡贫困户，现有未脱贫户只剩 7 户 16 人，贫困发生率由 25.8% 降到了 0.44%，新庄村从远近闻名的"贫困"村变成了"小康"村。

抓支部强堡垒，打造脱贫攻坚火车头。西吉县选派第一书记 295 名、工作队员 518 名，安排帮扶责任人 7181 名，做到了驻村工作队帮扶、党员干部结对帮扶全覆盖。2020 年以来，全县 32 名县级干部和 355 名科级干部包村入户，党员干部常态化开展"帮扶干部进村入户办实事解难题"专项行动。贴心人"燃"起了贫困群众的精气神，拔穷根有了最大的干劲和冲劲。

跟着干，有希望
——"新农人"返乡，带农脱贫奔小康

走进位于西吉县吉强镇芦子沟村的宁夏兴鲜杂粮开发有限公司，8 条现代化的杂粮生产线正在运转，一件件精包装的杂粮产品等待装箱入库销至全国各地。

"一人富不是真的富，乡亲们共同富裕才是富。"兴鲜杂粮总经理

常晓明说。仅 2019 年，公司辐射带动贫困户 262 户种植 5000 亩杂粮，面向全县贫困户收购原粮 230 吨，同时吸收 35 名贫困户入厂成为产业工人，人均年收入达 3 万元以上。

早年，常晓明在外地从事建筑装饰工程行业，生活逐渐富裕。可每次回到村里，看到土地荒芜、杂草蔓延，他始终放不下心，总想着参与到家乡的建设中来。2015 年，常晓明回到家乡，一边流转撂荒的土地，成立了宁夏兴鲜杂粮种植基地，种植糜子、胡麻、荞麦、谷子等杂粮，一边建设车间工厂，创办"常兴鲜"品牌。公司向贫困群众提供全生育期标准化技术服务，还免费提供种子、有机肥料、地膜等农资，并以高出市场价 5% 的价格全部收购。截至今年 7 月，基地共销售杂粮农产品 680 吨，累计销售额达 850 万元。

近年来，西吉县召回并扶持在外创业优秀青年回乡创办企业（合作社）112 家，培育农村致富带头人 1706 人，"二合一"带头人 139 人，创建兴隆、震湖、新营示范乡镇 3 个，吉强镇龙王坝村、马莲乡张堡塬村等示范村 19 个，辐射带动全县 19 个乡镇 1.5 万农户脱贫致富。跟着能人干，有产业有希望，"老乡"们一起脱贫致富的奋斗故事正在这片土地不断涌现。

一起干，有力量
——闽宁扶贫车间让老百姓在家门口有工作

"制衣车间修成后，我在家门口就能上班，每个月能拿到 2000 多元工资，日子一天比一天好！"家住西吉县工业园区锦绣家园的马更兄已经在达美制衣扶贫车间工作一年有余。拿纽扣、线头打结、穿线、入针……马更兄熟练地为消防服缝制着纽扣。

目前，共有福建佩吉服装、天菲服饰和达美制衣 3 家服装制造企业进驻西吉闽宁产业园，总投资达 1500 万元。三家企业稳定用工 500 多人，对工作满 3 个月的建档立卡户给予一次性 3000 元的补贴，对工作满 6 个月的建档立卡户给予一次性 6000 元的补贴。

"莆田与西吉，跨越千里，山海相连，心手相牵。"西吉县工业园区相关负责人介绍说。目前，全县建成闽宁扶贫车间 46 家，吸纳建档立卡贫困人员就地就业 910 人。

通过"政府 + 人才市场 + 闽籍企业 + 建档立卡户"的四联动模式，西吉县打出技能培训、定向招聘、岗位开发组合拳，加强劳务协作。2017 年至 2019 年，西吉县年均劳务输出近 12 万人，年均总收入 24 亿元，占人均可支配收入的 30%。2020 年，西吉县计划投资闽宁协作资金 1000 万元，建设 30 家扶贫车间，预计受益贫困人口 1 万人以上。

产业绘就新希望

李传君　王　紫　李　鹏

巍巍大凉山，平均海拔2000米以上，除了高山之间一些平坝条件稍好外，其余地方大多一方水土无法养活一方人。脱贫攻坚以来，唯一的办法就是将生活在高寒地带的彝族老乡搬到山下靠近平坝、河谷以及城镇的地方。但搬迁之后如何持续增收是个新问题。

大凉山地区，原本绿色农业资源丰富多样，是全国农产品优势区、发展绿色特色农业的最适宜区。搬迁之后的彝族老乡，要脱贫致富奔小康，还得依靠产业发展。唯有产业方能将他们"扶上马、送一程"，唯有产业才能让他们"搬得出、稳得住、能致富"。

可喜的是，2016年来，凉山州已发展种养大户超10万户、合作社9026个、家庭农场7687个，各类经营主体对农户的带动面达75%以上，已脱贫人口中51.58%依靠发展产业实现脱贫；一系列特色农产品驰名全国，凉山广种薄收、缺吃少穿的历史一去不复返。

能人带动，挖掘资源优势，撬动产业潜力

出普格县城往西一直盘山而上，约7公里的路程开车却需40余分钟，这里便是文平乡麻凼村6组。村民全都搬迁至山下，山上的土地和山林被吉布次哈流转，种植中药材和魔芋。

吉布次哈是花山乡建设村人，原先从事建筑行业，现在专心搞农

业。"人搬走了，土地不能荒着，继续让土地'生金'，大家也能增加一份收入。"他说，政府补贴的 100 余万元国家补贴资金全部量化给 60 余户贫困户，预计明年起就可以分红。

除了土地租金和股权分红外，当地村民还可在合作社务工。今年，吉布次哈预计将支出务工工资 70 余万元。充分利用易地搬迁腾出来的土地发展产业，在很多乡镇都做得很好。特补乡甲沟村 286 户村民搬迁至坝子上的新村聚居点，原来的 2900 余亩地全部种上了花椒。

"以前只有姑娘嫁出去，没有姑娘嫁进来；而从 2016 年到 2018 年，就有 18 个姑娘嫁了进来！"提起喜德县光明镇阿吼村的变化，第一书记王小兵颇有感触，"产业发展了，大家的日子好过了，2015 年我们人均收入才 1500 元，去年达到了 8979 元，今年将突破 1 万元。"

穿过崭新的彝家村寨，宽阔的水泥路直通产业基地。王小兵带领村集体建起 279 亩产业园，种植羌活、百合等药材及雪桃、青刺果等经济作物，并建起 200 余平方米的羊圈，养殖优质绵羊。同时，发动群众养阉鸡、黑金猪等，通过"以购代捐"帮助村民打开销路。

彝族"银饰加工第一村"越西县乐青地乡瓦曲村，通过"非遗项目 + 脱贫攻坚"的方式，走出了一条从"文化传承到文明富庶"的路子。"充分发挥党员和大户的带动作用，全村集体参与，创下年产值达 4000 余万元、户均产值 20 万元的纪录。"瓦曲村第一书记唐开清说。

协作帮扶，树立产业标杆，带动群众增收

返乡创业大学生何显芬的东方菌业家庭农场，2018 年前一直运行艰辛，但随着政府的大力扶持和扶贫项目的注入，很快风生水起。由会理县政府援助的普格县 5 个贫困村 250 万元资金，不仅做大了"东方菌业"的规模，还让 393 户贫困户在这里持了股。

"种食用菌短平快，尤其是羊肚菌回报高；农场有了收益，贫困户分红也有了保障。2020年初，5个村各分得了5万元，平均每个贫困户分得600余元。"何显芬说。该家庭农场采用现代化菌包生产流水线，通过回收桑枝和秸秆，每年为周边村带来几十万元稳定收入。

走进喜德县拉克乡源泉村的扶贫产业园，一眼便见公示牌上的贫困户分红明细。由什邡市定点帮扶的4个贫困村70户贫困户，2018年和2019年每户分红分别为1000元和800元。"分红来自什邡市援助资金量化而成的股份。"来自什邡市的扶贫干部杨屹淳说。

该产业园主基地规划面积285亩，种植的各种辣椒新品种均与什邡市一些泡菜厂签订了订单。除了主基地外，还有1个示范点和3个推广区，共辐射4个乡镇多个村。"建产业园一是为了助贫困人口脱贫增收，还有引领喜德县农业产业化发展。"杨屹淳说。

由广东省佛山市南海区援建的喜德县鲁基乡循环农业产业园，全乡997户贫困户在园中占股60%，成为凉山州贫困户占股比例最高的产业项目。产业园种植业板块今年初投产，4月份被评为"粤港澳大湾区菜篮子生产基地"，目前共发往广东12车次1400余吨蔬菜。

产业园总投资1500余万元，佛山东西部协作资金高达700余万元，运营投资300万元，佛山援助的80余万元，与贫困村产业扶持资金100万元作为贫困户的股份。"以每亩纯利润5000元计算，贫困户平均每年可分红2700元左右。"喜德县委常务、副县长黄礼金说。

抓大项目，打造产业品牌，普惠贫困群众

谁没吃过苹果？但谁吃过"5G苹果"？在越西县大瑞镇瑞青村，采用"新模式、新技术、新品种、新设施"，建成的集规模化、标准化、商品化、品牌化、产业化于一体的高标准矮化密植现代苹果产业

示范园，因其高度智能化，故而还有个时髦的名字：5G 苹果园。

走进苹果园，宽阔的产业道两旁，一行行仅拇指粗细的苹果树，被水泥固定桩和钢丝固定着，仅两年的树龄就能结出大红果实，摘一颗直接咬一口，脆甜多汁。"2020 年我们疏了 80% 的花和果，主要是为了长树，我们将控制树的高度，并修剪成纺锤状。"工作人员说。

"该苹果园还是贫困户的绿色银行。"越西县农文旅投公司总经理刘明军说，项目总投资 1.3 亿元，其中 7491 万元为县易地扶贫搬迁后续产业发展资金，直接惠及 19 个乡镇 64 个村 14982 名建档立卡贫困人口，全部涵盖集中安置在城北感恩社区的 1400 余户 6600 余人。

住在感恩社区的尔古乌呷，全家 6 口人住上 100 平方米的房子，老公在外打工，自己在县城当服务员，每月 1500 元。得知他们还可从苹果园每年分到 1500 元，心里十分高兴。

2017 年 4 月，喜德县引进国家级农业产业化重点龙头企业铁骑力士集团，在冕山镇洛发村投资 1.5 亿元建起标准化繁育场，常年存栏能繁母猪 1.5 万头，年产仔猪 30 万头；11 个乡镇 26 个村 49 个点 83 个规模化生猪代养场陆续建成。目前代养场已出栏生猪 3.2 万头。

代养场的带动效益更加明显。企业代养部经理沈洛阳说，一个最小的代养场能带动 10 户以上贫困户，83 个代养场总共可带动 1300 余户贫困户。2020 年部分代养场已经分过一次红，平均每户分红近 3000 元。全面投产后，一年可产生代养费 7500 余万元，可带动 6000 余户贫困户增收。

大山腹地"绕"出增收门道

蒋欣然　李　昊　付　雅

翻越地势险峻的铁尺梁，绕过山路十八弯，进入地处青藏高原、黄土高原、秦巴山区交汇处的甘肃省陇南市。近年来，陇南成为甘肃打赢脱贫攻坚战的主战场之一。昔日，陇南9个县区均属秦巴山集中连片特困地区，贫困的影子萦绕在这里的每一处山水之间。如今的陇南早已"脱胎换骨"：贫困人口已从2011年的130.46万人减少到2019年底的3.69万人，贫困发生率从53%下降到1.56%。

勤劳肯干的陇南人在弯弯绕绕的山路上踏实前行，终是"绕"出了脱贫增收的门道。

药草飘香产业旺　脱贫增收干劲足

中国药材看甘肃，甘肃药材瞧陇南。陇南森林覆盖率高，是甘肃省唯一地处长江流域的地区。得天独厚的自然条件，让陇南收获了"陇上药仓""千年药乡"等美称，是全国中药材主要产地之一。

金秋9月，走进宕昌县的中药材加工车间，空气中弥漫着黄芪、大黄的阵阵香味。

哈达铺镇下街五社农民张祥云正把党参一个个地装袋封口。50多岁的张祥云干起活儿来手脚利索。"镇上有个工厂真是好，挣得也不少，还不用像以前那样到处跑。"张祥云说，"孙子没出生前，我也出去打过零工，可要么是工厂嫌我岁数大，给的工资低，要么是大城市花销太多，攒不下钱，这么多年也没个正经着落。"

张祥云所说的工厂，是2015年落户宕昌的甘肃琦昆农业发展有限公司。作为全国88家规划的中药材仓储物流基地之一，该公司年生产中药材4800吨、各类精细粉7500公斤，动态仓存能力达15万吨。

镇上有了产业，贫困户的"腰包"才有鼓起来的希望。现在，张祥云是打工、农活儿、家务"三不误"，每年光务工收入就有2万多元。2019年，他又租了两亩地让在家的老伴儿种黄芪，公司以高于本地市场价统一收购，仅此一项，又多收入1万元。"俺老两口的生活可是宽裕不少。与外出打工的姑娘、女婿挣的钱差不多。"张祥云忍不住"炫耀"起来。

如今，陇南市各类中药材种植面积达108.1万亩，产值达21.56亿元。从"千年药乡"到"天下药仓"，陇南正以中药材发展为依托，阔步走在产业扶贫促增收的大道上。

农户牵手电商　脱贫驶入快车道

每到周末，西和县"陇香缘"淘宝店主李亚运都会上门收购朱河村刘智慧和其他贫困户制作的麻纸。一张68平方厘米的麻纸，成本3元，收购价8元。"以前，我做的麻纸得去集市上卖，要走五六十里的盘山路。有时候卖不出去，只能用来糊墙。"西和麻纸第五代传承人刘智慧说，自己做了50多年麻纸，还从来没遇到销路这么好的时候。贫困户尹胜利跟着刘智慧学了3年，现在已经自立门户，一年能赚两万多元。

电商带动贫困户脱贫致富的同时，也让传统农业焕发新活力。

卢润武是西和县润泉食品有限公司的负责人，公司主要销售养生杂粮挂面。从 2003 年成立至今，十余年间公司销售额一直平平。"以前都是传统的线下销售，市场范围就那么大，仅限周边县市及省内市场。"卢润武说，2015 年由于厂房扩建、生产中断，未能与客户续签，他还萌生过关店歇业的想法。

一切转变都从 2016 年开始。那年，西和县电商办工作人员鼓励他开网店找销路。

这一试就让卢润武找到了致富门路。"这几年，在稳定线下销售的同时，我们把大部分精力放到了线上销售。"卢润武说，过去采用传统的线下销售模式，公司年销售额不到 200 万元，通过电商销售后，2019 年仅线上销售额就超过了 300 万元。随着订单不断增多，卢润武与当地多家合作社签约，高于市场价统一收购贫困户种的杂粮。"过去，贫困户的杂粮都是卖给街边贩子，一斤荞麦卖 0.8 元，现在我们公司以每斤 1.2 元的价格收购。"

打开手机，西和县的土特产琳琅满目，"西河麻纸""杂粮挂面""西河山核桃"……这些都是西和县电子商务与精准扶贫相结合的生动缩影。

多年来，电商成了西和县稳定增收促脱贫的重要手段之一。2019 年底，全县共培育网店 2116 家，培育千万元级以上电商企业 8 家，累计交易额达 2.07 亿元，带动贫困户共计 1402 户 6067 人。

技能培训作保　外出务工身价增

51 岁的刘乖乖是礼县盐管镇新联村村民，已从事家政行业 7 年，也是镇上资深的"礼贤大嫂"。"我现在工资每月 6000 元，这还是提前预订的价格。"刘乖乖说，今年 4 月 1 日，她随礼县集中组织的 63 名"礼贤妹""礼贤大嫂"赴京务工，14 天隔离期的费用由县财政负担，期间还有家政老师负责培训。这样的技能培训，刘乖乖已经不是第一次参加了。早前在县职业中等专业学校的"省妇联巾帼家政培训示范基地"，已有专业教师为她们开展技能培训。"你可别小瞧技能培训，我的高工资全靠它。"

培训基地的老师杜书娟说："培训学员大都是贫困户或者农村中年妇女，去大城市务工，不培训肯定没有竞争力。"与一般仅专注理论培训不同，基地培训更重实操，设置的课程也与大城市雇主的需求相匹配。一次培训大约7到10天，包含"如何使用扫地机器人""烘干机的10种用法"等项目。

拥有一技之长也是贫困户的脱贫"法宝"。"在礼县，每个贫困户只要有需求都可以享受免费的技能培训。像桥头乡菜花村的2名贫困户通过技能培训考取了挖掘机驾驶上岗证书，应聘去工地开挖掘机，每月能赚五六千元，比过去搬砖的收入增加好几倍。凭着一技之长，摘掉了贫困的'帽子'。"礼县劳务办主任王东旭说，像这样的例子在县里多得数不清。

近年来，礼县始终把贫困户脱贫增收当作"天大的事"，全力补短板、强弱项、提质量，脱贫攻坚取得决定性进展。截至目前，全县贫困人口由2013年底的15.41万人减少到2019年底的1.21万人，累计减贫14.2万人，累计退出贫困村270个，贫困发生率由2013年底的32.32%降到2019年底的2.50%。

民族村寨焕发现代活力

姚　媛　刘梓宪

　　云南省是全国脱贫攻坚的主战场之一。云南少数民族众多，发展落后，深度贫困面积大。全面建成小康社会，一个民族都不能少。云南省保山市和德宏傣族景颇族自治州民族村寨的变化，见证了少数民族群众在党和国家的关怀下，积极主动、奋力拼搏，从实现高质量脱贫攻坚，到迈向乡村振兴的历程。

民族村寨在保护中发展

　　走进腾冲市清水乡三家村中寨司莫拉佤族村，村口的大门上写着"中寨"二字，佤族村民用浓烈的民族风情迎接着八方来客。民俗文化陈列馆门口，木鼓敲击出清脆的响声，随处可见穿着民族服饰的村民，有的正从事生产劳动，有的在热情地接待着游人，这日常的一幕幕，构成了这座佤族村寨流动的风景。

　　走进村民李发顺家，锅里正冒着蒸腾的热气，李发顺和妹妹忙着蒸大米粑粑，妻子杨彩芹则在一旁招呼络绎不绝的客人。十年前，李发顺遭遇车祸导致肢体残疾，两个孩子上学开支又大，于2014年被列为建档立卡贫困户。李发顺虽然行动不便，却十分勤劳，他在家养殖生猪，2015年，村里开始发展乡村旅游，他和妻子起早贪黑，又吃上了"旅游饭"，日子渐渐好起来。如今，他每天能有五六百元的收入，

李发顺正在展示他自制的"福"字手工艺品

多的时候能达到 1000 多元。杨彩芹说："开餐厅一直是我的梦想，以前为了照顾家庭不得不放弃，现在好了，我们打算在家开办一个农家乐，让游客能尝到我亲手做的家乡菜。"

"看寨不是寨，茅草垒成堆。夏恐屋漏雨，冬怕寒风吹。"是三家村昔日的真实写照。近年来，政府先后投资 1300 多万元，实施"草改瓦""农危改"、村内道路硬化、人畜饮水等村庄环境整治工程。同时，开展古遗迹、古建筑、古村落和历史人文资源的收集保护和利用，修建民俗文化陈列馆等，重拾佤族服饰、寨歌、寨舞等优秀传统民族文化。曾经穷乡僻壤的小山村，现在已是中国传统村落、中国少数民族特色村寨、国家 3A 级景区。2019 年，全村总收入 3083 万元，村民人均纯收入达 11450 元。"2000 年前，村里没有出过一个大学生。2000 年至今，村里已经出了 16 个大学生了。"村支书赵家清自豪地说。

"金槽和碾沉香末，冰碗轻涵翠缕烟。分赠恩深知最异，晚铛宜煮北山泉。"这是三家村新开发的茶叶产品包装上题写的诗句。据清水乡乡长尹昭恒介绍，在云南省农科院专家的带动下，村民对茶园进行提质增效，种上了大叶种茶，在村里收购价就达到 20—30 元 / 斤。村里成立了乡村旅游合作社，将农产品统一收购，到工业园区加工后，再拿回来销售。"把农产品变成旅游产品，附加值进一步提升。"尹昭恒说，仅 2020 年上半年，三家村的游客就达 12 万人次。下一步，三家村将进行佤族特色餐饮的系列开发，建设"一轴一环二集群，七巷八馆五十六朵花"的整体景观，将佤族服饰、清戏、藤编等特色文化进行活态呈现。

"一族一策"整体推进

位于德宏州陇川县户撒阿昌乡东面的户早村，现有 277 户农户 1336 人，其中阿昌族 257 户 1236 人，占比达 92.5%，是一个典型的阿昌族聚集村。

户早村是云南省边疆少数民族贫困地区的缩影。受自然条件限制，农业产业单一；群众脱贫主体意识淡漠，内生动力不足；有不少少数民族群众不会说普通话，许多贫困农民由于没有一技之长，缺乏外出务工的勇气。

对此，云南省采取"一个民族一个行动计划""一个民族一个集团帮扶"模式，因族因村施策，动员和引导三峡集团、华能集团、大唐集团、云南中烟工业公司、云南烟草专卖局（公司）等中央、省级企业集团，结对帮扶"直过民族"及人口较少民族。

自 2015 年 7 月起，云南省烟草专卖局（公司）在德宏州阿昌族聚集区累计投入项目资金 12.46 亿元，组织实施"基础设施、民居保障、产业增收、综合推进"四大工程，总计 2512 个项目。截至 2019 年底，德宏州阿昌族贫困发生率由 2014 年的 17.95% 下降至 0.53%，实现了整族脱贫。

在户早村，人居环境得到全面提升。利用政府补贴和支持，村民房屋整修一新，整洁的石板路代替了泥泞的土路，村民家里的牲畜集中到养殖小区，一条 43 公里的环乡公路穿村而过，将周边 10 多个村寨串联起来，以基础道路、烟水工程、机耕路、土地整治、水源工程为重点，基础设施不断完善；劳作之余，村民还可以到文化传习馆、活动广场开展文化娱乐活动。

走进户早村来细寨贫困户康晓德的家中，这是一处三房两厢的院落。康晓德说，过去，他家住的是草房，家中的田种点水稻，每年收入不过几千元。2016 年，用 6 万元政府补贴，他盖起了新房。现在农田里水利设施完备，农活可以请社会化服务组织完成。2020 年他家种了 10 亩烟叶，每亩收入就能有 4000 多元，还养了一头肉牛，也是一笔收入；2017 年起，他家还开起了农家乐，日子是越过越好。

"种植一亩烟叶，就可以脱贫一个人。"驻村工作队队长杨涛介绍说，2019 年，户早村落实烤烟种植面积 1575 亩，亩产值 3593 元，全村户均种烟收入 4.32 万，人均纯收入达到 10920 元。户早村的 67 户 310 人贫困人口，在 2019 年全部实现脱贫摘帽。

特色产业兴边富民

陇川县陇把镇吕良村、曼崩村有着长达 10.3 公里的边境线，域内有 43、44、45 号三个界桩。站在界桩边，一条小河之隔，对面就是缅甸的肯定寨、无噶寨。全村 52 户 201 人，其中建档立卡户 21 户 71 人，是一个景颇族聚居的抵边村寨。

在曼崩村，目之所及是成片的桑树。桑田中央，是黑色的蚕房。村民们挥洒汗水，把希望播撒在一株株翠绿的桑树和一颗颗雪白的蚕茧上。

董跑约是曼崩村率先养蚕致富的带头人。"刚开始种桑养蚕，难免心里没底。镇里安排技术人员，手把手教我们，公司还保价收购，这才吃下定心丸。"每天黎明，夫妻俩就摸黑背上竹篓，漫山遍野采桑叶。"一天跑四趟，太阳落山才回家，吃饭都顾不上"。坚持了一年多，董跑约掌握了一整套养蚕技术，从一窍不通的"门外汉"变成了技术过硬的"土专家"。

如今，董跑约家一年有六七万元的收入，不仅还清了两个孩子读书欠下的外债，还花费20余万元盖起了200平方米的两层木楼，全家过上了吃穿不愁的好生活。

近年来，吕良村整合沪滇扶贫协作项目资金和涉农资金336.52万元，建设蚕桑高产连片示范基地521.1亩，辐射带动52户农户，其中建档立卡户21户，户均增收2000元以上，发展桑蚕种植1017.1亩，其中建档立卡户种植480亩。

2014年，陇川县引进德宏正信实业股份有限公司，建成年生产2000吨的蚕茧加工缫丝生产线。为保证农户养殖效益，公司采用"小蚕共育"模式，技术要求高和风险大的幼蚕由企业集中养到3龄阶段，然后交给村民分散养殖，公司以保护价收购蚕茧。农户全年可以养蚕21批次，多的可以达到27批次。

德宏州陇川县陇把镇党委书记董桥相介绍说："据测算，农民种桑养蚕亩均净收入4000元左右，技术过硬的农户可达8000元左右，与之相比，传统的甘蔗产业亩均收入仅为1000来元。"

据德宏正信实业股份有限公司董事长郑山洪介绍，2020年受新冠肺炎疫情影响，产品出口受阻，丝制品价格下跌了50%。"但是公司仍然按照 2019 年 40 元 / 公斤的价格，收购农民的蚕茧。这既是出于企业的社会责任，也是响应国家脱贫攻坚的号召。"如今，蚕桑产业已经成为推动陇川县脱贫攻坚，实现边境地区兴边富民、稳边固边、建设小康社会的重要引擎。

绿色为本　特色兴业

宫宇坤　刘久锋　骆玉兰

"天无三日晴，地无三尺平"，贵州未脱贫摘帽的 9 个县分布在高寒山区、石漠化片区和深山区，资源禀赋差，脱贫难度大。发展产业是最直接、最有效的脱贫办法，也是增强贫困地区造血功能、帮助群众就地就近就业的长远之计。

近年来，贵州省坚持把产业扶贫作为贫困群众稳定脱贫的根本途径和长久之策，围绕 12 个特色优势产业，对照"八要素"全产业链补短板、强弱项，结合生态气候优势大力发展现代高效山地农业、林下经济和乡村旅游，沉寂的大山焕发出勃勃生机。

一片叶子带富一方百姓

沿着盘山公路来到沿河县中寨镇志强村"白叶一号"茶产业基地，30 多名平均年龄六七十岁的村民手持锄头穿梭在一片绿色之间，为茶苗锄草。

71 岁的廖廷洋是志强村的建档立卡贫困户，自基地成立后他就来这里种茶，每天有 80 元的收入，每月有两三千元。老人笑着说："有了茶山的务工收入，加上种庄稼、养猪，现在村里老人的收入不比外出打工的年轻人少。"

中寨镇位于麻阳河国家级自然保护区内，2018 年，种茶致富的浙江省安吉县黄杜村秉承先富帮后富的精神，向中寨镇捐赠 1200 亩 360 万株"白叶一号"茶苗。中寨镇党委书记谭鹏飞说："志强村采取'村集体＋公司＋农户'的模式，将茶苗折资量化到建档立卡贫困户，共有 265 户以 1426 亩折资入股合作社；此外，县里还拨付 550 万元财政专项扶贫资金，3 个村以集体名义入股，并号召农户入股 39 万元，齐心协力做大做强集体经济。"

志强村茶叶基地负责人张勇介绍，在安吉县相关技术人员的帮扶指导下，今年 3 月，志强村"白叶一号"首次采摘，利益联结全村 170 户 729 人，合作社还与浙江茶叶集团签订了 10 年销售合同。

在纳雍县西南部的骔岭镇，曾经的"矿老板"谭正义突破在高海拔地区不宜种茶的限制，不仅把茶叶种在了海拔 2300 米的山坡，还开启了一条"猪—沼—茶—草"绿色生态循环发展之路，带动 200 多名群众常年就业。当地 6950 亩"雾翠茗香"高山茶园获"2019 中国美丽茶园"称号，产地和产品均通过中国、美国和欧盟有机认证。全镇 10 个村涉茶，茶园总面积 1.36 万亩，其中祠堂边村实现"人均 1 亩茶、户均 4 亩茶"。

林下"富矿"带动农民增收

黔地无闲草，处处皆灵药。

水尾水族乡位于榕江县西南部，地处月亮山腹地，森林覆盖率高达 90.9％，这里气候温和、雨量充沛。山里的杉树林下生长着大片野生草珊瑚，当地村民以前并未意识到它的价值。直到 2018 年，来自湖南、江西、福建等地的客商来水尾乡高望村收购野生草珊瑚，人们才了解到这是座"富矿"。

草珊瑚的主要功效是清热解毒、消肿止痛、抗菌消炎，新冠肺炎疫情防控背景下，草珊瑚从原本的每斤 1 元多涨到 6 元。

"今年高望村通过村集体合作社流转了 1300 亩耕地种植草珊瑚，现在实施管护的有 1140 亩，2019 年 11 月还人工种植了 200 亩，覆盖贫困户 40 户 186 人。"村党支部书记韦国胜说，高望村草珊瑚种苗扩繁基地项目采取"合作社 + 承包户 + 贫困户"模式，由村合作社与贫困户签订利益联结协议，村合作社以反租倒包方式，让承包户进行管理，村合作社分红，承包户占 70%，剩余 30% 由村合作社分配给贫困户和村集体。通过县草珊瑚专班的牵线搭桥，高望村村集体合作社与广药集团签订收购合同，村里的草珊瑚由该公司以每斤 1.5 元的价格保底回收，彻底解决群众销售难的问题。

榕江县委宣传部相关负责人说："发展产业要因地制宜，榕江县森林覆盖率高、杉树林未被破坏，而且草珊瑚的管护相对简单，只需要除草、施肥，非常适合村民种植。"

旅游扶贫带出苗寨活力

"大歹"在苗语中是"大口袋"的意思，大歹苗寨坐落在都柳江北岸海拔 600 多米的山脊之上，因少受外界干扰，这里至今完整保存着苗族村落的农耕习俗和民俗文化，被誉为"山脊上的非遗走廊"。

2018 年，唐隽永来到从江县丙妹镇大歹村担任第一书记。刚来时村中道路白色垃圾随处可见，村组干部腰上别着镰刀参加会议，村里妇女见到外人转身就跑……短短两年，村寨焕然一新，交通路网、村容村貌、安全饮水都发生了历史性改变，妇女在游客注视下从容地使用蓝靛染布织布，孩子面对镜头露出开心、自信的笑容。

"2019 年我们完成老旧房透风漏雨整治 267 户、人畜混居整治 35 户、危房改造 6 户，共实施灶改 273 个、厕改 291 个。2020 年累计拆除了177个楼上火塘。"唐隽永说，"为了发展旅游，贵州省交通运输厅投入4100万元，新建5.6公里小融至大歹村旅游公路，改善沿线3000多名贫困群众出行条件，为沿线乡村旅游产业发展奠定基础。"

同在从江县的岜沙苗寨以"世界上最后一个枪手部落"闻名全国。优美的自然环境、神秘的树葬习俗、古老的"成人礼"仪式、奇特的"户棍"发饰……岜沙被誉为苗族传统文化"活化石"。目前，岜沙村共有570多人从事旅游相关行业，约占全村人口23％。贵州神秘从江文化旅游有限公司相关负责人介绍，截至2019年底，公司直接帮扶岜沙村建档立卡贫困户共计141户716人，累计支付劳务工资1300余万元。

"直过民族"战贫斗困写新篇

郜晋亮　　王腾飞　　王　艳

在云南省怒江傈僳族自治州兰坪县中交兰坪新时代希望学校，11岁的和海英正在用画笔描摹向日葵。上学期，和海英和自己的同学还在兰坪县兔峨乡的学校上学。没有颜料、没有画笔、没有老师教，她只能用水彩笔在本子上画。她说，自己最大的梦想就是长大以后当个画家。

怒江傈僳族自治州集"边疆、民族、直过、宗教、山区、贫困"于一体，是云南省乃至全国"贫中之贫、困中之困、坚中之坚、难中之难"的典型代表，也是习近平总书记一直牵挂和关怀的全国深度贫困地区之一。怒江缺条件，但不缺精神、不缺斗志。几年来，这里的干部群众心连心，书写了战贫斗困的壮丽诗歌。

搬迁群众稳得住

在福贡县匹河乡沙瓦村指挥田易地扶贫搬迁安置点，整齐的楼房、干净的街道、花园里盛放的三角梅，同城市里的小区没什么两样，唯一不同的是山脚下那川流不息的怒江。2018年底，来自福贡县子里甲乡和本乡沙瓦村、瓦娃村、棉谷村、架究村、普洛村、果科村、知子罗村、老姆登村的319户1204名群众搬进了新居。

走进安置点的民族服饰、工艺品加工扶贫车间，52岁的怒族妇女约思手上忙个不停，她的主要工作是把一颗颗珠子穿成串。据介绍，她在扶贫车间工作已经半年多了，每个月能收入 1700 多元。

原先生活在山里，群众都有种菜的习惯。为此，安置点管委会就在社区旁整合了 15 亩闲置土地，建成"微菜园"并分配到每家每户。同时，成立了福贡碧秋蔬菜种植农民专业合作社，以公司回购及定点供应等方式增加贫困群众收入。2019 年，安置点群众通过"微菜园"户均节省 2000 元。

指挥田易地扶贫搬迁安置点搬迁群众的幸福生活，只是整个怒江傈僳族自治州 10 万名贫困群众搬得出、稳得住、能致富的缩影。

生态产业富农家

这天，家住福贡县石月亮乡米俄洛村的十月普和家人起了个大早，为的是把这几天收获的草果送到乡里的草果加工交易中心。据他介绍，这里气候湿润，非常适合种植草果，自己家种了 80 亩，已有 30 亩开始结果，去年靠草果就赚了 3 万多元。

早在 2004 年，福贡县一些地方的村民就开始引入草果苗种植。2007 年开始，有少数植株结果，不错的收入激发了群众种植草果的积极性，部分农户开始自己育苗或从外地购苗种植。福贡县委、县政府经过深入调研后，投入大量人力、物力和财力，扶持贫困群众发展草果种植。

"当时看到村里许多人种草果，收入很不错，就下决心把玉米全部改种成草果。最初，草果苗还是政府送给我们的。"十月普说，"现在村子里家家户户都种草果，最少的也有 10 多亩。大家靠着草果富起来了，摩托车也换成了小汽车。"

2017 年，由云南能投投资建设的怒江大峡谷生态农副产品加工交易中心正式投运。十月普家的草果正是送到了这里。据加工交易中心负责人张继华介绍，目前公司已经与当地 70 多户草果种植大户签订了购销协议。

据了解，目前，怒江傈僳族自治州草果种植面积已达 111 万亩，挂果面积 40 万亩，2019 年产值达 12.15 亿元，受益贫困人口 2.68 万户8.24 万人。草果产业已经成了全州脱贫攻坚战场带动力最强、辐射面最广、贡献率最大的产业。

社会力量齐援助

和海英就读的中交兰坪新时代希望学校是由中交集团捐资 1.5 亿元援建的，于 2020 年 7 月正式开班办学，现有小学、初中学生 2800 多人，重点覆盖易地扶贫搬迁到县城的贫困家庭的义务教育适龄儿童。

中交怒江产业扶贫开发有限公司董事长李永表示，扶贫先扶智，让贫困地区的孩子接受良好的教育是扶贫开发的重要任务。中交加大教育投入力度，就是让每一个贫困家庭的孩子都享受公平而有质量的教育，由此来阻断贫困的代际传播。

一个普通的周六，在兰坪县城区第三完全小学的"云端课堂"上，远在千里之外的中国人民大学附属小学的老师正在带领孩子们领略民间艺术的魅力。

据了解，早在 2012 年，中国人民大学附属小学就开始对贫困地区开展送课活动，如今已走过了 11 个省市的 23 所学校。目前，中国人民大学附属小学已与兰坪县城区第三完全小学结成了友好学校。

中国人民大学附属小学校长郑瑞芳说："现在贫困地区的学校硬件条件一点儿也不差，关键是教师的教育、教学理念等软件问题。开展送课活动，既是让孩子感受参与式的课堂教学，也是为当地教师传递一种新的理念。"

在怒江傈僳族自治州脱贫攻坚的主战场，更需要为贫困地区解决"造血"的问题。

李进学是云南省农科院热带亚热带经济作物研究所的副所长，2019 年 2 月被云南省委下派到怒江州泸水市老窝镇开展脱贫攻坚帮扶工作。他和团队的任务，不仅为贫困群众发展适宜的产业，更重要的是为贫困地区培养一支带不走的技术队伍。

如今，老窝镇老窝村的 300 亩柑橘长势喜人，许多村民不仅熟练掌握了种植技术，有的还成了"土专家"，为周边种植柑橘的村子提供技术指导。李进学感叹，这支队伍就是"造血"的动力源。

村村户户兴产业 扶贫扶智拔穷根

阮　蓓　王　刚　刘硕颖

2020年9月，广西壮族自治区百色市乐业县百坭村2000亩砂糖橘现代农业核心示范区绿果挂满枝头，丰收在望。"2019年底修好了通村水泥路，大卡车能直接开进果园，砂糖橘再也不愁销路了。"曾经的贫困户、现在的致富带头人班统茂对未来充满信心。

百坭村是深度贫困村，2015年建档立卡贫困户195户894人，初始认定贫困发生率42.94%。在全国优秀共产党员、时代楷模黄文秀生前担任驻村第一书记期间，带领全村在2018年实现88户418名贫困群众脱贫，贫困发生率下降为2.71%。"目前全村还有9户34人未脱贫，力争10月全部实现摘帽，不获全胜决不收兵。"黄文秀接棒人、现任百坭村第一书记杨杰兴表示。

截止8月底，乐业全县已建成脱贫奔康产业园猕猴桃2万亩、芒果1.2万亩、油茶1.6万亩，覆盖了全县8个乡（镇）88个行政村（社区），实现村村有产业基地、户户有产业支撑两个"全覆盖"。

"一村一特"产业扶贫成效好

在县级"5+2"和村级"3+1"特色产业的基础上，大力引导贫困户发展小种植、小养殖、小经营、小加工"四小产业"，逐步形成"一村一特""一户一品"，是乐业县打造的产业扶贫新格局。"以投资少、周期短、见效快、效益高为目标，结合贫困户实际进行分类指导，并将扶持、投入、管理、建设 4 项优惠政策贯穿产业发展全过程，确保见到成效。"乐业县农业农村局有关负责人介绍，目前，全县发展"四小产业"的贫困户达 4232 户、占比 31.6%，建成各类生产经营场地 200 多个，累计发放产业奖补 1740 余万元。

产业做起来了，如何规模化、集约化发展是面临的最大问题。"只有形成质量标准和自己的产品品牌，才能在市场中占有一席之地。"杨杰兴说，产业发展需要大量资金支持，为此村里与农行百色支行积极对接，启动了对全村每家每户的资金需求调查，"不仅覆盖了所有贫困户，还延伸到非贫困户。"

在农行百色分行副行长卢兴杰看来，2018 年获得"乡风文明红旗村"称号的百坭村有着良好的授信基础。"通过'百户千万'信用村信用户模式，收集全村农户基本情况，采取调查入户、村党支部推荐、录入系统、进入大数据、生成白名单、网上审批、网上申请放贷程序，农户信用贷款几秒钟到账，村民足不出村就能享受便捷的金融服务。"卢兴杰介绍，农行在百坭村布放惠农通服务点，2018 年以来，累计发放农户小额贷款 16 户 140 万元，支持农户发展柑果、油茶、烟草等产业。

教育惠民扶贫先扶智

精准扶贫，教育先行。近年来，乐业县加大财政投入，支持教育优先发展，累计投入资金 6 亿多元，加大校舍等基础设施建设，不断改善办学条件，保障每个学生有学上、能上学、上好学。

据乐业县教育局相关负责人介绍，全县对贫困学生资助政策主要分为学前教育、义务教育、普通高中教育、中等职业教育和高等教育五大类。在确保建档立卡贫困家庭学生资助政策全覆盖的基础上，每个贫困学生还有帮扶教师，将扶贫与扶智、扶志有机统一。学校还结合国家营养改善计划，每天每人补助 4 元，实现教育惠民政策全领域、全环节覆盖。

为彻底阻断贫困代际传递，乐业县通过对辍学学生及家长开展思想动员、法律宣传教育等方式，劝导辍学学生返校上学，确保适龄儿童少年按时入学、不因贫辍学。"劝返只是控辍保学的第一步，让学生留得住、学得好、爱学校，才是我们的最终目标。"乐业县政府相关领导说，全县保证每一个返校学生有教室、有课桌、有住处，并针对各个学生的辍学原因，分类实施关爱保学行动，组织开展师生结对帮教、学生"手拉手"等活动，激发学生学习的内生动力。今年以来，乐业已实现全县建档立卡贫困家庭适龄少年儿童失学辍学人数动态"清零"目标任务。

打造一支永不走的扶贫工作队

2020 年是脱贫攻坚决胜之年，为避免脱贫攻坚工作结束、驻村第一书记撤回后，村干部"无所适从"、村级事务处理脱节等情况，顺利实现脱贫攻坚与乡村振兴有效衔接，乐业县率先在广西探索开展村干部职业化管理，即在保持身份不变的前提下，对全县 88 个村（社区）"两委"定工和半定工干部全部参照公职人员管理，并建立了报酬有保障、管理有制度、工作有考核、进退有标准的村干部管理制度。

"对村（社区）党支部书记、村（居）委会主任基本报酬参照公务员副科工资标准发放，将每月基本报酬从 1800 元提高到 3967 元，其他定工、半定工村（社区）干部基本报酬从每月 900 元提高到 2400元。"县委组织部相关负责人介绍，同时增加集体经济发展创收奖励和

"乡村振兴·争创五旗"成效奖，每年按照当年村级集体经济经营性新增收入部分的15%对村干部进行奖励。

同时，全县创新村党组织书记公开选拔制度，对需调整撤换的村党组织书记岗位，如本村无合适人选，采取向社会公开选拔的形式进行补齐配强，着力打破村党组织书记选拔地域、身份、职业限制，并制定一系列配套规范制度，每年年底由县委组织部牵头组织党员群众、村民代表对村干部履职情况等进行民主测评，切实用好考核"指挥棒"、把好业绩"标尺杆"，让村干部聚力主责主业。

在村干部职业化管理工作推动下，全县34个村2.5万多名贫困群众实现高质量脱贫，贫困发生率在2019年年底下降到1.81%。

丘陵沟壑"拓"出脱贫坦途

付 雅 李 昊 蒋欣然

陇中苦瘠甲于天下。定西市地处甘肃省中部，是黄土高原与西秦岭交汇地带。这里降水稀少，丘陵沟壑纵横，是全国闻名的贫困地区，更是全国脱贫攻坚的主战场之一。面对恶劣的自然条件和生存环境，生活在黄土沟壑间的定西人，长期与贫困进行着不懈抗争。

领导苦抓、干部苦帮、群众苦干的"三苦"精神在定西不断传承与发展，用奋斗实现了一次又一次跨越，苦干、实干成为摆脱贫困的最好注脚。随着脱贫攻坚进入决胜决战的关键阶段，定西始终牢记习近平总书记视察甘肃时的殷切嘱托，以更严、更实作风出战，紧紧锁定全面建成小康社会这一目标，在战胜贫困的道路上铿锵前行、勇往直前。

千年药乡绽活力

"药材销往全国各地，通过线上线下相结合的方式进行销售，2019年的营业额超过了800万元。"岷县茶埠镇甫里村党支部书记王万文说，2017年5月，他联合村民在村里创办了岷县隆兴中药材种植购销农民专业合作社。合作社成立3年多来不断发展壮大，2019年5月，合作社与茶埠镇其他4个合作社成立了岷县茶埠益农农业专业合作社联合社，通过信息共享和联合推广的方式抱团发展，采取"党支部＋合作社＋基地＋电商＋贫困户"的发展模式，带领乡亲发展产业。

"厂子没建起来的时候，我只能在家带娃，现在我和丈夫在家门口就能打工了，挣得还不少呢！"甫里村村民包李强说。

被誉为"千年药乡""中国当归之乡"的岷县，因特殊的高寒阴湿气候环境，孕育了当归、黄芪、党参等238种优质中药材，是全国著名的道地药材主产区。岷县也开出了战胜贫困的特色"药方"：产地道地化、种植生态化、生产标准化、发展集约化、产品品牌化。

据了解，近年来，岷县抢抓甘肃建设国家中医药产业综合试验区的重大机遇，坚持以"道地、绿色、生态"为核心，以全产业链开发为主线，狠抓标准化种植、精深化加工、品牌化销售三大关键环节，大力推进中药材产业转型升级，并着力构建"龙头企业＋扶贫车间＋合作社＋农户"的产业组织体系，打造"龙头企业＋扶贫车间"产业模式，有力助推了全县的脱贫攻坚。

"至2019年，隆兴中药材种植购销农民专业合作社已累计带动1203户贫困户实现了增收致富。"岷县中药材产业发展局局长路建民说，在中药材产业发展的有力支撑下，更多的村庄踏上了脱贫致富的小康路。

特色产业添动力

"建设田园综合体，村里变美了，我们在家门口就把钱挣了。"去年以来，通渭县常家河镇村民马启明再也不用外出奔波打工了。

马启明所说的田园综合体，是当地于2019年引进甘肃锦华集团和广东珠海福兴德投资有限公司投资建设的集农业示范、生态教育、产业培训、乡村旅游、农产品精深加工等于一体的通渭常家河福兴德田园综合体项目。

"在田园综合体建设过程中，我们采取'公司＋合作社＋基地＋农户'的运营模式，引导贫困户将农特产品转化为绿色旅游商品，走'以旅扶贫、以旅富民'的新路子。"福兴德农牧林专业合作社负责人常海增说，为了带动村民增收致富，田园综合体项目建成了以孝道教育为主题的孝行天下广场，并计划流转1000亩土地种植山楂，配建登山观景体验区，带给游客更好的旅游体验，让游客在感受乡土文化的同时，吃农家菜、摘农家果、住农家屋。体验式、参与式的生态旅游新模式帮助周边农户实现就近务工，也实现了镇内土地和特色产品的提质增效。

村庄变美了，产业变强了，村民变富了。近年来，通渭县通过全域规划、区域布局，构建了草畜、果品、花椒、金银花、新能源、劳务"六大特色产业"增收体系，实现了贫困村都有主导产业、贫困户都有脱贫主业。目前，草畜产业已在通渭县遍地开花，该县东北部和西南部8个乡镇果品产业也已初具规模，中南部9个乡镇的花椒和以金银花为主的中药材产业发展势头强劲，光伏产业覆盖了所有贫困村。

新居家园展魅力

"现在住的房子好了，我除了顾自家的地之外，还能抽空到附近的金银花种植基地干零活儿挣些钱，日子越过越有奔头。"站在2019年9月刚搬迁入住的新房前，通渭县李家店乡李店村村民陈昀迪满足地说，"以前一家6口人挤在只有40多平方米的土坯房里，吃的是窖水，孩子每天上学要走一个多小时的山路，还要经过一条小河，每天我都很担心，现在搬到这里，他们走10分钟就到学校了。"搬进李店村易地扶贫搬迁安置区后，陈昀迪和另外38户建档立卡贫困户的居住条件发生了翻天覆地的变化。

家家户户的门楣上都刻着"耕读第"3个字，院落干净整洁，屋内窗明几净，一排排整齐洁白的房子与背后土黄色的大山形成了鲜明对比。李店乡党委书记张建胜介绍："以前村民们居住分散，交通闭塞，自来水入户的成本特别高。村里统一规划后，按照人均25平方米的标准建设，如今自来水已经全部入户，污水直接排到污水管网里。"

陈昀迪新家所在的易地扶贫搬迁安置区，地势平坦，距离乡主街道1公里，基础设施配套齐全。张建胜说，为帮助搬迁群众在新家园实现稳定脱贫，乡里在安置区采用"农户＋合作社＋龙头企业"的模式，带动群众增收，从根本上解决了搬迁群众的后顾之忧。

"十三五"期间，通渭县像陈昀迪一样通过易地扶贫搬迁实现脱贫梦想的建档立卡贫困户共有2765户1.35万人，截至目前，全县有2796户1.36万人搬迁入住，实现了应搬尽搬，旧房拆除率达100%。为了让搬迁群众搬得出、稳得住、有事做、能致富，通渭县为搬迁群众配套光伏电站8232千瓦，建设养殖暖棚1656座，落实补栏养殖924户，大力扶持发展金银花、花椒等特色优势产业，有力促进了搬迁群众在新家园脱贫致富。

勤劳兴业开启小康新生活

冯建伟　高　文　刘　昊

金秋九月，南疆各地瓜果飘香，丰收的喜悦写在各族群众的笑脸上。喀什地区伽师县英买里乡阿亚克兰干村新梅种植户克里木·萨依木老两口说起丰收也乐得合不拢嘴，15 亩新梅虽然只有 4 亩挂果，但是 2020 年仅新梅收入已经 4.3 万元，脱贫光荣证书衬托得老两口的笑容更灿烂。

在南疆集中连片未摘帽贫困县，这个丰收季的笑容随处可见。中央第二次新疆工作座谈会 6 年以来，新疆维吾尔自治区按照中央的战略部署，聚焦脱贫攻坚的"两不愁三保障"，南疆四地州累计实现 251.16 万人脱贫、2683 个贫困村退出、16 个贫困县摘帽，贫困发生率由 2014 年的 29.1% 下降至 2019 年的 2.21%，解决区域性整体贫困迈出了更加坚实的步伐，为决战决胜、全面收官打下了坚实的基础。

特色林果拓宽增收路

新梅是近年来伽师县根据独特的光热水土资源发展培优的特色林果。阿亚克兰干村果农巴热提姆·沙有 14 亩新梅，以前种小麦、玉米，每亩收入不到 1000 元。2014 年种上的新梅去年开始挂果，2020 年新梅收入达到 14 万多元，收入比过去翻了十几倍。

自治区政协农业农村委员会副主任委员、阿亚克兰干村第一书记库热西·哈吾力介绍，村里林果面积有7500亩，其中新梅面积达到5100亩。如今，伽师县已经建成38万亩新梅基地，新梅也成为伽师县农民的幸福果。

跟伽师县阿亚克兰干村一样靠特色林果脱贫的还有克孜勒苏柯尔克孜自治州阿克陶县依也勒干村，他们在自治区纪委监委驻该村工作队的带领下，把戈壁滩变成了果园。

"依也勒干"是维吾尔语宽阔平原的意思。千百年来，依也勒干村群众却守着美好的村名过着缺水少种的穷日子。依也勒干村有759户3333人，耕地5600亩，人均1.68亩，95%的耕地种玉米、小麦。2014年全村有建档立卡贫困户434户2041人，是自治区深度贫困村。

2017年，自治区纪委监委驻该村工作队入驻后，通过深入调研走访，解决了困扰村里发展的土地纠纷，化解了影响社会稳定的主要矛盾，并提出村里发展的整体思路，先后投入资金2000多万元，带领村民完善基础设施，引水、修路、种树发展林果产业。

"过去村民宁愿吃玉米糊糊，不愿外出挣钱吃手抓肉。"自治区纪委常委、依也勒干村第一书记阿迪力·艾力说，目前村里发展林果4500亩，蔬菜800亩，套种经济作物1000亩。村集体还采取集中养殖的办法，养殖370头牛，400多只羊。2017年依托林果搞起水上乐园旅游业，2018年"五一"开园迎客，村民们又多一项旅游收入。

依也勒干村建档立卡贫困户克里木江，2018年11月在林果基地当上护林员，家里养着10只羊、2头牛，种了5亩玉米，和儿子打工挣钱，2019年全家收入突破7万多元，全家5口人一举脱贫。

依也勒干村依托林果基地成立了技术服务合作社，将116名贫困户培养成护林员，每人年收入突破1万元。林果基地还带动村集体收入150万元，全村434户贫困户2020年初全部脱贫。

特色种植叩响小康门

南疆的深秋，开得最艳的是橘红的万寿菊，耀眼夺目。追随交售菊农的车辆来到喀什地区莎车县晨光生物科技公司，车水马龙的厂区弥漫着浓浓的菊香。

在万寿菊收购现场，菊农忙碌地过磅、交售、结算，1.05元/公斤的收购价、现金结算和2.5吨/亩的产量，让莎车农民觉得种万寿菊很划算。

莎车县依托晨光公司的科技支撑和带动，2011年开始鼓励农民种植万寿菊，全县种植面积从最初的300亩快速发展到13万亩，还带动泽普县、英吉沙县、皮山县等周边农民种植万寿菊2万亩。

目前，莎车有6.8万户30万农民种植万寿菊，其中贫困户2.3万户10万人。全县万寿菊育苗合作社71个，季节性总共3000多人，育苗4亿株以上。

万寿菊是提取天然叶黄素的重要原材料，晨光公司年加工万寿菊30万吨，安置当地350多人就业，其中120人是贫困户。晨光公司凭借科技研发又从菊花粕里提取菊花黄酮，成为国内最大的天然色素生产企业。2012年以来，累计带动当地农民增收6亿多元，出口创汇6000万美元。

9月23日，喀什地区叶城县吐古其乡阿克塔什村村民艾力艾克拜尔·加木西提在叶城核桃批发交易市场以8.3元/公斤的价格卖了588公斤核桃，在结算中心他领取了4939元现金。"家里还有500多公斤准备明天再拉来卖。"艾力艾克拜尔·加木西提边数钱边说。

近年来，叶城县利用独特的光热资源，依托核桃批发交易中市场大数据可视平台发力，发展核桃。截至2019年底，全县核桃面积

58 万亩，年产量 12.86 万吨，产值 20.12 亿元，农民人均核桃纯收入
2799 元。

家门口就业比杏子"甜"

莎车县有悠久的鸽子养殖历史。在吾达力克乡种鸽养殖基地里，热瓦特吾斯塘村建档立卡贫困户帕提古丽·萨吾提正在熟练地给小雏鸽调窝。

帕提古丽·萨吾提家以前靠种地打零工日子过得紧巴巴，孩子想吃个零食都没钱买。2019 年 4 月她应聘到莎车县这个最大的种鸽基地工作，从最基本的为鸽子准备饲料、打扫卫生、收蛋等工作干起。2019 年底还被送去库尔勒市参加技术培训，目前已经是企业的技术员，不仅每月有 1500 元的工资，自己家里还养了 100 对鸽子，也是一笔不少的收入。

帕提古丽·萨吾提 2019 年底光荣脱贫，家里笑声也多了起来。"在家门口就业还能学技术，改变了我的生活，我要努力工作多挣钱，存下钱将来让孩子上好大学。"

在喀什地区英吉沙县优乐果农业科技公司包装车间里，工人们正在赶制中秋节扶贫大礼包，化验员兼质检员左热古丽·托热认真细致地检验每一个产品包装。大礼包里全是本地的红枣、杏干、巴旦木等特色农产品，这批销往北京、上海、广州、山东、深圳等地的扶贫大礼包，是对口援疆指挥部动员和组织各方力量参与的消费扶贫。

左热古丽·托热是英吉沙县龙甫乡铁提尔巴格村的建档立卡贫困户，2017 年来到优乐果公司上班后经过不断的学习和培训，她已经从一名农村妇女变成了公司的化验员和质检员，工资从最初的每月 1800

元涨到了现在的 2500 元。

　　"公司跟各村合作社签订收购协议,把过去卖不上价的杏子收购过来,加工成杏干、杏脯、杏酱,销往全国各地,公司效益好,我们也挣钱。通过努力工作,我们的日子比杏子甜!"

落子精准培训　激活城乡融合

——山西天镇县就业扶贫品牌建设观察

吴晋斌

2020年10月20日下午，33岁的谢青华坐在腾飞服饰有限公司的工位上，正制作着儿童打底裤。腾飞服饰公司坐落在山西省天镇县扶贫产业园，离谢青华的家不足500米。

谢青华现在的家在万家乐小区，是天镇县的移民小区，10232名住户来自全县28个贫困村和58个插花贫困村。

谢青华原来是三十里铺乡阳和塔村的贫困户，搬迁到县城后，经

南高崖乡水冲口村村民殷红燕，2019年搬迁到万家乐移民新村后，经过培训，到万家乐扶贫产业园山西素锦悦衣服饰有限公司上班，从一个农民变成了工人

过培训，在家门口实现了就业，一天可以挣到 60 元到 80 元不等。

快到下午五点半的时候，谢青华会去附近的学校接上儿子一起回家，仅 1 年时间，她已经从一个农民变成了产业工人，融入县城。

脱贫攻坚以来，天镇县统筹移民搬迁和大县城建设两个战略，在县城边建设了山西最大的移民小区，同时配套了扶贫产业园，建成产城综合体，吸引 16 家劳动密集型企业入驻。

在人力资源和社会保障部的帮扶下，该县建成人社扶贫技能培训基地，采取订单培训模式，为企业培养熟练工，让劳动力和就业实现了无缝对接。

这意味着，天镇县打造了部省共建的就业扶贫品牌和在建设"人人持证、技能社会"县域上蹚出了一条新路。

产城融合，不用牵牛就能进城

天镇县位于山西东北端，地处晋冀蒙三省区交界处，12 个乡镇 235 个行政村中，126 个是贫困村；总人口 23 万人中有 4.81 万贫困人口；天旱少雨，年均降雨量 396 毫米，是典型的一方水土养活不了一方人的地域，是国定贫困县、山西省深度贫困县。

"扶贫工作是天镇的当下，新型城镇化是天镇的未来。在移民搬迁工作的调研中我发现，如何在一个战场上打赢移民扶贫和新型城镇化两场战役是对我们执政能力的一大考验。"天镇县委书记王建江说。

沿着这一逻辑，天镇统筹移民搬迁工作和大县城发展战略，建设了万家乐移民新区，小区位于县城边的二里畔，与周边小学、初中、高中、县集团医院、购物商场共同构成了大县城 5 分钟"生活经济圈""教育医养圈"。

2017 年 10 月，万家乐移民新区一期工程破土动工。2018 年、2019

年28个贫困村、58个插花搬迁村的3748户贫困户，卖了牛，把地流转出去，分两次搬迁到了县城。

此举，人均用地0.042亩，远小于乡村安置人均用地0.279亩，节约出土地2283亩，节省投资3694万元；县城范围各类管网齐全，完成污水、垃圾、"厕所革命"只需简单接入，又可节省投资1926万元，总共节约投资5761万元。

人口的集聚为县城带来了丰富的劳动力资源。在移民搬迁的同时，投资1.7亿元、占地181亩的扶贫产业园也拔地而起，与一路之隔的移民新区，共同构成了天镇县产城综合体。

"要让搬迁户稳得住、能致富，就不能让他们牵着牛进城，要把他们变成市民，变成工人，融入大县城的生产生活。"王建江说。

基于此，扶贫产业园配套了标准化厂房吸引中地集团、北辰集团、山地阳光集团、山西百陶汇陶瓷、云南普洱制茶等16家劳动密集型的无污染企业入驻，这些企业可为贫困户提供5000个就业岗位。

60岁的张全兵原先是南高崖乡马家沟村贫困户，2017年患了口腔癌，做手术花去了十几万元，老伴患有糖尿病，需长期服药，家里还有个上大学的女儿，全家靠着惨淡经营的小卖部维持生计。

2019年11月，老张一家告别漏风漏雨的土窑洞，搬进新楼房，老张做了新区的门卫，老伴则在产业园区找到了工作。

"住到县城、住进自己的楼房，在家门口上班赚钱是我盖上几层被子做梦都不敢想的事情。"老张的感恩之情溢于言表。

培训赋能，让锄田的手学会拧螺丝

人力资源和社会保障部是天镇县定点扶贫单位。近3年来，人社部从就业扶贫、技能扶贫、人事人才扶贫等方面为天镇县分别制定了

21 条、43 条、32 条具体帮扶措施。

"2017 年，人社部张纪南部长来调研，其中一个课题是，做一个既利当前又惠及长远的项目，让天镇实现可持续发展，和我谈了之后，还不让陪同自己去产业园区调研，和落地的企业负责人谈。"

"在调研的基础上，张纪南部长认为，建设一个人社部培训基地，是能发挥人社特长、符合天镇特点、办出扶贫特色的项目。将来还能在华北乃至全国起到示范、引领、辐射作用。"王建江对人社扶贫培训基地决策过程记忆犹新。

"这是一个高瞻远瞩的决策，不仅解决了当下的问题，还为天镇谋划了未来；这还是一个真心真情真金的投入，张纪南部长亲笔批示、亲自过问、亲自部署，集合下属单位力量，筹齐了 1000 万元建设经费。"王建江兴奋地说。

从当前说，天镇县万家乐移民新区有大量的进城农民，从农民变成工人，离不开技能培训；从长远来讲，丰富的劳动力资源与落户天镇的产业之间有一个技能鸿沟，将培训要素配置进来，就走活了全县产城融合、城乡融合这盘棋。

从就业来讲，贫困户通过培训，具备了区别于其他地方的技能，就业可以就到极致。从产业来讲，培训不仅可以为产业发展提供人才支撑，还可以将培训培育成天镇的一个新业态，将来为周边县域乃至华北服务。

由此，人社扶贫技能培训基地项目，进入细化和建设中，2019年，项目在天镇县万家乐扶贫产业园建成，随着内装修和设备的购进，2020 年 4 月开始投入使用。

"对入驻培训机构提供免费场地，并提供免费培训设备。设备配置和产业园的工厂、客户家庭布置完全是匹配的。比如谢青华在基地参加制衣培训时，工位布置和缝纫机与产业园的制衣厂是一模一样的，实训结束就业时，她能很快适应岗位。"培训基地负责人睢富明介绍说。

据了解，培训基地目前入驻了天镇方源、运城市平陆利丰、大同市众晟等培训机构，开展了母婴护理、餐饮烘焙、康养理疗和电焊工、缝纫工等订单培训，打造了"基地＋培训＋就业"的就业扶贫品牌，强力支撑起贫困户进城后续扶持工作。

基地发力，走活城乡融合发展大棋

10月20日，家住万家乐24号楼的乔新杰和其他18个学员正在参加平陆利丰职业学校在基地实施的焊接培训，以实训为主，每天每个学员使用的焊条耗材就有40元。培训结束后，他们将到山东大焊、胜代制造、河南三门峡骏通等公司就业。

与此同时，40岁的刘芳清在腾飞服饰有限公司的工位上，赶制着供出口的服装。这个南高崖村的贫困户已经完全融入了县城，通过培训，她告别了广种薄收的农业生产，成了制衣厂的一名熟练工。

当天，在产业园的山西百陶汇陶瓷有限公司的制作车间里，35岁的返乡农民工魏春正在打磨黑陶器。春节返乡后受疫情影响，他选择留下来学个手艺，就近打工。尽管还在学习中，按件计酬，魏春每月也能挣到3000元左右。

"现在我们的订单培训主要面对贫困户，基地对所有学员实行培训、用餐、住宿、办证、推介就业五免费政策。"睢富明介绍说。

基地的培训业务紧紧围绕产业园区入驻公司的人才需求，采用以工代训的方式，精准为他们培训缝纫工、电焊工、电工、电子商务等各类技能人才。同时，对外输出劳务的培训也要求与就业衔接。

高质量的培训有效解决了培训就业"两层皮"的顽疾，破解了劳动者素质能力与就业需求不相适应的矛盾，蹚出了一条引领全国的"培训＋实训＝就业"的新路子，山西省委书记楼阳生提出的"人人持证、技能社会"在天镇县得到生动实践。

由此，在人社部的支持下，通过培训赋能，天镇县从大山深处搬迁出来的贫困户，实现了从农民向工人的蝶变，移民搬迁户稳住了心，稳住了手。

"将来我们计划把这种做法打造成普惠政策，为更多的劳务人员提供就业技能支撑。"天镇县人社局副局长王振进说。

"劳务输出不是一个长远之计，天镇的乡村振兴和新型城镇化，必须留住人才，重构自己的产业。通过人才振兴去壮大产业，通过产业发展留住更多人才，天镇才能可持续发展。这样，背靠人社部的培训基地将成为我们产业和人才升级发展的孵化器，进而支撑未来的乡村振兴和新型城镇化，这是天镇县一盘更大的棋。"王建江说。

麻山人决不向大山低头

刘久锋

贵州省麻山地区，曾以极贫名天下。

麻山有多贫困？对于这个地处望谟、紫云、长顺、惠水、罗甸、平塘等六县边缘结合部的山区，贫困，积淀了无数悲凉的故事。20世纪90年代，还有人家住山洞，全家财产满打满算不足50元；严重缺水，家家户户建起蓄水池，也只能勉强够人喝牛饮；出山难，进山也难，一年磨破12双鞋；路途遥远，夏天买一块肉上山，肉都能变臭。

"八七"扶贫攻坚以来，国家投入大量项目资金、人力物力，帮助麻山群众解决温饱和出行、用电难题，但苦于地理、地质条件限制，麻山人民生产生活条件没有发生根本性变化，"代际贫困"的魔咒仍难以破除。

麻山人没有向大山低头。以艰苦创业、艰苦奋斗、坚韧不拔、坚持不懈为主要内容的"麻山精神"，鼓舞麻山腹地人民战天斗地，迎来新时代的启程。

补齐产业短板
——"甜蜜产业"为群众铺就一条脱贫致富"新路子"

2020年9月，在贵州省紫云县国有浪风关林场，蜂农正打开蜂箱查看、收割蜂蜜，林中的工人正在对食用菌基地进行管护，淡淡的菌香和蜂蜜香味弥漫整个林场。

"现在一个月 3000 多元,早就脱贫了。"团坡村村民郑学钢像往常一样采收蜂蜜,他一边熟练地侍弄蜜蜂,一边笑嘻嘻地说,"我是去年 4 月过来上班的,过去是贫困户,自从养上蜂之后,生活越过越好了。"

2019 年 9 月,紫云县依托 2.3 万多亩的林地,发展林下食用菌种植、林下鸡和林下蜂养殖 3 个林下经济产业,统一采取"龙头企业 + 国有林场 + 合作社 + 农民"抱团发展模式,由龙头企业牵头,建档立卡贫困户用专项扶贫到户资金入股分红、投工投劳、参与管理等方式获得收益。

"这样有效利用了林场的生态环境,解决了部分贫困户的就业问题,助力贫困户脱贫增收。"林场负责人王从军说,目前,林场已种植林下食用菌 1000 亩,建有 200 个林下生态鸡养殖鸡舍,林下蜂养殖 300 箱。

"目前林场养殖的 300 箱林下蜂已采收蜂蜜 400 斤,销售 300 斤,已累计分红 3.6 万元,累计发放贫困户务工工资 3 万元。"王从军说,

紫云县浪风关林场养蜂场的贫困户正在收割蜂蜜

蜂蜜养殖不仅让林场生态更好了，也让民众尝到了林下经济带来的"甜头"。

既要生态美，也要蜜糖好，更要百姓富，这里的"甜蜜产业"发展为当地群众铺就了一条脱贫致富新路子。

望谟多山，平地仅占国土面积 2.8%，且十分贫瘠。"虽然天生资源禀赋差，就像孩子不能选择父母，但我们可以选择发展方式。"黔西南州政协副主席、望谟县委书记李建勋语气坚定。

"这以前是村中最常见的一种野果，如今却是我们走出大山，脱贫致富的'金果'。"午后，望谟县洛朗村的板栗园，村党支部书记杨昌宏带着村民，背着背篓提着布袋，正在山上收获一颗颗深褐色的"金果"。

杨昌宏所说的"金果"，正是当地特色农产品——望谟板栗。素有"中国板栗之乡"之称的望谟县，由于以前交通不便等因素，板栗只是供村民享用的美味。如今，望谟县采取"公司+基地+合作社+农户"的模式发展产业，扩大板栗种植规模，并通过吸纳村民就业和入股分红形式，不仅带动贫困人口脱贫，还壮大了村集体经济，连通了乡村振兴之路。目前，望谟全县板栗种植面积达 26.2 万亩，覆盖带动全县 1.8 万户 7.56 万人，其中贫困户约 6000 户 2 万余人增收。

山还是那座山，地还是那块地，改变却是真真切切。

补齐就业短板
——指尖脱贫有"妙招"，扶贫工厂让贫困户"留得住有收入"

针线飞舞、染布片片、缝纫机轰鸣……紫云县火花镇九岭村的扶贫车间里，25 名身着布依族服饰的妇女，正在忙着制作扎染背包。

"制作一个包能拿到 4 元钱，一般的妇女一天能拿到 120 元左右的工资。"车间负责人罗天秀说，车间妇女平均年龄40多岁，都是村里的留守妇女，从此前主要种植庄稼、照顾子女的家庭主妇，到如今成为车间女工，她们身上发生的转变是实实在在的。"她们一针一线都特别认真，特别珍惜这个就业机会。"

"工厂就建在我们小区楼下，出门走几步就上班，非常方便。"在望谟县蟠桃街道平郎社区，通过易地扶贫搬迁住进社区的"新市民"王小品正在望谟县日上科技有限公司生产车间内制造光伏板。

王小品今年4月来到日上科技公司上班，每月工资3100元，截至目前已经领到一万多元工资。

贵州是全国易地扶贫搬迁任务最为艰巨的省份，全省用4年多时间实现188万人的搬迁规模，创造了世界搬迁史上的奇迹。为写好易地扶贫搬迁后半篇文章，贵州各地统筹抓好"新市民"后续保障服务工作，持续推动"两业"长足发展，完善稳岗就业协作机制，加强就业稳岗服务，"外输""内拓"协调统筹，有效解决了搬迁群众就近就业和生活保障。

崭新的楼房、干净的街道、葱郁的绿化，警务室、医务室、扶贫车间、鞋厂、制衣厂、田园工薪族……走进紫云自治县城南社区，就能够感受到这里的变化。

2019年5月，紫云县12个乡镇街道办710户近3800人陆续通过易地扶贫搬迁政策，安全有序地搬迁入住。

"住进新家，方方面面都好，社区有扶贫车间，帮助我们就业，出门就是学校，感觉生活有了翻天覆地的变化。"在城南社区扶贫车间里，从四大寨乡搬迁过来的陆尚琴一边忙一边说，进了城里既可以照顾孙子，还可以来车间上班，日子越过越幸福。

不仅孩子读书的问题解决了，在新家看病也方便很多。"小区门口就有诊所，前段时间社区还组织家庭医生上门做体检，留了联系方式，服务体贴周到。"陆尚琴说，现在有了更好的医疗条件，放心多了。

幼有所教，病有所医，才能让搬迁群众放心居住，而要解决好与搬迁群众息息相关的教育医疗等问题，就必须不断完善公共服务保障体系。

补齐教育短板
——读书改变命运，教育才能阻断贫困代际传递

麻山地区的教育，曾经令人痛心。由于条件艰苦，外面的老师不愿来，也留不住；老百姓还挣扎在贫困线上，很多孩子稍大点就离开学校，回家种地或外出务工。

"2000年是望谟县教育'最憋屈'的一年，全县参加高考的学生，竟没有一个人分数过一本录取分数线。"望谟县实验高中副校长、全国最美教师刘秀祥回忆，由于受教育程度低，许多村民连家庭地址也写不出来，在外只能从事低层次的体力劳动，收入也很低。甚至当利益受到侵害时，只能"打落的牙齿往肚里吞"。

"只有教育，才能真正阻断贫困代际传递。"刘秀祥直言，脱贫攻坚、同步小康，要由输血式扶贫向造血式扶贫转变，而教育，就是造血式扶贫最有效的方式。

小县办大教育、穷县办好教育。为了提升教学质量，望谟县作出重大改革决定：按照"高中聚集、初中进城、小学留镇、村办幼儿园和保留必要的教学点"的教育布局，全力优化教育资源结构布局调整，坚持做到教育资源优先、教育项目优先、教育经费优先、教育人才优先，将全县教育力量拧成一股绳。

通过改革，望谟县逐步形成"老师愿意教、家长愿意供、孩子愿

意学"的教育环境，教学水平有了明显提高。今年高考，望谟县实际参加高考考生 1997 人，本科上线 1267 人（含艺体），本科上线率从 2000 年的"零"，上升到今年的 63.44%（黔西南州第三）。

"推进教育扶贫是最根本性、可持续性扶贫措施之一，我们首先紧盯'一个不少'，全力抓实控辍保学。"同样，紫云自治县通过实施"五个一工程"、改善办学条件等多种措施推进教育扶贫工作。

"真没想到，学校就建在小区门口，步行几分钟就到学校了。"搬迁户罗幺妹说，搬到城里，孩子上学的问题是她在搬迁前最担心的事情，她指着小区对面的紫云自治县第六小学对记者说。

内重教育，外联人才培养，贫困地区的人才建设"招数"频现。自与紫云自治县正式建立对口支援关系起，山东省青岛市即墨区通过分期分批挂职锻炼、跟岗实训、搭车办班、跟班调研、选派师资授课等方式，提升紫云干部队伍能力素质。紫云县分批派出 12 名干部到即墨招商引资、城市建设、教育卫生、旅游等部门挂职，使他们在学习实践中成长……一系列举措为紫云县建设发展提供人才支撑，成为推动经济社会发展的源动力。

为斩断贫困代际传递链条，拓展双方教育合作空间，促进观念互通、思路互动、技术互学、作风互鉴，即墨区通过挂职培训、支教送课、联合办学、交流研讨等方式，提高紫云的教育教学质量水平。

易地搬迁篇

"搬出穷窝"日子才有奔头

房 宁 赵宇恒 马 玉

早上 8 点前,穿工装出门,在社区班车点等车,去 9 公里外的工厂上班,是山西岢岚县原赵家洼村村民、现广惠园新村居民曹六仁的日常,退回两年前,他还在赵家洼的山沟沟里"刨食",20 来亩薄地一年种下来,手里只能落下三五千块钱。这两年对曹六仁家来说,变化可谓翻天覆地,进城安了家、进厂上了班、脱贫摘了帽,家庭年收入增加了差不多 10 倍。

2019 年夏天,住在岢岚县宋家沟村的沈姚付、刘林桃两口子也没少赚。受益于宋家沟的乡村旅游,他的凉粉小摊两个月里挣了 6000 多元,抵得上原先他们在口子村种地一年的收入。也是因为两年前"搬出穷窝",他们的勤劳才有了相应的回报。

2017 年底,地处吕梁山集中连片贫困地区的岢岚县,完成了 115 个自然村的易地扶贫搬迁工作,曾经"刨个坡坡,吃个窝窝"的 1746 户、4015 名贫困人口,像曹六仁和沈姚付一样,摆脱贫困,过上了新生活。

6 户 11 口人的"空心村"

坡陡沟深,十年九旱,屋破村旧,缺水少电。有能耐的人早就搬走了,剩下的都是搬不动、搬不起的。

出岢岚县城沿干线公路向西七八公里，转进一条土路，跨过岚漪河上的漫水桥，再走两公里，就是窝在山沟里的赵家洼。复垦的土地上，油松苗长得有手指粗，一片片黄芩开着淡黄色的花。从那仅存的一处农房上，还能看出它曾经的模样。这里现被用作岢岚县党性教育基地赵家洼教学点，给村民留个念想，也让全县党员干部牢记嘱托。

2017年6月21日，习近平总书记来到岢岚县赵家洼村看望贫困群众，走进3户村民家中，同干部群众共商脱贫攻坚大计。总书记肯定了当地通过整村搬迁破解深度贫困的举措，要求配套扶贫措施要跟上，使贫困群众不仅改善居住条件，还能稳定增收。

当时，这个没通动力电也没有学校和卫生室的村庄里，房屋破旧不堪，吃水全靠村里的一口土水井。村里住着6户11口人，其中5户是贫困户，而全村的户籍人口是54户115人，多数人家已经搬迁。

搬离赵家洼，原因只有一个——一方水土养不好一方人，村里建档立卡贫困户有22户44人。"全村1308亩地几乎都是山梁薄地，十年九旱，好年景还能有个收入，赖年景连种子化肥钱都挣不回来。"赵家洼村委会主任李云虎说。

由于自然条件恶劣，赵家洼人"挪窝"的脚步多年来从未停下，从山上搬到山脚，从山沟再往外走。20世纪80年代，有村民开始外出谋生，后来搬离赵家洼的人越来越多。2016年冬天，李云虎一家搬到了县城。那时，县城西边一个寓意"广厦万间，惠及百姓"、整体规划780亩、可容纳2万人的广惠园社区开始成形。

查阅资料得知，"十二五"期间，岢岚县就有了移民入城的尝试，每人最多4200元移民建房补助的政策，让一部分贫困户有了改善生活条件的出路。

即便如此，还是有人搬不起。"就靠种地那点收入，偶尔在城里打个零工，光供孩子上学一年就要2万块钱，得东拼西凑，哪敢想搬出村子啊。"曹六仁家就属于搬不起的,他家 6 口人,大儿子已经成家,另外两个儿子在外打工,还有个上大学的女儿,加上老伴儿看病,维持生计已是捉襟见肘。

在岢岚,像曹六仁这样没有能力搬迁的家庭有多少,像赵家洼这样的村有多少? 2016 年春天,按照"五个一批"的要求,岢岚县四套班子领导带队,花了 3 个月的时间,对全县 300 多个村进行了全面的摸底调研,确定将 115 个自然村、1854 户、4338 人纳入整村搬迁范围。

岢岚县扶贫办主任赵利生说,这些村普遍是空心村,自然条件差,基础设施落后,难有产业发展前景,即便加大投入从长远来看也是无效的。这些村庄要彻底斩断穷根,必须整村搬迁。

2016 年 6 月,岢岚县易地搬迁安置工作启动。县里制定了"1+8+N"方案,即县城建集中安置点——广惠园新村,8 个中心集镇以及中心村就近搬迁,实施分类安置。赵利生解释,对于家庭人口年轻、就业和教育相对容易的农户,以及像曹六仁家一样家庭人口年龄大、需要解决生活便利问题的农户,可以选择迁往县城集中安置点。在原村有产业基础的种养大户,可以选择迁往中心集镇。在中心村有亲属的,可以就近安置。县里按照"搬迁不举债"的要求,搬迁户人均新居面积不超 25 平方米,自筹资金人均不超过 3000 元、户均不超过 1 万元。

一本算明白了的民生账

搬去哪儿,靠什么生活? 政府把政策给足,工作队把政策讲透,村民心里透亮了,好事才能办好。

"2017 年 8 月 22 日,凌晨 3 点多钟,雨渐弱渐强地下着。不知道乡亲们的雨布被风刮走了没有……"赵家洼党支部第一书记陈福庆的《扶贫工作日记》里，记录着他和驻赵家洼村扶贫工作队的日日夜夜。2016 年刚到县人大工作的陈福庆，成了驻村工作队的一员，同全县185 支工作队、120 名第一书记、4054 名帮扶干部一道，分担着驻村帮扶和 115 个村易地搬迁的重任。

对于易地搬迁，不少村民是心里打鼓的。在他们看来，守着土地，再穷心里也踏实。地里的粮虽不多，还不至于饿肚子。

"工作队就像我们的亲人一样，下雨天房子漏雨，工作队的人拿着塑料布就给我们苫房子。一开始说能住上新房子，有一点心动，但对搬出去怎么生活，干什么去，心里可没底。"搬迁前，乡里动员了曹六仁好几次，可他还是有些忐忑。搬到哪儿去，买房钱从哪儿来，在城里就得有固定收入，上哪儿挣钱？这些现实问题困扰着他。

人搬走，房拆除，地复垦，生态修复后，原有的各项政策和补贴还能继续享受。县里给出了政策。

陈福庆和工作队员们掰着指头给曹六仁算：土地流转，每亩200—300 元；光伏扶贫补贴可连续享受 25 年；生态扶贫，他家 23 亩地退耕还林，2017 年开始每亩补助 1500 元，分 5 年给付；有劳动能力的务工，60 周岁以上能领低保、养老金……

曹六仁的疑问解决了，他没想到的问题，工作队也都替他想到了。像他家这样因学致贫的家庭，政府拿出"雨露计划"等教育扶持政策。他女儿上大学每年 6800 元的学费可以靠国家助学贷款解决，"雨露计划"每年资助 2000 元。"工作队把政策说得很细，我心里慢慢就清楚了。还是要跟随社会发展，想通之后，搬迁这个事就不难接受了。"曹六仁说。

赵家洼整村搬迁需要安置的共有 18 户 35 人，其中贫困户 17 户 31人，同步搬迁户 1 户 4 人。工作队针对各家情况掰开了揉碎了解释，帮他们分析适合各家的搬迁安置方案，打消他们的顾虑。最终，12户29人选择了住进县城广惠园社区，4户4人选择在阳坪中心集镇定居，另有2户2人投靠了亲友。

2017年农历八月初三，曹六仁搬进了位于广惠园的新居。"我们没有浇一锹泥、没盖一块瓦，就住上了楼房。"回忆起搬家的情景，曹六仁仍有些激动。以前冬天烧炭取暖，等到水瓮结冰了才舍得烧，到来年农历二月就停了。现在打开水龙头就有水，打开煤气灶就能做饭，冬天家里用的是地暖……2018年春节，在外读书的女儿第一次回新家，一进门就喊起来："哇，这才好啊！"

赵家洼人合计"搬走"，20多公里外的宋家沟村人在为"搬来"忙碌。交通便利、经济发展较好的宋家沟，被确定为宋家沟乡的易地搬迁安置点，村东头集中建设了移民新居，迎接来自周边13个自然村的145户265名新居民。

沈姚付家就是搬进了宋家沟村的新居——独门独院三间瓦房，紧挨着草绿花红的广场，屋后就是特色商业街和旅游街区，他觉得现在的生活环境比口子村好太多。

安居乐业的新生活

找到新营生，生活更有奔头。不走的工作队，还守在身边，为融入社区下足"绣花功夫"。

能搬得出，还要稳得住，能致富。"填再多的表，算再多的账，不如一个稳定的工作岗位。"陈福庆说，工作稳了，人心才真踏实。

"进城的，有劳动能力的家庭，保证至少1人能稳定就业。"赵利生说，县里对易地安置户的就业安排也是分类施策：对能学技术的，政府提供"菜单式"就业培训服务，组织劳务输出，联系就近用工；对年龄偏大、学技术难的，提供公益性岗位；对建档立卡贫困户中难以转移就业的妇女，安排进入扶贫车间就业。

曹六仁当上了天盛缘玻璃纤维有限公司保洁员，"每月工资有 2800 元，赶上节假日，上班还有双工资。"曹六仁说，做梦也想不到在 60 多岁的年纪还能领上工资。

2019 年 6 月，51 岁的赵改兰也上班了，她进了广惠园新居旁边的扶贫车间，从最简单的修剪背包毛边的工作干起，试用期工资为每月 1000 元。刚来时，剪了 3 天手指磨出两个血泡。"干啥都得有个过程，也得有个样子。"她说，虽然一年多前就"摘了帽"，但还想有份工作，坚持干下去。

县里出台奖补政策，与胡家滩工业园区里的 5 个企业签订了优先用工协议：安排 10 个以上贫困户劳动力、且稳定就业半年以上、保证其半年收入达到 6000 元的，每吸纳一人，政府奖补 1200 元。对建档立卡贫困户持续就业给予奖补：稳定就业半年以上，每月每人奖补 50 元；稳定就业一年以上，奖补 100 元 / 人 / 月等。"目的在于鼓励贫困户坚持劳动，掌握技术，为下一步就业打基础。"赵利生说。

"老曹人很勤快，常常自己找活儿干。他说，不多干点，对不住公司每月发的那些工资。"天盛缘玻璃纤维有限公司后勤主管张国斌说，公司精准扶贫招工 33 人，其中 7 个人是 30—40 岁的，通过车间岗位培训当了技工，月收入为 3300 元；有 3 个人已经成了高级工，每月工资能拿到 6000—8000 元。

"习近平总书记说幸福都是奋斗出来的。"对张国斌的肯定，曹六仁显得有些羞涩，"人要勤快，每办一件事都得踏踏实实的。"

踏踏实实办事的，还有驻村工作队。

"2019 年 2 月 2 日，和刘大叔交水费。前天，王大娘（王三女）让帮忙买点菜……想到春节放假，我对刘大叔（刘福有）说：'查查水费、电费，够用吗？不够再交点，春节大伙儿都放假……'"陈福庆的《扶贫工作日记》里记着赵家洼建档立卡贫困户城里新生活的点点滴滴，"脱贫不脱帮扶，帮乡亲们融入社区得更细致地工作。"

2017年9月，赵家洼驻村工作队也随安置户进城了，在广惠园小区设立了赵家洼工作站。工作站的墙上贴着一张手绘的《2018年赵家洼贫困户享受政策及就业汇总》，57岁的队员曹元庆怕记不住，就自制了这张表，方便随时查看。他说，现在最要紧的事，就是帮安置户融入城市生活，巩固就业，解决后续的各种问题。"陈福庆书记工作干得最多，平常引王三女几个老年人看病，帮他们买生活用品，都是陈书记在跑，他那辆小红汽车都成村里的公车了。"

在宋家沟村，有11支工作队留下了。"工作队是搬迁户和贫困户能稳得住的重要力量。"

山西省总工会派出的驻村工作队队员李彦斌说，协助村"两委"促进村庄和谐是眼下的重要工作。2017年，这10多个村组建了联村党支部，61名党员分成了5个党小组；完成了村"两委"换届，有一名安置村的村民成了宋家沟村委会主任。"这两年来，'新宋家沟村人'的生活面貌、精神风貌发生了巨大转变，不仅能把自己的院子收拾干净，也能主动维护村里街道的整洁了。"李彦斌说，点滴里都能看到安置户已经融入了新村生活。

陈福庆也见证着这一喜人变化：乡亲们不再往楼道里堆杂物了，家里种上了花，能随手把小区里的垃圾捡了，人们在广场上散步拉家常不再是以原村为单位了……

2019年4月，山西省对包括岢岚县在内的一批摘帽县进行了公示。"虽然摘帽了，但越往后任务越艰巨，越是吃劲的时候，必须按照中央和省、市的要求，下足'绣花功夫'。"对于未来，赵利生坚定而乐观。

一场 29.33 万人的"大迁徙"

——贵州省铜仁市跨区易地搬迁见闻

郭少雅

贵州省铜仁市印江土家族苗族自治县刀坝镇田坝村村民杨桂蓉现在还不太习惯把自己称作"城里人"。和自己曾经熟悉的山中生活不同，住在铜仁市万山区旺家花园社区 100 平方米的新居里已经有半年时间，门前是车水马龙，楼下是便利的商超。杨桂荣每天早上会和上初中的大儿子—起走出小区，孩子向左转，到车站去赶开往市重点中学的公交车；她向右转，十分钟便可以到自己就业的服装车间，开始一天的工作。

铜仁市万山区旺家社区具有手工刺绣技能的"锦绣女"正在进行创作

杨桂蓉对目前的生活满意到有些恍惚，唯一遗憾的是，八十多岁的老父亲在抽签确定搬迁房号的前一天去世，如今的日子越甜，杨桂荣的遗憾就越深："要是老人等到一起进城，哪怕在暖和亮堂的新家住上几天，这辈子也算享到了一点福。"

挪穷窝、换穷貌、改穷业、拔穷根。从 2015 年至今，在铜仁市，像杨桂蓉这样从深山区、石山区易地迁入新家的建档立卡贫困群众有 29.33 万人，其中跨区易地搬迁 12.55 万人，他们中最远的实现了 400 公里的"长途迁徙"，相当于从北京出发，到辽宁省葫芦岛的距离。

"迁"出来的精诚协作

铜仁的辖区像极了一个浓缩了的中国地图，东南部地势较平坦，立地条件较好，西部山高坡陡谷深，自然条件恶劣。

"腰里别着一口刀，日起斗子上高毛，转过坳口到龙湾，日落万丈下凉桥。"在铜仁市最西北端的沿河县一口刀村祖祖辈辈流传下的民谣，足以生动地说明居住在深山区、石山区群众的生活状况。

抓住脱贫攻坚的战略机遇期，果断地将易地搬迁作为斩断穷根的百年大计，铜仁市走出了艰难又坚定的一步。

位于武陵山区腹地的沿河、德江、思南、石阡、印江、松桃等 6 县"出人"，东部发展条件相对较好的碧江、万山、大龙、铜仁高新区等城区"出地"，12.55 万山区群众从西部向东部迁徙进发，给青山绿水腾出了休养生息的空间，给东部经济发展区带来动力强劲的人口红利。

这样的"腾笼换鸟"，不仅仅是将"短腿补起来"，更是将"短腿变长腿"。在壮士断腕的战略定力之下，铜仁市开启了东西部协调发展、各美其美、美美与共的崭新篇章。

两头挑担，共谋棋局。迁出地，印江、思南等各县基层干部走村串寨，跟老百姓推心置腹，如何出山、土地怎么办、孩子咋上学、自己咋挣钱，一次次上门讲解，一次次实地考察，给故土难迁的群众吃下"定心丸"。迁出地碧江、万山、大龙等地干部迅速行动，拿出交通便利、区位优势明显的地块规划建设安置点，新居如何布局、产业园如何配套、学校距离如何测算，用给自己安置家园的心情和劲头，"争抢"着西部迁来的贫困群众到自己的片区安家落户、就业发展。

"新家的安排，一定要'六通八有'，通路、水、电、电话、电视网络、无线网络，配套有文体广场、农贸市场、停车场、卫生室、学校、金融服务网点、公共厕所、污水垃圾处理设施，生怕哪点做不好，引不来西部山区飞来的'金凤凰'。"旺家花园社区党支部书记罗焕楠这样形容安置点的建设过程。

"迁"出来的幸福生活

2017年1月，村民黄朝兴从德江县搬到大龙开发区。往回望，几百个山头之外，他与妻子曾经的家出门基本靠走，通信基本靠吼。黄朝兴两口子常年在外打工，赚来的钱一大部分要用作生活和路费，日子过得紧巴巴不说，孩子长期跟父母分离，妻子想起来，心疼得常躲在被窝里悄悄哭。往前看，新家周边一片繁华，却不知道自己赚钱的门路在哪里，老树能不能在新土上扎下根来，一家人心里都没底儿。

"跨区域易地扶贫搬迁，绝不能一搬了之！"德江县委书记商友江在易地搬迁工作会议上多次强调。结合搬迁群众大多长期从事农业的实际，德江县、玉屏自治县和大龙开发区合作，在大龙建起一个"飞地"农业园区，让移民在新家也能发挥自己的特长。

如今的黄朝兴夫妇，在产业园区工作，两个人月收入达到6000多元，孩子也顺利地在当地办了学籍。

搬迁初期，为了帮助西部老乡克服东西部口音差异、生活习惯差异等问题，迁出地的干部在安置点蹲点工作。迁入地更是在安置点设立了"一站式"服务窗口，教育、卫计、民政、人社等职能部门派驻干部进驻，"搬迁一个、接收一个，安置一个"，就学、就医、低保、养老保险，一项也不让人生地不熟的迁入群众为难。

"一晃快三年了。没想到，我们真的在新家园扎下了根。"眼看着快要农历春节了，黄朝兴兴冲冲往家里买了两盆一人高的金橘树，"老树扎根，也扎得牢呢！"

"迁"出来的转型升级

万山区河坪安置点。晚饭时分，居民孙良昌拧开燃气灶，蓝色的火苗舔着锅底，汤食发出温暖的咕嘟声。就在两年前，家住石阡县石固乡仡比村的他每天从烤烟基地下工，要做的第一件事，还是收拢上山砍来的柴火，在半山坡的狭小木房里烧水做饭。

"这两年，少砍了多少柴火呦。"孙良昌看着干净整洁的厨房念叨。

拥有"武陵正源"梵净山的铜仁，乌江、锦江、舞阳河、松江悠悠碧波，穿城而过。保护好丰富而又脆弱的生态环境，将腾出人口压力的西部山区打造成武陵深处桃花源，就成了铜仁市转型升级的抓手所在。

乌江边上，沿河沙子镇十二盘村，每年 3 月，李花开得一绝。

"山高水缺石旮旯，红苕洋芋苞谷粑，要想吃顿白米饭，除非坐月生娃娃。"这句传唱多年的顺口溜，道出了十二盘村曾经的无奈与艰辛。想要坐山靠山，就得先坐山养山、坐山治山。不断调整产业结构后，十二盘村从发展木头经济、石头经济转向发展旅游经济，村民年人均纯收入 2019 年已超万元。

同样的转型升级发生在万山区的朱砂古镇。因朱砂储存量和产量均居国内之首，万山区素有"千年丹都""朱砂王国"之称。曾经，依靠汞工业生产发达起来的万山有过"小香港""小深圳"的繁荣过往，然而，经历数百年的规模化开采，2001 年因资源告竭，朱砂汞矿被政策性关闭，万山没有了支柱产业，留下的只是废旧坑道、下岗工人，一度管理混乱，经济萧条。

如何再寻生机？万山区因势利导，将汞矿遗址的原住居民整体搬迁后，20 世纪 50 年代至 80 年代的老建筑、石板路、采矿坑道等被完美保存，成了人们寻找"那个年代"的珍贵样本，打造成中国第一个以山地工业文化为主题的矿山休闲怀旧小镇。原住居民则化身为小镇里"那个年代"的居民为游客呈现旧貌风景，再度成为这座焕发了新的生机的矿山小镇的管理者、运营者和拥有者。

积土而为山、积水而为海。发生在山水铜仁之间的这场史无前例的大迁移，终将以人民群众不断增强的获得感、幸福感作为落脚点。

搬入新居天地宽

——陕西省汉阴县易地搬迁"138"后续管理模式解析

肖力伟　邓永新

"你可要时刻记住把钥匙挂在脖子上，免得下回又进不了门。"陕西省汉阴县涧池镇紫云南郡易地搬迁社区主任张红霞不厌其烦地反复叮咛。今年1月的某天，7号楼住户杨升和智力残疾的妻子忘带钥匙进不了门，社区便民服务中心和物业公司最后只好拆掉窗户，这才进去打开门。

像这样的事情在易地扶贫搬迁社区不是个例，虽然都是琐碎小事，但都牵扯到小区群众的正常生活。近年来，汉阴县已建成了20个易地搬迁集中安置社区，使5081户17940名贫困群众挪出了"穷窝"。通过实施"138"后续管理模式，建强1个基层党组织，建好社区居委会、社区工厂、农业园区3个载体，建成便民服务、物业管理、平价购物、老年人日间照料、儿童校外辅导、文化活动、民事矛盾调解、红白喜事服务8个中心，切实解决好群众搬迁入住后的发展、管理和服务问题，大家的归属感、获得感持续提升。

支部引领管理让社区有序运行

根据易地扶贫搬迁社区的党员数量，汉阴县分类设置党小组、党支部、党总支等基层组织；在400户及以上规模较大的易地扶贫搬迁社区，探索社区党总支下辖社区工厂党支部、农业园区党支部等组织体系建设。根据社区后续发展需要，汉阴县根据辖区内移民搬迁安置社区规模大小，按照新设、融合、挂靠三种类型规范设置社区自治单元后成立相应机构。500户以上的社区，单独组建社区居民委员会；300户至500户的社区，依托当地行政村组建融合型社区；300户以下的社区，挂靠并入就近村级组织。

不仅如此，汉阴县全面开展搬迁党员摸底调查，搞好党组织关系接转工作，实施"双培双带"，加强对入党积极分子预备人选的培养，侧重培养发展一批优秀回乡大学毕业生、退伍军人、种养能手、务工经商能手及各类先进分子入党，不断为党组织输入新鲜血液，发挥带头致富和带领致富先锋模范作用。

36岁的铁佛寺镇四合社区党支部书记郑安元以前在浙江餐饮企业从事餐饮管理，年收入在20万元以上。2019年7月30日四合社区成立党支部前，经镇党委政府考核，郑安元被任命为四合小区党支部书记。当时四合社区"八中心"还没有办公房，郑安元就利用临近镇政府和村部的部分房屋先办起"八中心"。在社区日常管理中，郑安元用心为群众排忧解难。

2019年9月初，社区70多岁的谢家平因为家庭矛盾，儿子让他睡在客厅。了解到情况后，郑安元和镇村干部立即上门调解。一方面，四合村道德评议会将谢家平的儿子作为负面对象开展评议；另一方面，谢家平儿子的原居住地集中村将他上到道德评议会的黑榜。在道德评议和干部的引导下，谢家平的儿子认识到了错误，不再让老人睡客厅。

就近就业让搬迁户赚钱又顾家

"等过一段时间，社区工厂的工人就要领取工资了。"旋涡镇紫荆家园社区工厂招工负责人李光胜介绍。

2019 年 9 月底，随着苏陕协作项目之一的漩涡镇紫荆家园毛绒玩具社区工厂正式投入使用，紫荆家园社区的搬迁群众就多了一条就近就业的渠道。据李光胜介绍，算上生产、包装等一系列工序，整个社区工厂将使用工人 100 余名。工人在学徒期间，可以获得 1500 元的底薪；技术熟练后，工人还可以获得计件工资，加上保底工资，员工每月工资将在 3000 元以上。

按照"加入一个组织、发展一项产业、奖补一笔资金"的"三个一"产业扶贫模式，汉阴县组织动员搬迁贫困户将 3000 元实际入住后续扶持奖励资金和 5000 元的扶贫产业奖补资金，入股参与到安置社区特色农业产业合作社，发展现代农业园区，通过科学论证、集体决策，按市场导向确定一项特色产业，让搬迁户真正投身到产业中，镶嵌到产业链上，力促从根本上解决一些外出务工无技、本地就业无岗、迁入务农无地、就地增收无业的就业困难搬迁贫困户后续稳定增收乏力问题，确保"搬迁一户、稳定脱贫一户"。截至 2019 年 11 月，全县 20 个安置点共入股 3759 户 14901 人，入股资金 2568.9 万元。

据统计，汉阴县易地搬迁人口共计 5081 户 17940 人，有劳动能力的 4535 户 9042 人，已实现转移就业 5534 人，自主创业 163 人，开发公益性岗位 369 人，农业就业 2311 人。除失联、患大病、外嫁、服刑等 28 户，其余有劳动能力、有就业意愿的 4507 户均实现就业覆盖。

贴心服务解决搬迁户后顾之忧

在农村，红白喜事是家家户户生活中的大事。汉阴县 20 个搬迁社区都建立了红白喜事理事会，指导群众节俭办理红白喜事。在兴隆佳苑，红白喜事理事会规定住户只能办婚丧嫁娶等四种宴席，要求住户办之前书面申请，经审核方可办理，红白喜事理事会还规定了设席数量、菜品价格等具体事宜。

"通过红白喜事理事会的指导，居民办红白喜事不燃放鞭炮、不讲排场，还控制了礼金数量，减轻了居民的经济负担。"兴隆佳苑党支部书记欧波说。

住户在工厂、园区上班期间，家里的孩子照料就成了困难。为此，汉阴县着力强化公共服务体系，完善教育就学服务，按照就近入学原则，将搬迁群众中小学生合理划分到搬迁社区附近学区范围，确保搬迁群众随迁子女义务教育工作落实到位。紫云南郡社区11号楼居民郑自平正在参加社区组织的藤编技能培训，两个孙女到临近的南河小学上学，放学后参加社区的儿童校外辅导活动，并在辅导老师指导下完成家庭作业。

"住在这里真的很方便，娃娃放学有人照管，解决了我的大难题。"郑自平说。

另外，为方便居民就医，汉阴县结合搬迁社区附近原有医疗卫生资源，科学合理设置医疗卫生服务机构，在400户以上且周边400米范围内无卫生室的安置点批准设立卫生室。搬迁社区所在地医疗卫生服务机构要以户为单位为搬迁群众建立居民健康档案，全面落实好易地扶贫搬迁群众基本医疗和基本公共卫生服务。

搬出穷山沟　致富有产业

——青海省民和县精准脱贫、防贫工作观察

郜晋亮

这里是黄河在青藏高原上滋润的最后一块土地，也是停留最短暂的一个地方。这里就是青海省海东市民和县。其境内沟壑纵横，山峦重叠，有人概括了两句话——"八条大沟九道山，两大谷地三大垣"。在别人眼里，这里或许该是风光无限，富庶一方。

可是，这里却是典型的贫困地区。1986年，它被国务院确定为国家重点扶贫的少数民族贫困县；2002年，它又被确定为国家扶贫开发

光林种植专业合作社的百亩向日葵种植基地里，员工们忙碌着收获向日葵

工作重点县；到了 2011 年，它依然是全国六盘山片区集中连片特困地区扶贫攻坚重点县。2015 年底，民和县精准识别建档立卡贫困村 125 个，占行政村总数的 40%，贫困户 10641 户 42232 人，贫困发生率 11.3%。

靠水吃不了水，靠山吃不了山，一方水土养不了一方人。自然条件先天不足是民和县贫困的最现实问题。找到了症结所在，就不愁打不赢脱贫攻坚这场硬仗。此后，民和县委、县政府坚定信心、埋头苦干，带领着全县人民一步一个脚印向胜利进发。

短短 4 年，民和县 125 个贫困村退出，10600 户 45768 名群众（动态调整）实现脱贫，贫困发生率下降到 0.01%，贫困群众年人均可支配收入从 2015 年底的 2781 元提高至 2019 年底的 6264 元，脱贫攻坚成绩斐然。

搬迁进县城　　开启新生活

"北山山头没坐头，十年九旱没收头，家里进去没吃头，不去卖血没干头"，这是 20 世纪 80 年代民和县北山乡的真实写照。靠天吃饭，土地的收成换不来几个钱，一些老百姓只能选择卖血维生。或许从那时起，搬出大山就成了大家深埋在心底的一粒种子。

多年之后，北山乡有了不小的变化，但依旧很穷。吃水难、行路难、上学难、就医难、增收难……这是在北山乡活生生的现实。民和县扶贫开发局副局长李积强讲了两件事：一是直到 2003 年政府为村民修蓄水窖储存雨水，老百姓才有了日常用水；二是有心的人数了数从县城到乡里的山路，共有 131 道弯。

县城通往北山乡的山路虽然早已进行了硬化，但依旧不好走，那 131 道弯也果然名不虚传。直至山顶，视野才开阔起来。分散在沟中的农房、已经废弃的水窖、半山腰贫瘠的耕地，眼睛能看到的地方，都被一个穷字代替。

穷则变，变则通。2016年，民和县委、县政府作出了北山乡整乡易地搬迁的重大决定。这一决定犹如一缕春风，吹遍了北山乡的山山沟沟，也吹进了人们的心窝，唤醒了那粒种子。

鲁爱华是北山乡庄子沟村人。她说："当时听说要搬迁，而且还是搬到县城，全家人高兴坏了。再也不用住这个土得掉渣的房子了，再也不用吃那个难吃的窖水了。感觉幸福日子就在眼前。"

幸福日子来得真快。2017年7月，北山乡整乡易地搬迁正式启动，人们陆陆续续搬进县城里的新居。当鲁爱华一家人拎着大包小包走进自家的新房时，她狠狠地掐了自己一下，"这真的不是在做梦"。

为了能让搬迁群众搬得出、稳得住、能致富，民和县多部门联动，对贫困群众开展就业、创业、产业帮扶，实现稳定增收。北山乡政府副乡长刘新宁说："如今，全乡7个村1297户，户户都有稳定的收入。真正挪出了穷窝，拔掉了穷根。"

北山乡整乡易地搬迁是民和县脱贫攻坚的一个大手笔。2016年以来，民和县累计投入6.78亿元，对14个乡镇78个贫困村进行了易地搬迁，入住率达到100%。彻底摆脱贫困的群众正在新生活的大路上昂首阔步。

产业有活力　带动显能力

治贫之本，在于产业。受自然条件的限制，民和县传统农牧业发展长期处于"小、散、旱"的状态，"小"是没有形成规模，"散"是缺少集约化，"旱"是典型的旱作农业。可想而知，在这样条件下，贫困农民群众要通过农牧业实现增收致富有多难。

　　基于这样的认识，民和县委、县政府坚持不断加大农牧业发展投入，调整农牧业结构、优化布局，积极推进适度规模经营。几年来，"小、散、旱"的劣势得到极大改善，全膜玉米、马铃薯种植面积稳定在 40 万亩，规模优势凸显，以家庭牧场为代表的适度规模养殖业成为了贫困群众脱贫致富的重要产业。

　　民和县分管扶贫工作的副县长王明芳说："在推进产业扶贫工作中，我们坚持从实际出发，提出了做强传统产业、做优特色产业的思路，努力让传统农牧业实现最大程度的增产增效。由此催生了一批具有规模效应、集聚优势、特色明显的农牧业产业，显现出强大的脱贫带动能力。"

　　走进隆治乡桥头村的百亩向日葵种植基地，眼前一片忙碌的景象。据令梅农牧业有限公司、光林种植专业合作社负责人铁令梅介绍，目前，合作社流转土地规模已经达到 1500 亩，每年仅土地流转费用就需要支出 40 多万元。

　　全国脱贫攻坚"贡献奖"获得者、桥头村第一书记李玉兰说："光林种植专业合作社的发展得益于县里对农业及产业扶贫思路的调整，而最大的受益者则是村里的贫困群众。大家不仅每年能拿到稳定的土地租金，还可优先在基地里务工、学技术，现在一年能挣 1 万多元。"

　　村民藏玲玲说，她和丈夫身体不太好，只能靠着几亩地过日子，家里穷到连漏雨的屋顶都修不起。自从把耕地流转给合作社，又来到这里务工，日子才慢慢好起来。这三四年间，藏玲玲每年都能在合作社挣到 1 万多元的工资。2019 年，她还学会了向日葵育苗技术。说起这些，藏玲玲直抿嘴笑。

　　产业有了发展活力，有了带动能力，贫困群众稳定增收、稳定脱贫才能有坚实的保障。脱贫攻坚这几年来，民和县精心谋划的葡萄种植、奶牛养殖、牛羊肉加工、牦牛养殖、马营陈醋、油用牡丹、饲草加工、中药材种植等九大产业，已带动 1271 户 5552 人贫困人口实现稳定增收。

编织防贫网　巩固更持久

脱贫难，巩固脱贫成果更难。李积强说："巩固脱贫成果的难，真正在于那些处于贫困边缘的'两非'农户，即农村非贫困低收入户和非高标准脱贫户。据初步匡算，在民和县这部分群众有 12.5 万人。他们极有可能会因病、因学、因灾等导致贫困。"

对民和县而言，如何巩固脱贫成果是一张需要智慧才能书写的答卷。

经过对全县"两非"农户深入摸排后，2019 年 4 月，民和县委、县政府作出了"未贫先防"的重大决策部署，并创新性地提出以建立防贫保险金的方式在全县编织一张扶贫网。随后，这一政策正式落地。民和县财政投入 1000 万元资金，引进第三方保险公司，合作创设"精准防贫保险"，按每人每年 80 元保费标准对农村"两非"农户进行监测帮扶。

民和县精准防贫服务中心工作人员保善森说，精准防贫保险所保障的对象不事前确定，不事先识别，原则上也不重新建档立卡，只以防贫预警线实时监测进行框定。"两非"农户因病、因灾、因学等情况可能致贫、返贫时，均可申请防贫救助金。

据了解，目前，民和县防贫保险补助资金已发放 450 多万元，受益"两非"农户达到 610 户。

家住西沟乡南方庄村的边尕常一家正是受益者之一。2018 年，边尕常被查出患有乳腺癌，必须手术。此后治疗的一年多时间，她和丈夫这些年辛辛苦苦积攒的 10 多万元钱花得一干二净。这个原本富裕的家庭，背上了沉重的生活包袱。

直到精准防贫政策的到来，才让边尕常一家看到了希望。走进边尕常家，她现在身体已经恢复不少，但还要继续接受治疗。"县里防贫中心的工作人员刚刚打来电话说，家里申请的6万多元补助很快就能到卡上了。"边尕常的丈夫关学清感慨道，"这真是救命的钱。"

当然，从申请到补助发放，申请对象必须通过严格的核查，即"四看一算一评议"（看住房、看家用、看大件、看儿女、算收入、评议家庭整体情况），并进行公示，若不符合条件，将被剔除。

幸福生活从新家园启航

——贵州易地扶贫搬迁侧记

刘久锋　龙小敏

作为全国搬迁规模最大、任务最重的省份，从 2015 年到 2019 年底，贵州将 188 万贫困群众从生存条件恶劣的石山区、深山区搬出来，95% 以上实施城镇化集中安置，彻底解决了"一方水土养不活一方人"的绝对贫困问题！

如今，从"搬得出"到"稳得住、能致富"，贵州让易地扶贫搬迁真正实现"安置"与"安心"同在，"安居"与"乐业"同行。

为了 188 万父老乡亲的期待

乌蒙群山深处，分割黔滇两省的牛栏江一路向东奔腾，20 余条溜索成为连接两边河岸的唯一途径。母亲背着孩子过溜索不幸坠江的悲痛往事，成为很多人的痛苦回忆。

西起乌蒙山脉，东至武陵山区，西南横亘着滇黔桂石漠化片区……贵州大山延绵，阻断了山里人的脚步和眼界，世代贫困如影随形。

2015 年 12 月 2 日，贵州立下军令状：在"十三五"时期，完成易地扶贫搬迁规划实施总规模 188 万人，其中建档立卡贫困人口 150 万人，整体搬迁自然村寨 10090 个！

此时的贵州，全省有 9000 个贫困村、493 万贫困人口，贫困人口数量排全国第 1 位。此时的贵州，还只是一个经济总量刚刚突破万亿，财政总收入 2400 多亿元的省份。

贫困的贵州负重前行。要顺利完成好这项事关 188 万人的"超级工程"更是难上加难。贵州从实际出发，创造性地探索出了坚持省级统贷统还，坚持以自然村寨整体搬迁为主，坚持城镇化集中安置，坚持以县为单位集中建设，坚持不让贫困户因搬迁而举债，坚持以产定搬、以岗定搬的"六个坚持"搬迁实施路径和政策框架，确保"挪穷窝"和"换穷业"并举、安居与乐业并重。

经过四年多努力，2019 年 12 月，188 万人的易地扶贫搬迁任务全面完成。上百万贵州山区贫困群众告别穷乡僻壤、摆脱绝对贫困，住上城市新居。

一户人的搬迁，是生活的改变。188 万人的搬迁，正是让发展更加平衡，让发展机会更加均等、发展成果人人共享的生动注脚。

让搬迁群众"搬身"又"搬心"

"从家到车间，走路只需 10 多分钟，每月工资 2500 多元，还能照顾老人孩子。"兴义市洒金街道栗坪社区的易地扶贫搬迁户蒋兰，如今在扶贫车间上班，有了工作，她心里踏实了。

蒋兰是贵州易地扶贫搬迁群众的一百八十八万分之一，随着扶贫车间陆续复工复产，越来越多的搬迁户和她一样安了心。

搬迁与扎根同步，移民与脱贫共振。

对于刚刚搬出深山石山，住进赫章县移民安置点银山社区的 1 万多名群众而言，城市的灯光如此璀璨，街道如此宽阔。他们惊叹的同时，也陡然生出一种距离感。

为了让搬迁群众"住得放心""生活安心""过得舒心""坚定决心",贵州省探索了公共服务体系、培训和就业服务体系、文化服务体系、社区治理体系、基层党建体系的"五个体系"。

如今,银山社区以基层党建为引领,对新市民开出学习培训、创业就业、社会公德、家风家教、社区建设"五张积分单子",通过积分兑换奖励等方式,消除群众的陈规陋习,充分激发群众参与社区治理和自我发展的内生动力。

为了让搬迁群众快速融入城市生活,黔西南州以"新市民"计划为主线,围绕产业发展、文化旅游、教育、就业创业、卫生健康、资源权益、兜底保障、社会治理、社区党建等13个方面,推出了"一揽子"配套措施,系统地帮助搬迁群众向"新市民"转变。

在安顺,84个易地扶贫搬迁安置点配置、共享了71所幼儿园、70所小学、73所初中,孩子们再也不需要凌晨5点就起床,走着山路去上学。城乡教育的"起跑线"差距因为搬迁而大大缩减。

如何实现"搬身"更"搬心"?"注重少数民族文化的传承与保护,是少数民族地区实施易地扶贫搬迁的一条重要经验。"黔东南州副州长吴坦说,在把贫困户搬出大山断穷根时,也注重把传统文化搬进县城,留住文化的根。在苗族聚居的移民新区,斗牛场、芦笙场、游方长廊、苗族文化一条街应有尽有。每逢节日,少数民族同胞和原来一样斗牛、喝酒、对歌,"乡俗"在这里传承、"乡愁"在这里延续。

"政策好不好,要看群众是哭还是笑。"2019年年初贵州组织的随机入户抽查结果显示,群众对搬迁政策的满意度达99.46%,对配套基础设施及公共服务设施的满意度达99.03%,对住房的满意度达98.28%,对就业脱贫措施的满意度达97.95%。

从乌蒙高原到苗岭侗乡,从乌江之畔到南北盘江,搬迁群众家家户户都在家里显眼处挂了两张照片,一张是搬出大山时的老屋,一张是现在的新生活。

新与旧、苦与乐，新市民把两张照片作为"传家宝"传下来，永远感恩习近平总书记、感恩党中央。

今后的好日子还长着呢

"总书记这么关心我们搬迁户，让我们对过好今后的日子更加有信心了！"黎平县搬迁户张菊先乐呵呵地说。2019年10月，张菊先一家从罗里乡樟溪村搬进了县城的安置点。

20多年的吊脚楼透风漏雨，楼上住人，楼下养猪；大儿子外出打工，已经4年没有回家；村里山高谷深，只能种点水稻……"以前的生活太苦了。"在100平方米的楼房新居里，张菊先回忆往昔感慨不已。

搬进了城、离开了土地，新生活还得有新营生来维系。

为让群众吃上定心丸，贵州注重抓住两头——在迁出地，稳妥推进旧房拆除，盘活山林、土地、宅基地等资源；在安置地，除解决就业外，还加快完善相关配套设施，探索社区治理新模式。

"老家的10多亩山地流转给合作社种花椒了。"正安县瑞濠移民安置点搬迁户张大仙说，按照合同规定，再过3年，这些花椒就归她所有。搬到县城后，儿子在广州打工，儿媳妇在县城工业园上班，她在带孙之余，还能打点零工。

在整乡搬迁的晴隆县三宝乡，村民扶老携幼向着新家——阿妹戚托小镇走去，在那里有建好的新房、崭新的家具、成套的家电，搬迁小区已经规划建设为一个旅游景区，有许许多多的就业岗位在等待着他们。

易地扶贫搬迁，改变的不仅仅是贫困群众的居住条件，更激活了他们的志气、梦想和创造力。在铜仁市万山区，扶贫搬迁户刘东玲想不到，自己那双拿惯了锄头的手，现在也可以握着鼠标熟练地在电脑屏幕上做着标注，她的标注会通过网络传到阿里巴巴的数据中心。搬出大山一年多，她开始有了一个让孩子成为数据专家的新梦想。

如今，在新家园里，日日享受天伦之乐由梦变为了现实；一张张笑脸，一段段欢乐时光，都是打赢易地扶贫搬迁这场硬仗的幸福印记。每一个新家园都是一道靓丽的风景线，小洋楼或白墙青瓦或黄壁蓝顶，多彩民族风情穿梭其间，散发出的是浓浓的乡愁。

"搬迁点"变身"新社区"

——陕西宁陕县易地搬迁安置后续帮扶发展调查

胡明宝　谭海波　何　源

"我做梦都没有想到老了还能住上楼房，能开开心心地度过余生。"入住陕西省宁陕县四亩地镇祥和小区搬迁安置点后，郑大福老人在给社区的一封感谢信中写道。

祥和小区搬迁安置点组织党员干部和志愿者为小区 60 岁以上的老人理发、剃胡须、剪指甲、写春联，提供生活上的帮助，让老人颇为感动。

宁陕县四亩地镇柴家关搬迁社区的贫困群众载歌载舞庆祝搬进新家

秦岭腹地宁陕县的搬迁安置社区不仅让搬迁群众感受到温暖，也为他们生活带来了新方向。该县通过创新管理服务机制，强化产业就业支撑，完善社区公共服务体系，确保易地扶贫搬迁后续帮扶工作取得实效，让搬迁群众由"村民"变"居民"，让"搬迁点"变成"新社区"。

"两个组织"明确"主心骨"

"我们社区党支部今年的工作重点是做好公共服务、就业咨询和文明新风的塑造。"在宁陕县三星三期安置社区的党员大会上，搬迁安置点成立了党支部，并选出了党支部书记，新当选的支部书记周景飞在党支部成立大会上说道。

"十二五"以来，宁陕县建成搬迁安置点40个，累计搬迁8113户、2.2万人。结合实际情况，该县创新社区管理服务机制，理顺搬迁社区党组织关系，在城关幸福、三星和江口新庄3个安置点成立党小组，分别纳入所属地支部管理。比照村党支部标准配置，党小组组长兼任当地村（社区）党支部支委。

而在宁陕其余37个安置点，该县将党员搬迁对象归口安置地所属村（社区）党组织统一管理。截止5月初，全县已经有13个安置社区成立了党小组和社区管理机构，并成立了业主委员会。

新庄安置社区打造"新环境、新产业、新服务、新民风、新生活"的"五新型"社区，逐步完善以社区党组织为核心，以居民自治为基础，以社会组织为支点，以民生政策落实为保障的服务体系。

和新庄安置社区一样，宁陕县健全社区自治组织，跨镇和跨村安置点成立业主委员会，村内安置点成立搬迁居民小组，分别纳入安置点所属地村（社区）委员会进行管理；县城回购房、跨镇跨村分散安置的搬迁户就近纳入安置地所属村（居）民小组管理。

宁陕县通过建立健全"党组织"和"社区自治组织"两个组织，让搬迁安置社区的居民有了"主心骨"，完善管理服务机制，让社区健康有序发展。

以"两个组织"为核心，该县建立健全"村（社区）委会＋业主委员会（小组长）＋楼（院）长"的纵向网格化管理模式，楼房化安置的每栋楼（或每个单元）设立1名楼长，院落化安置的明确1名院长进行管理。推进社区民主决策制度建设，完善村（社区）务公开制度和民主监督制度，健全安置点居民会议、居民代表会议制度，按照相关程序及时讨论决定涉及安置点公共事务，制定居民文明公约，有序引导搬迁群众全程参与村（社区）民自治事务，构建共建、共治、共享的社区治理体系。

"五小产业"拓展"增收路"

"新楼房宽敞明亮，又在小区周边给我们划分了一分菜园地，我们吃住的问题就都解决啦！"今年5月份，筒车湾镇胶州小区搬迁安置点的群众兴致勃勃，安置点正在为他们划分"安心菜园"。

胶州小区集中安置点目前共有易地搬迁户149户、468人，大多都是勤劳的庄稼人，蔬菜都是自给自足，从没短缺过。现在搬入新居，但没了菜地种菜，添了一大笔新的支出，很多农户心理产生了负担。

经征询搬迁户意见后，筒车湾镇便统一租赁土地建设安心菜园，以抽签方式划分到户，住户自主栽培和管理，同时制定制度，严格土地用途、管理和要求。"小菜园"让搬迁户吃上自己种的放心菜，减少买菜支出，间接增加了贫困户的收入。

这是宁陕县为搬迁安置群众找到的新路子之一。该县开展"小菜园、小养殖、小客服、小修理、小超市"的"五小"贴心服务，通过修建菜园、建立养殖点、提供生活指导和代办服务、鼓励创办维修点、开办便民超市等举措，打开群众就业和产业发展的新渠道，让群众在社区生活和服务中获得收入和稳定的生活。

该县通过因地制宜创造发展契机，以"五小产业"拓宽搬迁群众的"增收路"。在此基础上，不断激发社区经济发展，将安置点门面资源和闲置房屋，用来支持市场主体和搬迁群众发展房屋租赁、电子商务、物流配送、托老托幼、文化娱乐、社区医疗、法律咨询等便民服务产业。同时，扶持社区群众自主创业，精准实施就业服务，落实减税降费、资金奖补、创业贷款等政策，提供政策咨询、项目推介、开业指导等服务，组建社区劳务公司，促进项目劳务分包，精准抓好岗前培训、订单培训和技能提升培训。

"2019 年在政府的帮扶下脱贫了，2020 年还要好好干，把日子过得更好。"近日回到新庄安置社区欧西克电子厂工作的竹山村三岭组村民邓锡珍说。不过，2020 年进入厂区都需要先进行疫情防控知识培训、测量体温、戴口罩等程序，才能上岗工作。

据了解，该公司是江口回族镇引进的一家研发生产高压陶瓷电容系列产品的民营企业，稳定提供就业岗位 64 个，解决了和邓锡珍一样的扶贫搬迁群众的就近就业增收问题。

该县还通过大力招商引资，鼓励返乡创业，培育创业孵化基地（园区），确保每个搬迁安置点都有一个社区工厂或加工点，同时制定物流补贴、稳岗补贴、带贫益贫奖补办法，促进新社区工厂达产达效。

除了发展社区工厂外，围绕易地搬迁安置点，该县还选择周边至少培育 1 家龙头企业（合作社），建成 1 个产业园区，结合"十百千"工程，探索"市场主体 + 搬迁户"经营模式，推进土地山林股份合作、资产量化保底分红，对有流转价值的搬迁户耕地、林地、腾退复垦宅基地"三块地"和收归集体的连体房，用于支持龙头企业、集体经济合作社、专业合作社统一流转经营。据悉，2020年，全县将围绕四亩地社区、梅子子午社区、筒车湾社区等社区，建设11个易地搬迁产业示范园区。

"一个配套"保障"全服务"

"以前大家都形象地把这叫作'烂柴湾'，周边也只零散地住了七八户村民。实施移民搬迁工程后，房子越盖越多，住户也越来越多，随着人居环境不断改善，'烂柴湾'变成了美丽的兰草湾。"在梅子镇子午社区，老住户王远成见证了集镇的美好变迁。

子午社区先后安置了水库移民、"十二五"搬迁户、"十三五"搬迁户，如今人口规模达到了347户、1280人。随着该社区大力推进配套设施建设，镇卫生院、学校、农商行等职能单位相继迁入，成立了环卫公司，集镇社区工厂建成投产，天眼工程投入使用，一个职能完备、设施齐全、管理有序的现代化移民安置社区正式建成。

子午社区的演变是宁陕县新型搬迁安置社区发展的缩影。宁陕县搭建公共服务平台，补齐基础设施短板，逐步完善管理制度，为搬迁安置社区打造一个配套的公共服务体系，让社区群众获得全面服务，提高生活的获得感、幸福感和安全感。

该县在全县各个社区发动搬迁群众民主决策，制定出台易地扶贫搬迁住宅专项维修基金收缴管理办法和安置小区物业管理办法，组建小区服务管理机构或引进物业公司提供市场化物业服务。

该县不断完善安置点综合服务、党员活动、图书阅览、老年日间照料等公共服务功能，不断补齐全县社区的水、电、路、讯、气等配套基础设施短板，合理配建停车场（充电桩）、文体健身广场、农贸市场等服务设施，做好安置点污水、垃圾处理和社区环境提升工程。全面落实教育、医疗和生活服务，保障儿童就近入学入园，实施"养育未来"整县推进项目。保证基本医疗保险全覆盖，做好搬迁群众基本医疗和基本公共卫生服务。

宁陕县还夯实社区平安保障机制，推进安置点视频监控全覆盖，对有条件的安置点设置警务室，建设品牌人民调解室，推动各类矛盾纠纷有效化解。深入推进新民风建设，深化"一教二奖三评四罚"措施，夯实"一约四会"制度，倡导文明新风。开展贴近生活、群众喜闻乐见的各种民俗活动，不断丰富搬迁群众的精神文化生活。

掀起新生活的盖头来

——新疆叶城县 1.4 万建档立卡贫困群众易地搬迁脱贫记

刘　昊

新疆维吾尔自治区喀什地区叶城县是国家级深度贫困县，新建的易地扶贫搬迁安置区阿克塔什镇距离县城 22 公里，这里居住着从大山搬出的 1.4 万余名建档立卡贫困户。他们有的在企业上班、有的从事种植和养殖业、有的自己开店，全都过上了新生活。

喀什地区扶贫办负责人说："'十三五'以来，叶城易地扶贫搬迁建档立卡贫困户 6835 户 29835 人全部乔迁新居，占全疆的 1/6。"据了解，阿克塔什镇是全疆最大的易地扶贫搬迁安置区，2018 年开始整体建设。安置区内小学、幼儿园、卫生院、托儿所、养老院、文化活动中心等配套公共服务设施一应俱全。

"新房建得亚克西"

在阿克塔什易地扶贫搬迁安置区，走进乌夏巴什镇 12 村村民阿卜杜热黑木·麦麦提江家，只见小院满园绿色，西红柿、辣椒挂满枝头，在阳光的照耀下，红的如红宝石、绿的像翡翠。"新房建得亚克西，每次来我家玩儿的亲戚朋友走时都说'你的新家真漂亮'。"阿卜杜热黑木·麦麦提江说。

原来的乌夏巴什镇 12 村位于昆仑山脚下，人多地少、环境不适宜种植。为改善山区百姓生活条件，叶城县将距离县城 22 公里占地面积 3100 亩的阿克塔什农场确定为易地扶贫搬迁安置区进行建设，并于今年 1 月 23 日全面完工。来自棋盘乡、柯克亚乡、乌夏巴什镇的 1.4 万余名建档立卡贫困户搬进了新家。

不仅是阿卜杜热黑木·麦麦提江家，整个安置区建设整齐划一，马路笔直、新房成排，房顶为红色或深红色，外墙为土黄色。住宅为两层四户，每栋楼都有独立小院，一些院子里已种上玉米、蔬菜等，房前栅栏外还种着柳树、万寿菊等。

叶城县扶贫办负责人介绍，安置区总投资 8.4 亿元，建设了上下水、电网、道路、燃气等基础设施，还配套了幼儿园、卫生院、村民活动中心和花园广场等便民场所。

"新房子特别漂亮舒适，各项配套设施一应俱全，生病了家门口就能医治，我做梦都想不到有一天能住上这样的好房子。"说起现在的好日子，阿卜杜热黑木·麦麦提江脸上充满了笑容。

人人有事干，月月有收入

建档立卡贫困户虽然搬出了山窝窝，但他们能否从根本上"走出穷境"是社会关心、贫困户关注的头等大事。

在实际操作中，叶城县坚持"搬迁是手段、产业是路径、脱贫是目的"的原则，因村、因户、因人施策，扶持后续产业发展和就业增收。为解决群众就业问题，叶城县投资建立了阿克塔什镇工业园区，园区就位于安置区内，农牧民走出家门就可以走进厂门。同时，农牧民还可以得到县里提供的上岗就业培训。

阿克塔什安置区管委会相关负责人说，安置区在修建时就考虑到搬迁群众的就业问题，截至 6 月底已引进 7 家工厂 4000 多个岗位，能够满足建档立卡贫困户每户至少一人稳定就业。

热孜万古丽所在的手套厂就位于园区里，厂子是 2019 年 9 月投产的，她已经在这里工作半年了，一个人管理着 15 台机器。热孜万古丽一家人过去住在棋盘乡尤勒村，主要收入来源是 7 亩地和养的牛羊。如今，丈夫在服装厂上班、公公是护林员，热孜万古丽准备把每月的工资存起来，计划明年租个门面。她说："没搬迁时，棋盘乡土地少，没什么就业机会，也赚不到什么钱。现在我们不仅住进了新房，还有了稳定收入。"

据了解，尤勒村于 2019 年 9 月搬迁至安置区中泰易地扶贫搬迁点，全村共有 373 户 1681 人，全部为建档立卡贫困户，尚有 74 户 342 人未脱贫，目前"三保障"问题已全部解决、"五通七有"已全部达标。全村现有劳动力 318 户 688 人已全部实现就业，其中已脱贫户 612 人、未脱贫户 76 人，实现了所有劳动力"一人一岗"，达到"人人有事干，月月有收入"的目标。

稳得住才能真脱贫

按照宜种则种、宜养则养、宜工则工的原则，叶城县在安置区建设了 1300 座拱棚，解决了 500 多人的就业和创业问题。搬迁户依干拜尔地·依比不拉去年就承包了 6 座拱棚，一年挣了 3 万多元，2020 年他承包了 11 座拱棚。同时，叶城县还建起了 2 万平方米养殖小区、132 间商铺、5 万亩棉花地和红枣林，并开发公益性岗位，努力实现搬迁群众一户多人就业。

为保障搬迁户的生产生活，叶城县从洛克乡、阿克塔什农场清理出一些耕地，将其分配给搬迁入住的建档立卡贫困户，人均 2.5 亩，同时这些土地也可以流转用于建设养殖小区、大棚等，进一步解放劳动力。"安置区土地平整，适合发展种植业，我们利用扶贫资金为贫困户建设了拱棚。但很多贫困户还是第一次见到拱棚，更别提种好蔬菜了。"叶城县扶贫办负责人说，当务之急是确保拱棚真正给贫困户带来效益。

怎么办？阿克塔什镇经过协调，将 6 个村的拱棚统一流转给 8 个懂技术的大户，并由两个农民专业合作社经营。据了解，每个拱棚能让贫困户有 500 元的土地流转收入，至少 45 名贫困户每月可以在合作社拿到 1200 元的务工收入，同时还可以学到蔬菜种植技术。在现场看到，已经掌握了蔬菜种植技术的几名村民正在拱棚里熟练地为瓜秧掐尖。

柯克亚乡阿瓦提巴格村村民依萨克一家 2014 年被识别为建档立卡贫困户时，住的是低矮的土房，家里唯一的经济来源是两头牛和 8 只羊，依萨克的父母仅靠着饲养牲畜赚取的微薄收入供养 3 个孩子读书。县领导在入户走访动员搬迁时，了解到依萨克的父亲阿布力米提·阿布力克木会盖房子，便承诺"不用自己掏钱，我们推荐你去学技术"。

在"一人一策"精准帮扶下，还没搬出大山，阿布力米提就取得了焊接、电工等相关从业资格证书。在乡里的鼓励下，他顺利地在建筑工地找到了工作，每月至少收入 4000 元，也成为当地最早外出打工并尝到甜头的贫困户之一。

但"搬出大山会不会没地方放养自己的牛羊"是最让依萨克父母担心的事儿。搬迁后，柯克亚乡很快组织了迁出区宅基地复垦复绿工作，并规划了新的养殖区，鼓励贫困户对牛羊进行寄养。"家里的牛羊寄养后，完全不用操心，年底还能拿分红。"依萨克的母亲麦尔亚木·吾加木尼亚孜说，"以前除了养牛羊，我也没什么技能，不知道自己能做什么。现在我也学会了技术，在鞋厂获得了稳定的收入。"

喀什地区扶贫办负责人介绍说，在解决阿克塔什易地扶贫搬迁安置区群众就业问题上，通过公益绿化岗位安排就业一批、设施农业种植就业一批、乡村车间安置一批、周边种植大户长短工解决就业一批、鼓励自主就业方式就业一批，实现群众"搬得出、稳得住、有事做、真脱贫"。

易地搬迁托起幸福小康梦

鲁 明　王腾飞　王可依

自从搬进新居，甘肃省武威市古浪县横梁乡村民李应川的生活，拥有了一种崭新的"打开方式"：61岁的他，和乡亲们一起从山区搬到了黄花滩生态移民区整洁亮丽、交通便利的富民新村，彻底告别了以往山大沟深、交通不便、靠天吃饭的生活。

横梁乡所在的古浪南部高深山区，自然条件恶劣，"一方水土养不起一方人"。2018年，得益于国家易地扶贫搬迁政策，李应川等来自8个乡镇的1379户4580人从山区搬到了富民新村。2019年8月21日，在甘肃考察的习近平总书记走进富民新村，来到李应川家，了解他们一家搬迁后的生活。习近平总书记叮嘱大家，要从发展产业、壮大集体经济等方面想办法、找出路，让易地搬迁的群众留得住、能就业、有收入，日子越过越好。一年来，习近平总书记的指示和嘱托，激励着富民新村党员群众决战决胜脱贫攻坚战的干劲和斗志，乡亲们在新家园实现了脱贫致富梦。

据了解，跟富民新村一样，近年来，在陇原大地上，一个个拔地而起的易地扶贫搬迁新村，托起了贫困群众的小康梦。2001—2015年，甘肃累计搬迁贫困群众22.4万户111.6万人。"十三五"以来，甘肃省委、省政府坚持高位谋划，高强度推进，举全省之力推动易地扶贫搬迁工作，取得了明显成效，全省规划搬迁的49.9万建档立卡贫困人口基本实现搬迁入住。

搬迁开启幸福安居新生活

一排排新院落整齐排列，干净整洁；村道边、房前屋后，处处林木葱茏，整个村庄一派生机盎然。这是富民新村的情景，家家户户庭院中都有一个小菜园，里面长满了豆角、番瓜、青椒等蔬菜，青翠的色泽和干净的小院，处处透着宁静而幸福的生活气息。

走进富民新村二区二组村民冯国安的家中，宽敞的客厅窗明几净，各种盆栽的绿植、鲜花错落有致，沙发、电视、冰箱等家具陈设一应俱全。"以前没想过能住上这样的房子，这都要感谢党和国家的好政策。"冯国安说。

昔日因用水、吃水难而发愁的冯国安，如今用上了水冲式厕所。"家家户户都通了自来水，村内道路全部硬化。"据富民新村党总支书记兼村委会主任张延堂介绍，为了方便搬迁群众的生活，古浪县在村里配套建设了村级便民服务中心、党群服务中心、小学、幼儿园、标准化村卫生室、污水处理站等公共基础设施。按照老百姓需求，村级便民服务中心还设置了驻村帮扶工作站、农家书屋、党员活动室，采取"乡村一体化"服务模式，尽最大努力方便群众办事。今年，村里还要建设乡村记忆馆、农产品交易市场、富民小学体育运动场。

"现在我们的居住环境和条件，跟城里人一样。"冯国安感慨道。

兴产业让致富增收有"靠山"

"为了让易地搬迁群众稳得住、能就业、有收入，我们把产业培育作为最大抓手，积极发展日光温室产业、设施养殖业、高效种植业和劳务产业。"张延堂说，目前，富民新村累计建成日光温室 422 座；累计建成养殖暖棚 2199 座，羊存栏 2.58 万只，牛存栏 2000 头。村里通过"党支部＋合作社＋基地＋农户""党支部＋合作社＋贫困户"模式带动搬迁群众增收致富，实现村集体经济收入 136 万元。

"以前，在山里住，人均收入只有 2000 元，现在种上了大棚，每个棚一茬就能收入 2 万元。"富民新村四区党支部书记何振田说。

据了解，"十三五"以来，甘肃各地结合易地扶贫搬迁项目建设，同步谋划后续脱贫措施，逐户制订"一户一策"精准脱贫计划，通过特色种养、扶贫车间、乡村旅游、公益岗位、技能培训等多种措施，有效增加了搬迁群众的收入，夯实了脱贫致富的基础。

在平凉市泾川县王村镇朱家涧村，2019 年 6 月，原本住在山区的 125 户群众告别土窑洞，搬进了楼房，还用上了天然气。该村党支部书记吕志坚说，为带领全村决战最后的贫困，村里积极培育蔬菜、养殖、苗木三大主导富民产业，村民依靠发展设施蔬菜种植，户均年增收 5000 元以上，依靠养殖"平凉红牛"，户均增收 3500 元，依靠发展苗木产业，可实现亩均收入 500 元。

在张掖市民乐生态工业园区内的圆梦苑小区，从祁连山浅山区搬出的永固真姚寨村村民张得元，不仅自己积极寻找就业门路，还利用他在园区务工人头熟、信息灵通的优势，在微信上创建"务工信息交流群"，义务为搬迁群众提供就业信息，"现在有 100 多名乡亲实现长期稳定就业，每天找到打临工机会的乡亲也有七八十人。"

和谐共进谋划振兴新图景

"以前的老村在山脚下，只要一下暴雨，就容易发生泥石流灾害。搬迁后的新村的位置原本是石头滩。搬迁的同时，村里在石头滩上搞绿化，一边改善生态环境，一边发展产业。"永昌县南坝乡何家湾村昔日的石头滩如今已绿树成荫。

据该村党支部书记张泽霞介绍，近年来，何家湾村突出党建引领，按照"科学规划布局美、村容整洁环境美、创业增收生活美、乡风文明身心美、社会治理和谐美"的总体目标，聚合全村之力，压茬推进、分步实施，村里通过实施美丽乡村建设，加大基础设施建设力度，改善人居环境，全村环境面貌焕然一新。

"如今，村里的生态环境好了，产业兴旺了，村民生活的文化气息越来越浓厚，乡风越来越文明，村里的干群关系、邻里关系也更和谐了。"张泽霞说，村里建成了乡村大舞台、文化广场，设立了休憩亭、篮球场、羽毛球场、乒乓球场和图书阅览室，为村民提供了舒适、宽敞的活动场所。

彝家村寨唱新曲

李　鹏　李传君　王　紫

"铁路修到凉山下，穿山越岭把桥搭。千年的骡马歇住了脚，沙木拉达穿过一句话……"

四川大凉山区素以"险恶"著称，这里山高路远，地质灾害频发，自古便被视为"畏途"。

55年前，从被冠以"死亡禁区"之称的沙木拉达隧道贯通之日起，这支彝族民歌，已经在大凉山区传唱了半个世纪。

几十年来，在凉山攻克贫困的征程上，这首民歌几经易词，不断被彝族百姓赋予新的时代内涵。

路：千锤万凿出深山

百丈悬崖上，一条长约4公里的山路"刻"进了山腰。

远望，山路蜿蜒、纤细，但却是山窝深处的村寨通往外界的唯一通道；近看，悬崖下的石堆里，半掩着一台红色的机器残骸，这一抹红色在花白色的石堆中间格外显眼，那是修路时因塌方而坠崖、砸毁的挖掘机。

这里就是2020年全国最后一个通车的农村——凉山州布拖县乌依乡阿布洛哈村。

"阿布洛哈"在彝语中意为"人迹罕至的地方"。这里名副其实——村寨毗邻金沙江大峡谷，三面群山环绕，一面悬崖封路。如果没有公路，外界几乎听不到关于这里的任何声音。

难，曾是阿布洛哈村村民生活的底色。村民想要出村，只能徒手翻越垂直落差高达 1200 米的悬崖，即便是青壮年的小伙子，也要爬上4 个小时。更为艰难的是从崖顶回到寨子的返程路，由于悬崖坡度太大、惯性太强，村民只能一路快跑着下来，畜死人伤的事时有发生。

"我是布拖县本地人，活了几十年，之前却从没到过这个村子。"乌依乡党委书记卯彪回忆起他在 2016 年刚上任的第二天，来到阿布洛哈村调研的情景，"乡里工作组翻山进来花了 6 个小时，当天回不去，干部们只能借宿在村民的草房子里。我们跑遍全村，竟然没有找到一包方便面。"

难过的日子熬久了，路，便成了村民世世代代的渴望。曾经，老人们守着漫山遍野的核桃树，望着头顶的悬崖只能兴叹："没有路，再好的山核桃也运不出去啊。"

几年前，村里的小学年久失修、破败不堪，村干部不忍让孩子们在风雨里读书，咬牙作出一个决定：修房子。没有路怎么办？村民翻山越岭，靠人扛马驮从乡里拉建材，简简单单的几间平房，愣是修了整整两年。

"苦熬"不是社会主义，全面小康"一个都不能少"。2019 年，凉山州各级党委、政府经过反复调研、论证后决定：打通阿布洛哈村的对外通道。

2019 年 6 月，伴随着机器的轰鸣声，阿布洛哈通村路项目启动，从山腰掘进 3.8 公里硬化路。然而在通村最后 800 米的关键节点，施工队遇到了巨大阻力——岩层破碎，塌方频发，工程推进陷入僵局。

眼瞅着公路修到了家门口，难道要就此中断吗？面对老乡的望眼欲穿，政府与施工队调整方案，动用"米–26"军用直升机将挖掘机等重型器械吊至村口，采取"从两头向中间"推进的方式施工，一米、两米、十米……

短短800米，却凿了半年多。终于，一条用汗水和泪水铺就的通村路，贯通了这金沙江大峡谷的悬崖石壁。

2020年5月26日，第一辆汽车开进了村里，守望在村口的村民喜极而泣。从这一刻开始，阿布洛哈村的贫瘠让位于富足，困顿变成了希望。

房：安得广厦千万间

"见了九十九个美丽的寨子，还有一个寨子在等待；满山花儿在等待，美酒飘香在等待；珍贵的朋友，请你留下来。"每当有朋友远道而来，三河村的村民总会将客人围在中间，唱这支彝族《留客歌》。

顺着平坦的柏油路进入三河新寨，一排排整齐的新房映入眼帘——层叠的木质房梁、镂空的木窗和红泥外墙，处处彰显着彝寨的风情特色；院外的绿色草坪和低矮的竹栅栏，让彝家小楼更显精致。

无论是晨曦朝露去，还是披星戴月归，这个海拔2500米的山村，总是三河村村民的心安之处。

在距离新村仅3公里的山腰处，杂乱散布着一片高矮不一的茅草房，这便是三河村的旧址。泥泞的土路、歪扭的土墙，诉说着三河村穷苦的往事——仅在两年前，全村350户农民，有300户土坯房被鉴定为危房。

2017年，年仅17岁的彝族姑娘阿机用纸和笔写下了故乡的生活——"清晨鸡鸣尚未撕裂黑暗时，我从潮湿并带着霉味的屋里走出，牵出牛马拴在屋后的松林里。当浓雾从门缝钻入，当火塘燃尽了炭火，我只能用最原始的方式钻入破败的床里取暖……"

身在凉山，民心要暖。"怎样才能让昭觉的百姓安居凉山？"2018

年，昭觉县副县长吉色方森每天奔走不停，满心都是如何推动彝区老乡易地搬迁，让村民住上遮风挡雨的新房、好房。

功夫不负有心人，吉色方森终于在卫星地图上发现一块面积很大的山顶坝地，他兴奋地带着党员干部拨开丛生的杂草，踏上山顶调研，最终将这里确定为三河村搬迁的新址之一。

为了让村民尽快融入新居生活，在不改变各户承包地的前提下，昭觉县为三河村制定了就近搬迁的方案，按照"组团式、微田园，大聚居、小杂居"的科学思路，就近兴建了9个搬迁安置点，所有村民的搬迁距离不超过5公里。

业：安其俗，乐其业

上百年来，守着绿水青山的阿土列尔村村民，从未花心思好好欣赏家乡的美景，他们的注意力都被脚下的悬崖和手中的藤条绊住了。

阿土列尔村，就是近两年闻名全国的凉山"悬崖村"。声势浩大的脱贫攻坚战，誓要把"悬崖"变"坦途"。2017年，政府为悬崖村修建了牢固的钢梯，村民们告别了抓着藤条翻山越岭的生活；2020年5月，政府又组织全村整体搬迁到昭觉县城，村民们开启了崭新的生活。

在距悬崖村60公里外的昭觉县"沐恩邸"社区，现代生活设施一应俱全，"党的恩情卡莎莎"（"卡莎莎"，彝语意为"谢谢"）的标语在社区随处可见，这里是原悬崖村村民吉克古者的新家。如今，她已经不再惦念山顶上的几亩玉米地，而是每天拿着针线，和搬迁至此的姐妹们一起做彝族刺绣。

"原来我们在山上就爱做刺绣，现在社区扶贫车间给我们下订单，我们从农民变成了'绣娘'。"吉克古者很喜欢现在的生活，在她看来，自己的爱好不仅能赚钱，还能让更多人接触并喜欢上彝族刺绣。

如今的悬崖村山顶，呈现出另一番繁荣的景象。山顶上的土坯民房，被村民改造成"悬崖民宿"，来自全国各地甚至海外的游客，络绎不绝地爬上山顶体验曾经的"苦日子"。

"住在山顶上，晚上看星空，早上看日出，白天看云海。"原本对村民们来说再普通不过的日子，却成了游客们向往的生活。

每天早上，26岁的向导某色雄体都会和父母一起，把家里的房子收拾干净，等待游客入住。

"2020年夏天，我接待最多的一个旅游团有30多人，其中还有几个外国游客。"某色雄体介绍，3年前，一家人还只能靠山顶上的几亩薄田种玉米和土豆维持生计，一年下来全家5口人也只能攒上万儿八千元，"现在不一样了，我妻子一个人在景区卖零食的收入都比前几年全家的总收入还要多。"

山脚下，美姑河水依旧奔流不息，而悬崖村的苦日子却如东流江水，一去不复返了。

半个多世纪以来，几代共产党人和彝区百姓接力奋斗，甚至付出生命的代价，在这片曾经"不通人烟"的偏远山区创造出一个又一个发展奇迹；进入新时代，各级党委、政府和凉山各族儿女勠力同心，书写着一个又一个"全面小康、不落一人"的传奇故事。

凉山的山依旧高，但凉山的路不再远，凉山的幸福民歌正越来越嘹亮——

"精准扶贫卡莎莎，
跨越发展卡莎莎，
党的温暖卡莎莎，
伟大时代卡莎莎，
彝家心里乐开了花！"

跨越千山　奔向幸福

骆玉兰　刘久锋　宫宇坤

地处中国西南部的贵州省，群峰巍峨，犹如一幅幅波澜壮阔、连绵不绝的画卷。大自然在馈赠美丽的同时，也给世代生活在大山中的人们带来了困扰——山高、坡陡、谷深，泥石流多发，阻断了山里人的脚步和眼界，"通信靠吼、治安靠狗、交通靠走"，贫困如影随形。

作为贫困人口最多、贫困面最大、贫困程度最深的山区省，贵州要想彻底拔穷根，就必须把老百姓搬出深山，换个环境谋发展。

2015 年 12 月，贵州举行新一轮易地扶贫搬迁项目集中开工仪式，拉开了全省历史上最大规模易地搬迁的序幕。经过 4 年多努力，188 万人的易地扶贫搬迁任务全面完成。搬出大山，一越千年，贵州山区人民昂首跨入了新时代，开启了崭新的幸福生活。

从山旮旯到新城镇，搬出美好新生活

"以前我家 8 口人一起住在 20 多平方米的破旧砖瓦房里，现在拎包入住 120 平方米新房子，宽敞多了，这个家搬得安逸。"居住在纳雍县珙桐街道白水河社区的易地扶贫搬迁户丁昌志说。

丁昌志的老家在雍熙镇燎原村，山高坡陡，村里全是烂泥巴路，一到雨天，无法正常通行，用他的话来说，"娃儿上学都没法走，只能靠大人背"。

　　2018年6月，得益于易地扶贫搬迁，丁昌志带着家人搬到了10多公里外的珙桐街道白水河易地扶贫搬迁安置社区，住进了四室一厅的敞亮新家。丁昌志通过街道介绍，在家附近的商业街谋了一份保安的工作，一家人渐渐在城里站住了脚。

　　丁昌志生活的改变是贵州188万移民群众的一个缩影。"十三五"期间，贵州整体搬迁自然村寨10090个。截至去年底，全省累计建成安置项目946个、安置住房45.39万套，累计完成搬迁入住188万人，其中城镇化安置179万人，占比95.2%。

从务农到务工，获得稳稳的幸福

　　"哒哒哒哒……"在赫章县易地扶贫搬迁重要承接地——汉阳街道金银田社区"结构云上"服饰扶贫车间里缝纫机声响个不停，50余名工人正在娴熟地操作着缝纫机，裁剪、铺料、车缝、包装，生产繁忙有序。

　　看到一件件衣服被制作出来，从赫章县河镇乡红房村搬迁到这里的新市民皮荣会脸上露出自豪的笑容。

　　皮荣会今年47岁，丈夫常年在外打工，需要照顾家中老小的她只能在家附近就业。"我以前不会缝纫，后来经过培训，一天可以做20件左右，一个月大约3000元的收入。"

　　像皮荣会一样，如今在贵州，越来越多的搬迁群众掌握新技能，实现稳定就业，有了固定收入。

　　完成搬迁后，贵州把工作重心迅速从解决好"怎么搬"向"搬后怎么办"转变，从"以搬为主"向"后续扶持和社会管理"转变，有序推进搬迁群众稳得住、能脱贫的"下半篇文章"，真正让搬迁群众搬得安心、住得放心、生活舒心、充满信心。

截至 9 月初，贵州有劳动力搬迁家庭中，实现户均 1 人以上共计 86.17 万人就业。建成扶贫车间 914 个，解决搬迁劳动力就业 1.97 万人；建成扶贫基地 238 个，解决搬迁劳动力就业 8123 人，建档立卡贫困劳动力务工收入占家庭总收入的 70% 左右。

从农民变市民，奏响和美新乐章

在贵州省望谟县的"warm 图书馆"，3 岁半的王梓昕坐在书架前翻看着绘本。据她的妈妈唐慧慧介绍，家里没有这么多绘本，每天幼儿园放学后，就会带她来这里，待上一个小时再回家。唐慧慧是搬迁户，她家现在住的平郎社区是易地扶贫搬迁安置区。

该图书馆用英语单词"warm"命名，既是取望谟的谐音，也是温暖的意思，旨在用一座图书馆温暖一座城。目前该馆藏书总量约 1.1 万册，主要为搬迁社区民众和青少年儿童服务，丰富搬迁"新市民"的精神文化生活，已成为当地的"网红图书馆"。

"除日常学习辅导外，还有美术、音乐等一些课外拓展，尽量丰富孩子们的生活，让书香伴随孩子们成长。"该县团委书记廖基娟介绍。

为帮助移民"快融入"，贵州按照"安置点建到哪里，社会管理和社区治理体系就覆盖到哪里"的要求，及时建立健全管理机构、群团组织和居民自治组织，让他们的生活实现新跨越，真正成为"新市民"。

大山深处看病难。"以前村卫生室只能打疫苗，没有药卖。去乡卫生院看病走路要 1 个小时。"30 岁的阿妹戚托小镇苗族搬迁户杨登贵说，现在走路 10 分钟就能到安置点卫生院，从挂号、就诊到开药，每个环节都有专门医护人员，普通的病不出社区就能看。

截至 9 月初，贵州易地扶贫搬迁后续扶持实现了集中安置区 100%

教育配套设施全覆盖，没有一个搬迁子女失学辍学；集中安置区100%实现医疗卫生服务全覆盖；1万人以上集中安置区街道办事处100%设立；200个3000人以上集中安置区警务室100%设立；842个集中安置区综合服务中心（站）100%设立，实现综合服务全覆盖；有党员的集中安置区100%设立了基层党组织，实现了党的基层组织全覆盖。"六个100%"，每一个"100%"的背后，都是188万搬迁群众满满的获得感和幸福感。

真拼实干换来幸福笑颜

王腾飞　王　艳　郜晋亮

有"小凉山"之称的云南省丽江市宁蒗彝族自治县和被慨叹为"又广又难"的文山壮族苗族自治州广南县，都具有少数民族众多、贫困范围广、贫困程度深的特点，是云南脱贫攻坚"硬仗中的硬仗"，也是最后一批贫困堡垒。

近年来，两地凝聚各方力量，铆足了劲儿向贫困宣战，下最细的功夫、啃最硬的骨头，把脱贫攻坚作为最大的民生，把最好的土地和配套给搬迁群众，产业扶贫、教育扶贫、健康扶贫多管齐下，挪穷窝、换穷业、拔穷根，拼速度又计深远，用真金白银的投入、真拼实干的作风换来贫困群众幸福的笑颜。

搬出大山住进城　最好的资源给搬迁群众

彝族、普米等12个少数民族占总人口的83.2%，全县82个贫困村有61个是深度贫困村，贫困人口达8.19万人的宁蒗彝族自治县，因山高谷深、社会发展背景特殊，有4.2万人生活在不宜居住和发展的"六类区域"，这也让宁蒗成为丽江市易地搬迁的主战场，易地搬迁任务约占丽江市的90%以上。

5年来，宁蒗县共投入20亿元，将全县1万余户4.2万余人悉数搬出大山，告别了黄板房、杈杈房，搬进幸福家园。其中，有建档立卡贫困户 2808 户 12177 人直接搬进城市，从农民变成了市民。

走进宁蒗县易地扶贫搬迁安置点三期幸福家园，只见一排排民族特色的楼房错落有致，配套设施一应俱全，周边不远处就是小凉山学校、中医院、建材城、农贸市场。在幸福家园党群服务中心，"微心愿"墙上每一户居民的意见和建议都能得到及时有效反馈，留守儿童之家带给孩子们健康成长的温馨空间，细致贴心的服务让幸福在这里触手可及。

宁蒗县易地扶贫搬迁项目指挥部办公室主任吴红武介绍，宁蒗把最好的土地和设施配套给易地扶贫搬迁户，在选择安置点上，选择就业近、就学近、就医近，基础设施完善的黄金地段。同时，通过组织技能培训、劳务输出、开发公益性岗位、创办扶贫车间等，确保搬迁户稳定就业。目前，剩余贫困人口均已达到脱贫标准。

"现在的生活条件比以前好太多了！"在 80 平方米的新家里，44 岁的杨春华感慨万千。曾因病致贫的杨春华一家，2019 年 9 月从新营盘乡搬进县城，以前住的是会漏雨的土墙房，全家靠种玉米、荞麦过活，孩子上学也不方便。如今，杨春华在幸福家园的公益性岗位任职，妻子在宁蒗大酒店打工，俩人月收入可以达到 5000 元，两个儿子不仅可以在家门口上学，还都有学费减免、生活补助，一家人的日子眼看着好了起来。

告别"又广又难" 真拼实干创造"广南速度"

9 月 13 日，广南县莲城镇岜夺村广场上喜气洋洋，村民们排队领取 2020 年村集体收益二次分红，151 户贫困户平均能分到 1192 元。分得多的村民赵兴能，他领到了 2594 元。2020 年，赵兴能向高峰牛养殖合作社出售 74 吨青贮玉米，收入近 3 万元，加上外出打工，家里收入节节高。

居住着壮、汉、苗、瑶 4 个民族的岜夺村，曾是一个典型的贫困村，曾有"嫁女莫嫁岜夺村"这样的说法。而今，岜夺村发生了翻天覆地的变化——进村的路变宽了，家家通上了自来水，51户贫困户搬进新村住进新房，幼儿园小学近在身边，高峰牛、八宝米、油茶、甘蔗等产业蓬勃发展，村卫生室升级成了医疗水平可媲美镇里、可远程专家诊疗的卫生院，常见病、慢性病就医不用再出村……岜夺村村民彻底告别了出行难、吃水难、看病难、上学难、务工难、娶亲难，过上了以前不敢想的好日子。

岜夺村的蝶变，来自云南省纪委、省监委驻村扶贫队的倾力帮扶。在广南，有167支这样的驻村工作队奋战在脱贫一线。近年来，全县各级党员干部一级带着一级干，迎难而上拼尽全力、穷尽办法、熬尽心血和贫困决战，锤炼了"真拼实干、马上就办"的广南作风，用干部脱掉"三层皮"换来群众生活"升三级"，创造了脱贫攻坚工作的"广南速度"。

紧邻高铁站和工业园区的圆梦社区是文山州最大的万人易地搬迁安置点，正是"广南速度"的生动体现。38栋1992套安居房从开建到交付使用仅用10个月时间，建档立卡贫困户全部搬迁入住仅用两个月时间。来自全县16个乡镇的1731户搬迁群众拎包入住，圆了安居梦。

要搬得出，更要稳得住、能致富。在圆梦社区设有就业创业服务站、技能提升培训中心、网络创业实训基地、百姓创业服务室和示范扶贫车间，搬迁群众可以学习家政护理知识、加工电子磁环、直播带货技巧等，习得一技之长实现稳定就业。

如今，广南县16万贫困人口基本达到脱贫标准，"又广又难"的贫困标签即将成为历史。

阻断贫困代际传递 "海安舅舅"为孩子点亮梦想

行走在宁蒗县，让人感触最深的是，这里最好的房子是学校，最美的环境是校园，最新的设备在教室，最直接受益的是一个个贫困搬迁户家庭。

短期脱贫靠就业，中期扶贫靠产业，长期扶贫靠教育。为阻断贫困代际传递，宁蒗县委、县政府大力推进"志智双扶"，把教育放在优先发展的战略地位，每年近1/3的财政支出投入到教育，确保上学路上"一个都不能少"，人人都有学上。

为解决易地搬迁贫困户子女"入学难"问题而专门兴建的小凉山学校，总投资达2.3亿元，接收了4000多名彝族、普米族、傈僳族等少数民族适龄儿童入学。投资2.43亿元的宁蒗二中、投资4000万元的宁蒗第三幼儿园……宁蒗县投资教育可谓不惜本钱。孩子们在漂亮现代的校园里上课，以前背着几个洋芋翻山越岭上学的日子一去不复返。

受贫困落后、历史发展等因素制约，宁蒗县教育起步晚、起点低，为提升教育水平，1988年起，宁蒗县与江苏海安县开展教育合作，用"木材换人才"，开创了东西部教育合作、对口支援的"宁海模式"，远隔千山万水的江苏海安与云南宁蒗，开启了跨越时空的智力帮扶。

32年来，先后有286名海安的优秀教师来到宁蒗支教，累计培养了2万多名初中、高中毕业生，宁蒗县的中学教育从原来的丽江市垫底跃居第一，创造了贫困县办"大教育"的奇迹。

多年来，来自海安的支教教师不仅带来了先进的教学理念和思维，点亮了孩子走出大山的梦想，也带动了全县教育水平的提升。一批批学生走出大山又返回宁蒗，如今已成为宁蒗脱贫攻坚、经济发展等各项事业的中坚和骨干。教出一个好学生，带富一个家庭。海安的支教老师们也被宁蒗各族人民亲切地称为"海安舅舅"。

安居乐业并重　搬迁脱贫同步

王　刚　阮　蓓　刘硕颖

"九山半水半分田"，交通不便，经济薄弱……曾经的融水县"一方水土养不起一方人"。很多村民远离故土，长年在外打工谋生。这里是广西壮族自治区唯一的苗族自治县，也是全区8个脱贫攻坚挂牌督战县之一。

如今，融水儿女正集中力量，强化住房保障，创新旅游扶贫，加大产业扶贫，以非常政策、非常举措、非常力度攻克深度贫困堡垒。他们秉承着"勇于担当、团结协作、扎实苦干"的"融水精神"，在脱贫攻坚中披荆斩棘，逐渐开辟出一条宽阔的脱贫大路。数据显示，截至2019年底，全县脱贫率为96.78%，预计到2020年底可实现贫困人口"清零"。

强规划　搬迁安置点宜居又宜业

在易地扶贫搬迁安置点引进企业来发展产业是较为常见的做法，而融水县改变思路，变"产业找人"为"人找产业"——将搬迁安置点选在景区、工业园区、创业园区等城镇化"黄金地段"，使安置点既可实现安置功能，又能受益于城镇功能辐射和产业支撑，真正做到"搬得出、留得住、有保障、有出路"。

"十三五"期间，融水县近1.4万建档立卡贫困人口易地搬迁。全县共设 12 个集中安置点，其中 3 个县城安置点安置近 1.3 万人，9 个乡镇安置点安置近 1000 人。

"苗家小镇"是 3 个县城安置点之一，毗邻 AAAA 级旅游景区老子山和老君洞景区，两公里范围内有康田工业园区、粤桂扶贫协作·返乡创业园。这里居民楼鳞次栉比，街道两旁店铺林立，一派人气旺盛的景象。"苗家小镇"依托区位优势，将移民新居与旅游休闲、商业街区有效结合，打造苗族特色街区新景点、新城区示范带，并通过能人带动建设苗绣和电子产品加工扶贫车间。

谈起易地扶贫搬迁，"苗家小镇"很多居民都竖起了大拇指。"搬迁之前，我只能在家带孩子，家里只能靠老公打零工艰难过日子。搬到这里后，我在附近的宏欣电子厂扶贫车间找了一份工作，每个月能挣3000 多元。"韦鲜艳说，她家之前住的房子是破旧的木楼房，外出、就医都不方便，2018 年，一家人住进了配套设施齐全的混凝土楼房，就此脱了贫。

如韦鲜艳所说，在搬迁户入住后，安置点的公共服务也紧紧跟上。"苗家小镇"等县城安置点配套建设的社区综合服务中心（站）、就业社保服务中心、文体活动中心等 9 个服务中心已全部建成投用，乡镇安置点群众可就近享受城镇原有公共资源，安置点公共服务覆盖率达 100%。

"融水县的易地扶贫搬迁做到了'挪穷窝与换穷业并举、安居与乐业并重、搬迁与脱贫同步'。下一步，我们将继续升级安置点公共服务，让搬迁户与县城居民享受到'同城同质'的资源，增加他们的认同感和归属感。"融水县发展和改革局负责人表示。

创机制　村民"五变"成景区主角

近些年，融水县居民在考虑近郊旅游目的地时，常会想到一个地方——梦呜苗寨景区。它位于县城北部双龙沟景区旁，是一个"移来的"原生态苗族文化体验园。吹芦笙、唱苗歌、跳踩堂舞……景区内熙熙攘攘、热闹非凡。这里不仅是网红景点，还让众多贫困户脱了贫，过上了"记得住乡愁"的美好新生活。

2017 年，融水双龙沟景区开发公司计划在景区旁建设一处民族特色村寨，以实现联动发展。在牵线动员下，该公司从杆洞乡锦洞村搬迁进城的贫困村民手中收购了老木楼，并在景区内按原貌复建，一座"原汁原味"的苗寨逐渐呈现在众人面前。村民可以免费住进复建的老房子里，并在景区内工作生活。据介绍，现已有贫困户 14 户 53 人入住。

在梦呜苗寨，村民是当之无愧的主角。他们承担起景区演出、田园管理等工作，有稳定工资收入；一些村民做起了民宿生意；周边村民用土地入股景区成立的旅游观光合作社获得分红。于是，村民在这里实现了五大身份转变："变景区员工""变文艺演出演员""变景区股东""变民宿老板""变合作社社员"。

"在这里工作生活幸福、充实。原来在老家种田收入低，现在我和老婆都在景区做田园管理员，两个人月工资加起来有 6000 元，参加表演还有额外补贴。"村民潘杰辉说，他一家是最早搬进梦呜苗寨的住户，在景区工作稳定，孩子还可以就近在县城读书。

梦呜苗寨景区将旅游与乡村建设、易地扶贫搬迁、精准扶贫有机结合，开创了"景区＋贫困村""公司＋农户"等多种模式，年收入近千万元，目前已带动 400 多名贫困人口脱贫，成为融水乃至全国"旅游＋扶贫"成功典范，被国务院扶贫办收录为旅游扶贫典型案例。

"2016 年以来，全县超过 3 万建档立卡贫困群众通过参与旅游产业脱贫，占全县脱贫人数的 25% 左右。融水县未来将坚持'以一个龙头景区，带动一片乡村旅游，带富一方百姓'的发展思路来推进旅游扶贫事业。"融水县文化体育广电和旅游局负责人介绍说。

兴产业　众力聚合激活脱贫动能

地处深山中的红水乡良陇村是融水县今年实施挂牌督战的 7 个贫困村之一,从乡政府沿着山路驱车颠簸近 1 小时才能到达。用驻村第一书记刘浩的话来说,"这里算得上是融水县最偏远乡镇中最偏远的村"。目前,全村还有贫困户 45 户 149 人,贫困发生率 10.58%。

2020 年 3 月,中国铁路南宁局集团柳州机车车辆公司职工刘浩被派驻到良陇村担任第一书记。来到村里后,刘浩等扶贫工作队队员走访发现,村里年轻人大多已外出务工,只剩下"老弱病残",劳动力不足,同时,一些村民受风俗影响不思进取、注重享乐,缺乏脱贫内生动力。

如何唤醒"沉睡的高山"? 刘浩认为,构建长效扶贫机制必须因地制宜发展产业,来带动村民增收。经调查发现,这里的村民素有在山间放养土鸡的传统,同时,山间气候湿润,适合菌类生长。立足于此,扶贫工作队和村委会讨论后,决定将生态土鸡养殖和高山食用菌生产列为扶贫项目。

有了产业规划,转变村民的思想观念成了当务之急,扶贫工作队队员和村委会成员开始挨家挨户做工作。他们给大伙儿分析,参与这两项产业门槛低、耗时少,不仅不影响正常的生产生活,还能稳定增收。一些有劳动能力的村民先行先试,有了增收,慢慢地很多村民也都加入其中。

良陇村利用粤桂财政帮扶资金 85 万元建设高标准食用菌生产大棚、流转土地,柳州市北城投资集团等投入 44 万元购买食用菌棒,南宁铁路局集团投资 13.8 万元购买鸡苗⋯⋯在多方助力下,两个生产基地在良陇村很快建了起来。基地采用"公司＋合作社＋贫困户"模式，土鸡养大了由后援单位包销，而食用菌已融入柳州螺蛳粉产业链，销路也不愁。根据预计，良陇村两项产业年产值共计可达240万元，村民年人均增收超过3000元。

村民李继平是受益者之一。他家2015年被列为建档立卡贫困户，尚未脱贫。"2020年3月，村委会动员我加入合作社，我用国家给的5000元产业奖补资金入股，年底会有分红。现在我有时候在基地务工，每天有100元工资。我相信我家今年一定能脱贫。"李继平信心满满。

刘浩介绍："我们现在着力从规模化生产、标准化生产等方面培育扶贫项目，逐渐增加村民的工资性收入、经营性收入。接下来，我们将进一步加强扶贫力度，确保贫困户在10月底脱贫。"

攻克最后的贫困"堡垒"

刘 昊 高 文 冯建伟

位于塔克拉玛干沙漠南缘著名的古丝绸之路南道重镇——和田地区，总面积24.81万平方公里，总人口253万，辖7县1市。新疆10个贫困县有一半在和田，是新疆脱贫攻坚的主战场。

据和田地区扶贫办负责人介绍，通过地、县、乡、村四级扶贫力量专职抓扶贫，已有3个县市摘掉贫困帽，还有5个深度贫困县今年也即将摘帽。

通过产业集聚实现脱贫效果从量到质的转变

打赢脱贫攻坚战，产业发展是基础。近几年来，和田地区通过产业集聚发展，解决了大量富余劳动力长期就业问题，由村民到工人，实现了脱贫效果从量到质的转变。

皮山县把发展驴产业作为特色产业进行扶贫，得力于2018年8月由浙江省援建的皮山县新疆昆仑绿源奶粉加工厂和产业园建设。目前，产业园已累计完成投资12.28亿元，主要产品是驴奶粉、驴酸奶，该产业园已吸纳贫困户就业120人。

皮山县农业农村局负责人介绍，2017年的时候，皮山县有驴2.1万头。如今，围绕驴产业基地皮山县又建了3家青驴养殖基地，已发展到4.2万头驴。据了解，中心内现有驴5000头，涉及贫困户5000户。

每头驴自产奶起能为农户创收 2000—3000 元，企业免费为农户家的母驴配种，小驴驹由企业按照 2000—3000 元的价格收购，这样每头母驴一年的收入在 5000—6000 元。

在墨玉县现代农业产业示范园，由山东省潍坊华昌集团有限公司投资的 17.7 亿元在今年 5 月份建成的新疆美比特集团有限公司是以肉鸡系列产品为主的企业。该企业是集孵化养殖、屠宰加工、检验检测、包装物流、销售为一体的农业产业化龙头企业，预计年产值 30 亿元。公司总经理毕志峰说，公司建成运转后能辐射带动 1560 户贫困户增收，公司现有员工包括当地就业和转移就业的有 5986 人，通过直营店和流动餐车，可以解决 1.2 万人就业。

据统计，和田地区建设了 8 个现代农业产业园，引进农业产业化龙头企业 70 家，成立了 3111 家农民专业合作社，建成饲料加工厂 15 个、屠宰场 22 个，引进农产品精深加工企业 16 家。和田 5 县未脱贫户中具备劳动能力的 1.44 万户实现全部就业，就业人数达 23779 人。

"最后的沙漠村落"搬出来了

于田县达里雅布依乡是在 20 世纪 50 年代初被偶然发现的，之前一直居住在塔克拉玛干沙漠腹地，被称为"最后的沙漠村落"。由于交通极其不便，水电路等基本公共基础设施也很不完善，村民无处就业，生活一直非常贫困。为此，于田县决定对这 216 户 839 人实施整体易地搬迁计划。

搬迁户玛依木罕·芒力克是个打馕能手，搬迁到新的移民点后每月都有相对固定的收入，家里的羊托养在养羊合作社不用操心，年底还有分红。她说，一家 5 口人按照政策分配到 77.35 平方米的住房，她和家人对新房都很满意。

目前，达里雅布依乡易地搬迁点已完成"七通"，即通水、通电、通路、通广播电视、通宽带或通信，还建成水厂一座，保证供水用水安全。

在该乡工作了 16 年的乡党委书记贾存鹏介绍，为解决搬迁点劳动力就业问题，乡党委、乡政府通过发展梭梭大芸产业来动员搬迁户种植梭梭，既可以防风固沙又可以增加经济收入；通过巩固现有和田羊产业，将放牧经验丰富、责任心强的年长人员安排为专职放牧员，户均至少增收 4000 元。

和田地区扶贫办负责人介绍，5 县都要按照户户有对策，对标年人均纯收入 4000 元的硬指标，根据贫困户脱贫需求和发展意愿，将贫困户精准划分为产业主导型、易地搬迁型、就业主导型、政策补助型、低保兜底型，实施精准帮扶，动态测算收入。目前，全地区 1.83 万户未脱贫户家庭人均纯收入均稳定超过了国家扶贫标准线。

健康扶贫解了农牧民的后顾之忧

对农牧民来说，最怕一场突如其来的大病，这对刚脱贫的一个家庭来说不啻于一场灾难。

前不久，刚脱贫的策勒县科克买提村村民麦提图尔荪·麦托合提因严重开放式骨折住院，他的主治医生阿力木江说，通过 3 次手术保住了麦提图尔荪·麦托合提的小腿，估计 3 个月以后才能下地，整个治疗费用大概 3 万元左右。县卫计委负责医保工作的买买提明·托合提热介甫告诉麦提图尔荪·麦托合提，按照策勒县健康扶贫政策，他个人负担费用不超过 2000 元。

策勒县卫计委负责人介绍，为解决农牧民的后顾之忧，策勒县按照"两不愁三保障"的要求，建立了防范"因病致贫因病返贫"风险隐患的长效机制，通过基本医保、商业补充医疗保险、医疗救助基金、民政救助、红十字会爱心基金等多种途径，大幅度减轻患者医疗费用负担。2个县级医院、8个乡镇卫生院、127个行政村卫生室确保了各族群众享受到基本医疗卫生服务，全面实现小病不出乡、大病不出县。

近年来，和田地区各县各级医疗机构严格落实"先诊疗后付费""一站式结算"工作机制，贫困户住院费用报销比例均达到95%以上。

据了解，和田地区各贫困县还实施了全民健康体检惠民项目工程，实现了全民健康体检全覆盖。各县为建档立卡贫困户参保商业补充医疗保险，参保率100%。

围绕聚焦社会稳定和长治久安的总目标，和田聚全地区之力向深度贫困"堡垒"发起最后总攻，确保5个贫困县按期全部摘帽，228个贫困村全部退出，7.69万贫困人口全部脱贫。

大山深处挪穷窝

王　紫　李传君　李　鹏

　　四川省凉山彝族自治州是乌蒙山集中连片特困地区的核心区域之一，脱贫攻坚任务极为繁重，曾经有3句话形容这里：进山的路真险，困难群众真苦，移风易俗真难。脱贫攻坚以来，凉山州干部群众以脱贫有多难就有多拼的干劲儿，全力攻坚，修路架桥、易地搬迁、通水通电、多策共举。凭着"山高没有志气高，崖深没有功夫深，只要苦干实干，再高的山也挡不住脱贫的路"的精神，凉山州的社会面貌正在发生巨变。

　　凉山州地处横断山脉核心区，绝大多数贫困村处在海拔较高的高寒山区，自然条件极差，易地搬迁便成为脱贫的重要手段。

村民变居民　巾帼撑起"半边天"

　　彝族有句谚语，"火塘在，妈妈在，家就在"。8月底，在凉山州昭觉县沐恩邸社区的彝绣培训班教室内，绣娘古比金牛正飞针走线，十指翻飞间，一朵彝族特有的太阳图腾出现在她手中的白袜上。

　　28岁的古比金牛原先住在哈甘乡，由于家庭贫困，她读到初三就辍学了。如今搬迁到沐恩邸社区，古比金牛积极参加社区公益活动，在昭觉县妇联组织的对社区彝绣绣娘的培训中，古比金牛表现突出。她还被选送到西昌参加培训，回到社区后，古比金牛积极鼓励社区妇女参与到彝绣中来，自食其力。

"我从小就喜欢刺绣，现在每天在社区和姐妹们刺绣，可以守好家，照顾好我的娃，还能增加些经济收入。"古比金牛的眉宇间流露着喜悦。在她的动员下，沐恩邸社区的绣娘从最初的50多人发展到113人。昭觉县妇联和社区干部注意到这个勤劳善良的姑娘，让古比金牛担任沐恩邸社区的妇联副主席和绣娘管理员。

每到绣娘提交订单的日子，古比金牛就会早早来到工坊，等待其他来交货的绣娘，并仔细检查每一件成品。"我们社区的绣品不能出现一点儿问题，否则砸我们彝绣的牌子啊。"她说。

据古比金牛介绍，她一天可以绣8双袜子，一双21元，一天下来就可以赚160多元。再加上每个月600元的绣娘管理员工资，一个月下来她可以赚4000—5000元。"只要踏实干活儿，日子肯定会越过越好。"古比金牛满怀信心。

"沐恩邸"，顾名思义就是"沐浴在党恩下的府邸"。据悉，昭觉县城集中安置点是四川省规模最大的易地扶贫搬迁安置点，共安置4569户21693人。安置点共分为5个社区，其中沐恩邸社区共安置昭觉县28个乡镇87个村，共计1428户6258人。

面对搬迁带来的生产生活、文化习俗、社会关系等诸多变化，"水土不服"等问题接踵而至。"不能解决好搬迁后续的收入问题，老百姓的心就永远'定'不下来。"昭觉县委基层治理办副主任刘鹏浩说。

如何确保群众搬到社区后实现增收致富，成为昭觉县委、县政府工作的重点。"关于后续发展，我们一方面着力提高群众就业能力，加强劳动技能培训特别是开展针对性培训；另一方面重点激发群众内生动力，保障贫困群众有效增收致富。"昭觉县副县长廖宇超说。

安居与乐业　腰包"鼓起来"

凉山州金阳县马依足乡位于金阳县东部，距离金阳县城 16 公里左右。

走进马依足乡东山社区，紧挨着村委会活动中心的是一片联排楼房，坐落在山林之间，被青山衬托得格外显眼。

这一片联排的白色楼房就是东山社区易地扶贫搬迁安置点。该安置点总投资 4.35 亿元，分两期建设，一期安置 608 户 3253 人，二期安置 591 户 3329 人。计划安置贫困人口 1199 户 6582 人，主要来自高峰、甲依、热柯觉等 14 个乡镇 38 个村。目前项目已全部完工，群众也已全部搬迁入住。

"我的祖辈一直都住在金阳县德溪乡，后来我嫁到了马依足乡。"在东山社区遇到白古牛时，她正在自己的便利店里忙着给顾客结账。

年轻靓丽的白古牛，原先在广东一家超市做收银员。结婚后，她随家人搬迁到东山社区，开了一间便利店。

自从记事起，白古牛就和家人居住在几十平方米的土坯房里。墙面裂开、透风，屋顶瓦片损坏、漏雨。她清楚记得，每当下大雨，院子里总是积水。

"我从来都没想过自己的日子能这么好。"以前，洗衣服、做饭、洗澡是最让白古牛头疼的事。搬来这里之前，村里没有自来水，挑的水仅够吃喝，十分不便。而现在，东山社区每家每户都用上了自来水。

白古牛说得一口标准的普通话。"我们外出打工，就是想学到更多的东西。身边有很多人出去学习后，普通话说得比我还好，同村还有不少伙伴在快手、抖音直播。"据她讲，她最近正在忙着筹备开快递代理点，相信以后的日子会越来越好。

安居与乐业并重，抓好后续扶持工作同样重要。据悉，结合马依足乡集中安置点实际情况，金阳县委、县政府已经开始了后续扶持发展计划。

"妥善安排易地扶贫搬迁贫困户的就业增收问题，尽快让群众的日子好起来。"金阳县委宣传部常务副部长周照英说，易地扶贫搬迁，"搬得出"是关键，"稳得住、能致富"是硬道理。截至目前，金阳县已组织剩余劳动力转移输出到佛山市共计913人，实现劳务收入3652万元，其中建档立卡贫困劳动力810人，收入3246万元。同时金阳县坚持把用好产业扶持、扶贫小额信贷等基金作为贫困户脱贫致富的重要抓手，切实让群众的腰包"鼓起来"。

向往的生活　爱音乐的彝族小伙

"遥远的毕节有个姑娘，她的名字叫雅妮，她和别的朋友不一样……"在凉山州美姑县洒库乡，彝族小伙子恩扎拉夫在自己的新家弹唱了这首原创歌曲《雅妮之恋》。

美姑县地处四川省西南部，是凉山州贫困面最广、贫困程度最深、脱贫攻坚难度最大的县。全县292个行政村有272个被认定为贫困村，彝族人口占比超98%，贫困村数量居四川省第三位、凉山州第一位。

这里坡陡谷深，道路交通运输、公共服务发展滞后，贫困把村民困在了大山深处。简陋破败的木板房、土坯房，让贫困群众在冬日里饱受严寒，在夏日里酷暑难耐。

恩扎拉夫一家祖祖辈辈生活在大凉山，恩扎拉夫从小听彝族前辈的歌声长大，从小就喜欢音乐。现在他就读于四川文化艺术学院。

"没想过我能抱着吉他给客人弹唱。"扶着自家小楼阳台上的栏杆，恩扎拉夫极目远眺，漫山遍野都是红彤彤的花椒树。

恩扎拉夫原先的家在美姑县洒库乡处曲洛村，距离现在的乐美社区仅两公里。"我记得小时候上学路途遥远，别村的女孩儿嫌我们村条件差不愿嫁到这里，本村的年轻人但凡有机会出去，都不愿意再回来。"

改变发生在几年前。

据挂职洒库乡党委副书记、乡综合帮扶工作队队长牟长申介绍，党的十八大以来，美姑县全面实施精准扶贫政策，确立了系统的脱贫攻坚推进机制，全方位深化实施"抓党建、兴教育、办医疗、强内生、建基础、抓产业、除陋习、聚合力"等脱贫攻坚行动，以新时代"宁愿苦干、不愿苦熬"的奋斗精神改变贫困面貌，用"滚石上山"的奋斗姿态决战决胜脱贫攻坚。

"特别是 2018 年 7 月以来，我们提出了脱贫攻坚基础设施建设项目'提前一年谋划、赶早一年实施'的工作要求，各项基础设施建设加快推进。安全住房方面共计 10694 户 53223 人通过易地扶贫搬迁挪出穷窝，6363 户贫困人口通过彝家新寨建设实现住房安全有保障。"牟长申说。

现在的乐美社区，一幢幢鳞次栉比的独栋楼房依次排列，一条条宽敞整洁的水泥路直通家门口。

"我有个小目标，如果条件允许的话，想在读大学期间出一两首自己创作的歌曲。"说完，恩扎拉夫眉梢上扬，开心地笑了。

改水搬迁谱写幸福新篇章

高　文　冯建伟　刘　昊

　　拔除穷根发展产业是根本，产业发展了随之而来的就是如何改善民生，匮乏的资源和恶劣的自然环境严重阻碍了南疆人民脱贫致富的进程。解决好南疆地区农村饮水安全、"一方水土养不起一方人"等难点、热点问题，南疆各地党委政府千方百计啃"硬骨头"，确保打赢脱贫攻坚战。

从涝坝水到安全水，实现农村饮水"三级跳"

　　走进伽师县江巴孜乡依帕克其村、37 岁村民外力·艾山家干净整洁的农家小院，坐在葡萄架下，女主人热情地给我们端出瓜果，还用新通上的安全饮用水给我们泡上香喷喷的果茶。现在，家里打开水龙头，甘甜的水用起来很方便，做饭、洗衣服、洗澡都没问题。"新的美好生活，已经来了！"他开心地笑了起来。

　　伽师县长期为饮水困扰，千百年来，伽师县各族群众一直饮用涝坝水，到枯水期，因涝坝长时间蓄存水，微生物和各类动植物滋生，污染严重。饮用前，需要用细筛子过滤沉淀后再使用。群众长期饮用涝坝水，致使各种地方病肆虐流行。

　　1995 年，伽师县实施了第一轮防病改水工程，抽取较为洁净的地下水作为饮用水源，并实现自来水入户全覆盖。人们从喝涝坝水到喝自来水，从拉水挑水到自来水直接入户，饮用水水质和用水方便程度都得到了极大改善。

伽师县还是全国闻名的"苦咸水"地区。伽师县特殊的地形地貌、水文地质条件和频繁的地震灾害，造成地下水硫酸盐、氟化物普遍超标，水质不稳定、不达标。在党中央的亲切关怀下，伽师县于2019年5月开工建设新一轮城乡安全饮水工程。

此次安全饮水工程分取水、输水、供配水三个子工程，总投资17.49亿元，其中取水工程主要建设内容包括809万方沉砂池1座、引水闸1座、2.47公里引水渠、日处理能力8.5万方总水厂及引水管；输水工程主要建设内容包括总水厂至伽师县城水厂之间的输水干管及其附属建筑物，长度为111.89公里；供配水工程主要建设内容包括伽师县输水支管167.37公里，新建、改扩建分水厂17座，配水管网1548公里及入户工程16874户。

历经八个半月的艰苦奋战，伽师县城乡安全饮水工程于2020年5月20日完工，伽师县46万人民喝上了甘甜、洁净、达标的冰川融雪水，喝"苦咸水"的日子从此成为历史。

农村通了方便卫生的自来水，解决的不仅是农民群众的饮水难题，更为农村地区经济社会发展和农牧民群众脱贫致富创造了必要条件。"这回是真正的健康水！"艾山激动地说，改水后，村民一些传统的生活方式悄然改变，特别是发展产业，"大家想法更开阔了。"库热西·哈吾力说，水好了，来的人多了，村民们更有干劲，发展产业的信心也更足了。

易地扶贫迁新居，搬出群众"幸福感"

"搬迁前家里距离县城有115公里，以前去一趟坐车要四五个小时，每年也就能去一次，现在可好了，每周都能去三四次。"家住阿克陶县丝路佳苑安置小区的克孜勒陶乡艾杰克村牧民图尔迪艾力·干吉说。"现在住的房子宽敞明亮，想看电视了坐在沙发上一按遥控器就可以看，打开水龙头随时都有自来水，打开天然气就可以做饭，冬天屋里的暖气足以舒服过冬。"一栋栋黄白相间的楼房拔地而起，花坛、草坪随处可见，幼儿园、小学、文化广场、医院等"硬件"配套设施一应俱全，世代生活在牧区的图尔迪艾力·干吉从没想过生活可以过得这么惬意。

致富带头人祖拉依喀·玉散带领丝路佳苑里的 26 个姐妹办起了柯尔克孜族手工艺农民专业合作社。她们以设计制作柯尔克孜族民族风格手工刺绣、服饰和手工地毯为主。其中有 17 个姐妹来自建档立卡贫困家庭，通过合作社增收脱贫。刺绣合作社还把定居的牧民组织起来，先后组织手工刺绣培训 3 次，鼓励 200 多名待业在家的妇女参加培训班，至今已带动 20 多户牧民脱贫致富。

"统筹做好易地扶贫搬迁产业发展、社区治理等'后半篇文章'，继续加大相关配套产业的扶持力度，持续提升和完善安置区基础设施建设，扩大教育、医疗、就业、社保等基本公共服务有效供给，让搬迁群众大步奔向环境优美、生活便捷、人居和谐的幸福新生活。"

克孜勒陶乡党委书记杜发成介绍，为了让这些搬出大山的牧民搬得出、稳得住，有关部门专门统筹各类资金，精心选择产业项目，因地制宜发展了馕产业、养殖业、种植业、服务业"四大产业"，实现了 2988 名具有劳动能力的搬迁群众实现就业，确保搬迁群众能致富。2019 年搬迁牧民人均收入达 11088 元。

丝路重镇变容颜，古城焕发新生机

有 150 年历史的莎车县老城喀赞其街，因历史上居住制作销售铁锅、铜锅的匠人较多而得名。改革开放以来，喀赞其街自发形成了以铁锅、铜锅制作为主，民间手工艺、饮食、农产品销售为辅的商业街。但是由于是土坯房、砖木房、干打垒，基础设施不全、道路不平、环境脏乱差，私搭乱建等，存在安全隐患。

2019 年 9 月，莎车县启动了喀赞其街棚户区改造，按照提升发展传统产业与旅游业结合，与民俗建筑和文化结合，将喀赞其街作为老城景区重点改造。祖辈四代在喀赞其街开烤包子店的阿布都卡哈尔借棚户改造，把自家的个体烤包子店升级成为餐饮公司，经营面积从 300 平方米扩大到 700 平方米，每天接待游客数量翻了三四倍，每天经营收入也增加近 10 倍，安置就业人员 34 人，其中有贫困家庭人员 6 人。

修旧如新的喀赞其街旧貌换新颜，形成了以喀赞其街为主，东西连接东关街和商业路，全长 1500 米的商业带，目前有业态 28 种，商铺 1052 家，从业人员 2633 人，仅喀赞其街就有商铺 363 家，带动就业 960 人，日营业额近百万元。

莎车县充分挖掘莎车老城底蕴浓厚的旅游文化，把老城区改造和旅游发展深度融合，突出十二木卡姆非物质文化遗产、"丝路重镇、古城莎车"等历史文化元素，按照旅游"吃住行游购娱"六要素，发展了"老城改造＋旅游文化"新业态，目前老城商业核心圈旅游产业已突显。去年莎车老城区年接待游客 233 万人次，旅游收入实现 2.78 亿元，直接实现创业就业 6340 人。2020 年积极克服新冠肺炎疫情影响，已接待游客 213 万人次，同比增长 1.26％，带动就业创业 9121 人。

生态扶贫篇

山上有茶园　小康在眼前

李　锐　蒋劲松　吴传攀

4月的岳西，茶歌满山，茶香四溢。安徽省岳西县位于大别山腹地，是全国重点产茶县，拥有茶园17万亩，年产干茶近万吨，茶叶已成为岳西县千家万户的当家产业。

4月2日，岳西县的众多茶农来到响肠镇独山村茶厂出售当天采摘的茶青。评级、过秤，茶农当场领到了茶叶款。"我家按照每斤50元的价格出售了15斤茶青，一共收入750元。"独山村脱贫户袁方生说。2014年，袁方生的孩子正在上学，夫妻俩身体也不是很好，是建档立

采购商正在验收当地茶农种出的茶青

卡贫困户。在村里扶贫政策的支持下，夫妻俩发展了 5 亩茶园。"2019年，茶叶收入有 1.5 万元，今年卖茶青收入已有 6000 元了。"袁方生介绍，通过发展茶产业，他家已于 2018 年脱贫。

独山村为岳西县 65 个重点贫困村之一。2014 年，该村建档立卡贫困户为 244 户 864 人，贫困发生率达 32.4%，村里没有支柱产业，村民收入主要靠外出打工。自脱贫攻坚战打响以来，独山村根据当地实际情况，鼓励群众发展茶产业。截至 2019 年，该村共发展茶园 2600 亩，人均近一亩茶园。

独山村平均海拔在 600 米以上，茶叶品质较好，但是茶青的价格卖不上去，影响了群众增收。"我们村以前没有茶厂，茶青都是外面的小商贩来收购，价钱比别的地方低不少。"独山村党支部书记王林焰介绍，2019 年，该村整合"四带一自"扶贫资金 80 万元、资产收益扶贫资金 60 万元，在村部旁边建设了 700 平方米的茶厂，引进一套全自动制茶机械，建成了 300 立方米的冷库。茶厂当年生产干茶 6000 斤，产值达 80 万元，并实现了鲜茶保值保鲜储藏。"村里建了茶厂以后，我们的茶青价格与别村一样了，收入也增加了不少。"该村贫困户胡名坎说。

独山村村委会副主任王建安拿出分红花名册说："为了确保部分老弱病残户不返贫，村里制订了详细的分红计划，按每户不低于 400 元，不高于 2000 元进行分红。村里去年从茶厂利润里共拿出了 5.6 万元为46 户分红。"

"四带一自"产业扶贫属于岳西县实施的 33 项民生工程之一。2019 年，岳西县投入"四带一自"产业扶贫资金 9027.6 万元，充分发挥产业园区、龙头企业、农民合作社、能人大户（家庭农场）作用，促进贫困村、贫困户发展茶叶等特色产业项目 208 个，带动村集体和农户增收。在岳西县，80% 的农户都种植茶叶，户均茶叶收入达

7300 元。

2020 年受疫情影响，茶叶销路成了问题。在岳西县茶叶大市场，与以往人声鼎沸的场景相比，茶叶交易略显冷清。"来岳西购买茶叶的游客少，价格也比往年低。"茶叶经营户朱团结说。

岳西县是国家级重点贫困县，如果茶叶滞销，势必影响如期完成脱贫攻坚目标任务。岳西县积极拓宽销售渠道，进行电商销售。3 月 21 日，由安徽省委网信办、"学习强国"平台联合"战疫助农"项目开展的安徽专场直播活动走进岳西县，岳西县县政府领导在抖音直播间介绍岳西翠兰茶叶。3 小时的直播活动销售了茶叶 8000 斤，销售额达 100 万元。

位于岳西县经济开发区的电商产业园内，宇婷电子商务运营中心负责人殷言发夫妻二人正在忙碌。他俩一个在网上接单，一个忙着包装邮寄。"县长直播提升了岳西茶叶的知名度，现在每天能接到 80 多单，能销售茶叶 100 多斤。"殷言发说。在电商产业园，像殷言发一样通过网上销售茶叶的有 10 多家，每天能销售茶叶 2000 余斤。

"2020 年，我们继续实施 33 项民生工程，加大财政投入，完善措施，优化项目，大力发展支柱产业，努力搭建电商平台，促进线上销售，确保优质农产品不滞销，茶农收入不减少，最大限度保障和改善民生。"岳西县财政局负责人说。

山水蓝莹莹　日子红彤彤

冯建伟　肖力伟　郭　英

　　秦巴山区是指长江最大支流汉江上游的秦岭大巴山及其毗邻地区，地跨甘、陕、川、渝、豫、鄂6省市，其主体部分位于陕南地区。秦巴山区群山毗连，重峦叠嶂，沟壑山谷复杂多变，是长江上游地区重要的生态屏障。这里因物产丰富、风景如画而闻名，也因交通不便、物流不畅成为贫困、落后的代名词。

"山清水秀、物阜民丰、文明幸福是小康"

　　7月22日清晨，雨后的牛背梁国家森林公园薄雾轻绕、鸟鸣山幽、流水潺潺，宛若仙境。走进森林公园林密水清的羚牛谷，详听柞水县文旅局孟如意绘声绘色讲述习近平总书记2020年4月20日来这里考察时的情景。

　　秦岭和合南北、泽被天下，是我国的中央水塔。而牛背梁国家森林公园所处的牛背梁是秦岭山脉东段最高峰，是我国黄河、长江两大水系的分水岭。这里孕育了众多珍稀濒危动植物。至今，孟如意对习近平总书记要他们保护好牛背梁的谆谆嘱托记忆犹新。他介绍，如今周边农民依托生态资源干起了休闲旅游，谁家的环境好游客就多收益就高，大家都意识到生态保护与经济效益息息相关，环境与经济发展步入良性循环。"山清水秀、物阜民丰、文明幸福就是小康。"孟如意说。

"过去，这里是柞水县最偏远贫困的山村，如今是国内乡村旅游、户外运动打卡地，2019年接待游客近20万人次。"漫步在牛背梁脚下朱家湾村依托老旧农房打造的"终南山寨"，一边欣赏着沿途的民俗表演一边听景区负责人霍国博介绍。

常年在外打工的红岩寺村村民杨传红去年初返乡创业，投资2万元在"终南山寨"开了一家铁板豆腐坊。由于味道好、种类多，他的小店成了景区的"网红店"，去年收入超过8万元。在杨传红看来，小康生活除了每天豆腐坊里的麻、辣、鲜、香，更有奋斗带来的甜蜜。据霍国博介绍，景区为安置周边村民提供了500多个工作岗位，越来越多的村民靠着绿水青山端起了"金饭碗"。

与杨传红一样感觉日子越过越甜蜜的还有朱家湾村二组的柳太青一家。柳太青借着乡村旅游的东风，申请了5万元贴息贷款和8000元创业基金，建起"双艳农家"民宿，自此两口子不仅不用再外出打工，收入还颇丰，家里的笑声越来越多。

这个暑假，两个女儿艳艳和双双特别忙碌，除了要完成自己的学业，还要抽时间帮助爸爸妈妈照料"双艳农家"的生意。在读师范的姐姐艳艳眼里，父母摆脱了繁重的体力劳动，家里生活越来越幸福，全家人健健康康生活在一起就是小康。

"我们的茶山就是金山银山"

站在平利县蒋家坪村茶山的高处放眼四望，满眼翠绿的2400余亩茶园错落有致，来茶山采摘休闲的游客络绎不绝，一座座茶山在村民眼里就是一座座"金山"。

蒋家坪村是平利县8个深度贫困村之一，全村394户1216人，有建档立卡贫困户199户541人。脱贫攻坚战打响以来，蒋家坪村充分利用生态资源大力发展茶饮产业。不仅引进女娲凤凰茶业建起了标准化茶叶加工厂，还培育茶叶合作社2家，全村实现了"人均1亩茶，户均增收1万元"的目标。

2019年，蒋家坪村197户532人脱贫摘帽，村集体依托"游茶山、品香茗、居民宿"的茶乡旅游，集体经济收入达到10万元。村民们都说："我们的茶山就是金山银山。"

秦巴山区是国家集中连片扶贫开发重点地区，沟深路远、交通不便是造成长期贫困的最主要原因。蒋家坪村的经验充分说明，偏远山区要依托优势资源发展产业。

最近，镇安县丰收村村民朱西明和其他村民一样乐滋滋的，眼看着20亩核桃、板栗要丰收，朱西明说："再过个把月，俺家饭店的游客接待不完，很忙活！"

丰收村位于镇安县城南16公里的磨石沟，虽名为"丰收"，以前却是个烂沟沟。全村608户村民散居在12公里长的山沟里，地少林多、交通不便，长期制约丰收村的发展。2015年以前，全村有建档立卡贫困户277户882人。

近几年，丰收村抓住国家级旅游扶贫试点村和美丽乡村建设机遇，依托青山绿水的自然资源，不仅拓宽硬化道路、栽种绿植花卉、改造老旧民居、建成农家客栈，而且成立旅游公司搞起采摘体验园、开农产品加工作坊，如今，村里的旅游产业初步形成，全村269户856人实现稳定脱贫，旅游及相关产业带动500余人就业，村民都说昔日的烂沟沟变成了"童话磨石沟"。

在煤矿上做了近30年临时工的朱西明看到家乡的变化，2015年回到村里，因家门前有一棵百年银杏树，就开办起白果树农家乐。凭借着村里满山的核桃、板栗，加上拿手的炒腊肉、炖土鸡，每年轻轻松松收入十几万元。

"现在都富裕了，大伙儿精神面貌都改变了，见了外面来的客人都笑脸相迎、热情接待。"朱西明说，如今女儿在西安工作，儿子一家在县城生活，偶尔回家来看看、吃一顿饭，朱西明老两口觉得幸福满满。

"生态搬迁、家门口就业开启新生活"

7月21日，在山阳县高坝店镇富桥社区党群服务中心的培训教室里，来自南京市六合区人社局的老师正在给近百位学员进行为期十天的家政服务培训。

富桥社区是山阳县原高坝街社区桥耳沟五个组和迎宾大道安置点合并而成，取乔迁安康、和睦、富足之意。2018年建成后，安置易地扶贫搬迁714户3027人。

居住在富桥社区的熊保荣是参加培训的学员之一。"我们家2019年从山里的老房子里搬进社区，住进了宽敞明亮的楼房。"熊保荣提起在富桥社区的新家，十分兴奋，"搬下山算是开始了新生活！婆婆看病，出门就有社区门诊，孩子上学，来回走路只要十分钟。参加培训学会一技之长，就能在家门口就业，生活就无忧了。"

地处秦岭南麓，受三山夹两川的地理条件限制，加之山体松散、地质灾害常发，山阳县是陕西省深度贫困县。为了让大山深处的群众远离灾害、摆脱贫困，更好地保护生态，陕西省从2012年开始对陕南秦巴山区腹地村民陆续实施易地扶贫搬迁。近年来，仅山阳县就有超5.27万名贫困人口告别大山深处的危房，搬进了移民搬迁安置小区。

距富桥社区几公里远的金鸡扶贫产业园是山阳县为就地就近转移就业专门引进的产业项目园区。走进产业园，一派忙碌的生产景象。

金鸡扶贫产业园可直接提供就业岗位 600 余个，解决贫困人口就业 400 余人，并带动附近村民就业、发展配套型产业。

目前，山阳县 104 个移民搬迁安置点已建成运营 8 个产业园区、32 家社区工厂、11 家扶贫车间、95 家就业扶贫基地，共带动 6519 人就业，吸纳贫困劳动力 2344 人，吸纳易地扶贫搬迁劳动力 1632 人。

与熊保荣经历不同却同样在家门口就业的杨先飞，更是靠自己勤劳的双手闯出了小康生活。

"当保安学不到技术就回来了。"在广东打工 6 年的杨先飞 2010 年回到陕西石泉县饶峰镇胜利村，在本村的子午道旅游专业合作社就业。

十年时间，凭着好学肯干能吃苦，学电工学水工、管场务，杨先飞很快成长为合作社的技术骨干。2016 年，他被合作社提拔为场务部场长，负责合作社开办的占地 118 亩的饶峰驿站文旅项目的水电、后勤管理。他现在月工资 4600 元，加上土地流转收入和每年合作社分红，家里年收入近十万元。

"大儿子 10 岁、小儿子刚 2 岁，都由妻子在家照顾，家里盖了新房，老人有医保，开销还不算大。"杨先飞对现在的生活很知足，他最大的心愿是"要在城里买上学区房，让两个孩子接受更好的教育"。

一步跨千年　怒江从头越

孙　眉　顾泽贤

云南省怒江傈僳族自治州（以下简称怒江州）贫困面大、贫困程度深、少数民族人口多，是全国"三区三州"深度贫困地区的典型代表。过去，大部分群众出行靠走路、过江靠溜索、运输靠人背马驮。如今，怒江美丽公路建成通车，兰坪丰华通用机场投入使用，保泸高速公路今年底建成通车，所有行政村通上了硬化路，10 万贫困群众搬出大山。

据悉，到 2019 年底，怒江州累计脱贫 22.35 万人，贫困发生率从 56.24% 下降到 10.09%，独龙族、普米族实现整族脱贫，169 个贫困村出列，贡山县脱贫摘帽。经动态监测，截至目前，全州建档立卡贫困人口全部实现"两不愁三保障"，实现了从区域性深度贫困到整体脱贫的千年跨越。

挂牌督战，攻城拔寨，如期实现脱贫摘帽

"城里的新家住得习惯吗？收入问题怎么解决？"怒江州委领导来到泸水市上江镇挂牌督战脱贫攻坚，同村民谈生产、问生计，鼓励村民靠勤劳增加收入，过上更好生活。

怒江州委、州政府主要领导每月驻村两天以上，深入最偏远的乡（镇）和贫困村调研攻坚。对 57 个剩余贫困人口超过 500 人或贫困发

生率超过10%的重点村，由35名州级领导、58名县处级领导带头，到村到点挂牌督战。全州31名厅级干部督县包乡，担任32个规模易地扶贫搬迁安置点"点长"。

7月盛夏，贡山县捧当乡迪麻洛村党总支书记李金光与驻村工作队队员和燕芳一起在灵芝种植基地察看灵芝生长情况。"迪麻洛生态环境好，就是缺少增收致富产业。这几年，驻村工作队带着群众发展灵芝、中药材种植业，群众慢慢有了稳定的增收来源。"李金光说，目前，全村贫困退出累计达417户1390人，贫困发生率由2014年的55.35%下降至目前的0.14%。

走进泸水市称杆乡自把村，干净整洁的路边，是错落有致且极具民族特色的楼房。村道两侧的小菜园，到了瓜果飘香的时节，微风拂过，淡淡清香沁人心脾，悠闲自得的村民脸上洋溢着幸福的笑容。如今的自把村，曾经破旧的木板房，污水横流、蚊蝇乱飞的景象一去不返。说起这些年的变化，村民无不竖起大拇指——这是驻村第一书记

云南省怒江州贡山县独龙江乡草果喜获丰收

张丽权和他的队友 1000 多个日夜辛勤付出的结果！

"阿叔，你年龄大不能出去打工也没问题，就在村里的养鸡场好好干。"在繁忙的田间地头，在晚归的农户家中，随处可见张丽权忙碌的身影。他说："脱贫后，如何保证群众有稳定收入成为我们驻村扶贫工作队队员考虑得最多的事。"

自把村的"蜕变"只是怒江州脱贫攻坚的一个缩影。自脱贫攻坚工作开展以来，怒江州着力下派处级科级后备干部、涉农部门专业技术干部、有乡（镇）基层工作经历的干部、有驻村工作经验的干部、懂当地少数民族语言的干部"五类干部"，1442 名党员干部下沉脱贫攻坚第一线，集中优势兵力向最难啃的"硬骨头"发起总攻。

在脱贫攻坚战收官之际，为进一步巩固脱贫攻坚成果，确保高质量完成脱贫攻坚目标任务，怒江州开展脱贫攻坚人居环境再提升、就业稳岗再提升等"百日提升行动"，又选派 1313 名"背包队员"出征，加上原有的 1442 名驻村工作队员、500 名就业小分队队员，以及市（县）、乡（镇）抽调的各类工作人员共计 7493 人（占全州干部职工总数的 52%）下沉到全州 256 个村，担当政策宣讲员、基层党建指导员、产业发展服务员、项目建设助理员、易地搬迁组织员、素质提升培训员、环境卫生监督员、党风廉政监督员、动态管理信息员和讲习员，到脱贫攻坚一线实战，用行动兑现"全面小康一个都不能少"的庄严承诺。

突破瓶颈，巩固成果，开启美好新生活

"今天饭菜的味道怎么样？大家有什么意见，可以和我说。"夏末，在怒江州兰坪县城区集中安置点永昌社区的"暖心食堂"，一群社区老人和小孩陆续来到食堂就餐，社区书记和慧灵边整理餐桌，

边向前来就餐的群众咨询意见。"暖心食堂保障了社区 60 多名特殊困难居民的基本生活,也为就业困难人员搭建了一个就业平台。"和慧灵介绍说。

据了解,怒江州从细处着手,从小事做起,已组建了 75 支安置点扶贫"暖心团",建成 5 个暖心食堂、10 个微菜园,全面加强搬迁群众和"留守"老人儿童关爱等暖心扶贫工作。

10 万贫困群众搬迁下山,破解了"一方水土养不起一方人"的难题。搬迁群众入住新居后,如何"稳得住、逐步能致富"已成为怒江州搬迁后续帮扶工作的核心。

走进兰坪县百川服饰厂在安置点建设的"扶贫车间",公司经理李青艳正在逐个观察新员工的操作技术并作出技术指导。百川服饰厂主要从事民族服饰、职业服装等缝制,"扶贫车间有 100 多名员工,大多数为妇女,一名妇女每月可挣 2000—3000 元,还能照顾家里老人和孩子。"李青艳说。目前,兰坪县易地扶贫搬迁安置点已有 10 个扶贫车间投入使用,带动 623 人就业,还有 7 个正在建设,建成投产后可带动 2500 人就业。

如今,怒江州所有学校全部达到"20 条底线"办学标准。村村都建有标准化卫生室,配备了村医,符合城乡基本医疗保险参保条件的贫困人口实现应保尽保,大病救治进展率达 99.42%,家庭医生履约率达 98.34%。10 万贫困群众搬出大山,建设了 41 个扶贫车间,设立 52 个就业创业服务站(点),转移就业 47977 人,易地扶贫搬迁家庭劳动力实现了户均 1.85 人就业。行政村公路硬化率达 100%。怒江、澜沧江、独龙江上空架起了道道"彩虹"。农村自来水普及率达 90.25%,所有行政村通动力电,广播电视信号实现全覆盖,村委会、学校和卫生室 100% 通宽带,区域性发展的瓶颈制约得到有效破解。

因地制宜，念好"山字经"，种好"摇钱树"

怒江州98%以上的土地是高山峡谷，拥有着78.08%的森林覆盖率和良好的自然资源，利用好生态资源，大力实施生态扶贫是怒江州脱贫攻坚的首选。2019年底，全州农民人均林业收入近3000元，占农民人均可支配收入的40%以上。

木付迪是福贡县子里甲乡子里甲村村民，2016年，他被选聘为生态护林员。在管护好森林的前提下，木付迪带头发展林下种养业，他家5口人，人均纯收入从2016年的2500元增加到2019年的1.2万多元，真正实现了"一人护林，全家脱贫"。目前，怒江州选聘生态护林员达30643人，户均年增收1万元，带动12.35万建档立卡贫困人口稳定增收脱贫。同时，在大力推进生态护林员选聘工作的同时，积极发展林下产业，拓宽群众增收渠道。

这两天，福贡县马吉乡马吉米村的村民们，正在为全村10035亩草果打造便捷的"出山"通道，修建一批用于运输草果等货物的产业"溜索"。"溜索"建成后，节省的运输成本为村民节约近四分之一的总成本。

余发生是村里种植草果比较早的，从2011年到现在，已规模种植了170亩，"去年我采摘了1万多斤草果，鲜草果价格是每斤6块多钱，除去人工费，赚了6万多元，2020年有了'草果溜索'，收入应该还能增加。"提到收入的余发生开心地说道。像余发生一样通过种植草果致富增收的，遍布怒江两岸。目前，怒江州已建成110万亩种植规模的全国草果核心主产区，16.5万贫困群众受益，已实现4万贫困群众脱贫。草果成为怒江州带动力最强、辐射面最广、贡献率最大的脱贫支柱产业。

　　"2019年底，全州农民人均林业收入近3000元，占到了农民人均可支配收入的40％以上。"怒江州林业和草原局负责人介绍道，怒江州立足生态资源禀赋，念好"山字经"，种好"摇钱树"，发展生态产业，拓宽群众借绿增收的致富路。全面打造以核桃、漆树为主的木本油料产业，以花椒、草果为代表的绿色香料产业，以重楼、云黄连等为主的林下药材产业。目前，已形成近380万亩生态产业，"四山夹三江"的怒江莽莽群山已变成了"金山银山"，成为贫困群众增收致富的幸福"靠山"。同时，基于丰富的蜜粉资源和野生中华蜜蜂资源，实施了"怒江花谷"生态建设，为怒江的甜蜜事业增加甜度，全州中蜂养殖规模达6万箱，怒江人民依"山"致富，日子越过越"甜蜜"。

山乡美景变财富

吴晓燕　　鲁　　明

　　守着绿水青山，却世代受穷。多年来，在甘肃省临夏回族自治州和政县买家集镇，这曾是摆在石咀村村民面前一道"尴尬"的难题：坐拥风景旖旎的黄松沟，头上戴着远近闻名的"贫困帽子"，穷到村里年轻人娶媳妇都难的地步。

　　怎么办？"必须想方设法挖掘资源优势，把美景变成财富。"石咀村党支部书记杨希华说，近年来，买家集镇政府立足当地山清水秀的资源优势，下大力气打造黄松沟旅游景区，以旅游带动全村乃至全镇脱贫致富。镇上依托石咀村的自然资源，帮助村里推动旅游观光、养生休闲、田园度假、文化创意、农产品加工等产业融合发展，延伸产业链条，提升农产品附加值，打造集娱乐、聚餐、观光为一体的景区。如今，随着乡村旅游的兴旺，许多村民吃起了"旅游饭"，收入越来越高，2015年实现了整村脱贫。

　　临夏州是国家确定支持的"三区三州"深度贫困地区之一。破解坚中之坚、贫中之贫，决胜脱贫攻坚，一直是和政县的"一号工程"。"近年来，我们按照习近平总书记'绿水青山就是金山银山'的理念，正确处理生态保护与富民利民的关系，以生态环境建设带动全域全季旅游开发，以旅游开发促进生态环境保护，以绿色生态产业和旅游产业为支撑，着力突破守着绿水青山'挨饿受穷'的困境。"临夏州政协副主席、和政县县委领导说，县上按照"山水和政、冰雪和政、绿色和政、美丽和政"的定位，大力实施旅游强县战略，在发展全域旅游和全季旅游上下功夫，全力将旅游产业打造成拉动县域经济发展和助推精准扶贫的新引擎，使得许多像石咀村一样的贫困山村发生了翻天覆地的变化。

旅游产业成决战深贫新引擎

梨园之中，木屋竹楼，农舍小院，若隐若现；绿柳野草，篱墙栈道，曲径通幽……这是走进和政县城关镇咀头村时的情景。当前，咀头村正将乡村旅游产业与脱贫攻坚紧密结合，向决胜贫困发起最后的冲刺——在"全国农村青年致富带头人"杨胜强的带领下，村里充分挖掘自身资源优势，将乡村旅游和乡村特产等融合发展，动员村民积极参与入股，创办了"乡语旅游"公司，以乡村旅游吸引大批游客，品尝特色农家饭菜，体验趣味乡村旅游。

"在发展乡村旅游的过程中，我将自己在啤特果树林下散养的'嘴头馋'土鸡、绿色养殖的'和政羊'投入到乡村旅游餐饮业中，实现了'养、产、销'为一体的模式，节约了成本，提升了农产品的附加值，促进了产业的融合发展。"杨胜强说，咀头村"乡语旅游"已建成梨园山庄、还乡人家、观光栈道、半山烧烤、蔬菜种植体验园等基础设施，日接待游客可达1000多人，能容纳500人同时就餐，实现了村民在家门口就业增收致富，已带动当地农户100多户，人均月收入3000元左右。

"在发展旅游产业上，我们不仅着眼于'吃、住、行、游、购、娱'一体化旅游综合服务体系的建设，更努力实现景点旅游向全域旅游、门票观光经济向消费度假经济转型升级。"和政县县委领导说，县上通过大力实施旅游强县战略，持续加大旅游基础设施投入，基本建

游客在和政县松鸣岩景区划船戏水

成了大景区智慧旅游系统，旅游服务功能更趋完善，先后举办了第三届中国大众滑雪技术大奖赛、第三届高原梨花旅游节、第二届鲁冰花油菜花旅游节等高水准旅游节会活动，进一步丰富了旅游内容，拉长了旅游季节。特别是县上加快发展乡村旅游以来，实施了松鸣镇狼土泉村、陈家集镇上王家村两个贫困村旅游扶贫项目，培育发展了40家农家乐，有力地助推了脱贫攻坚。

"旅游＋特色"驱动乡村新发展

和政县旅游资源得天独厚，被誉为"陇上绿色明珠""古动物化石之乡""中国民间文化艺术之乡"。"和政发展全域旅游，重点在特色乡镇。"据和政县相关负责同志介绍，近年来，和政大力提升城乡人居环境，集中力量打造特色旅游线路、重点旅游镇、特色旅游村，下大气力在"特色"二字上做文章，将文化气质、艺术气质与乡村气质完美结合，对原有的乡镇文化进行了重塑。

"这几年，我们加大了特色林果——啤特果产业的发展步伐，在高速公路沿线建设了百里啤特果长廊和万亩啤特果基地，带动了全县 13 个乡镇、34 个贫困村、2.6 万户农户种植啤特果 17 万亩，挂果面积 6.8 万亩，年产量 6.8 万吨，果农亩均增收 1200 余元，并连续举办了四届梨花旅游节，实现了生态建设、旅游开发、富农增收的三重互促效应。"该负责同志介绍说，和政县还借助大南岔河水生态修复及综合治理工程的顺利实施，充分发挥沿河流域在特色农业种植和旅游观光方面的潜在优势，大力发展生态观光游，沿河流两岸建成了富农花海鲁冰花主题公园和万亩油菜休闲农业观光旅游带，有力地提升了全县旅游品质品味，丰富了旅游载体，绿色可持续发展的道路进一步拓宽。

和政气候凉爽、海拔高，非常适宜油菜这一特色经济作物的种植。近两年，和政依托中国工程院傅廷栋院士建立的华中农业大学西北油菜研究基地，积极构建集观光、生产、加工、销售为一体的油菜产业链，不仅带动了当地的乡村旅游，还有效拓宽了农民群众的致富脱贫路子。

如今，卜家庄乡的农民群众们在和政县星月商贸有限责任公司的带动下，积极发展油菜花种植，大家足不出村就能依靠油菜花产业链实现增收致富。"对农民收获的油菜籽，达到公司双低高油酸标准的，我们给出的收购价高出市场价 0.2 元，精准扶贫户的油菜籽收购价要高出市场价 0.4 元。"该公司董事长马哈个说，2020 年公司产值有望超过 2000 万元，将带动 100 多户农户脱贫致富。

充分挖掘特色、亮点，打造别具一格的旅游产品和品牌。李国辉说，和政县借助"旅游+"战略的实施，将旅游与文化、商贸、人文、农业等深度融合，探索出了"七游"模式，即以古生物化石遗迹为主的研学探秘游，以花儿文化为主的民俗体验游，以绿色景观和田园风光为主的山水生态观光型乡村游，以滑雪登山露营为主的户外运动游，以中医养生为主的健康保健游，以沿太子山系为主的自驾风情游，以肋巴佛、牙含章革命事迹为主的红色教育游，还提出以"农耕文化为魂、田园风光为韵、村落民宅为形、生态农业为基"，大力发展以观光农业为主的乡村旅游，大力丰富旅游业态，打造精品线路，着力构建"春赏花、夏戏水、秋观景、冬玩雪"的全季全域旅游新格局。

"我们努力让游客看得见和政山水、感受到和政乡愁、记得住和政风情。"和政县县委领导说，2018年，和政县接待游客390万人次，实现旅游综合收入18.07亿元，旅游产业惠及群众达8万人。下一步，和政县将全面推动旅游业提质升级，真正把旅游产业打造成助力脱贫攻坚、助推乡村振兴、构建绿色生态产业体系的主导产业，进一步提升和政群众的获得感、幸福感。

这碗"旅游饭"越吃越香甜

——四川省南江县旅游扶贫见成效

李传君

有一个地方，被称为南方的北方、北方的南方，这里"春可赏花，夏可玩水，秋观红叶，冬览冰挂"。这就是四川省南江县光雾山国家4A级景区，旅游资源得天独厚。

自2015年起，南江县提出"生态立县、文旅强县"，形成了"一核一城、七区多点、一轴两环"的文旅空间布局，打造出核心景区光雾山及红鱼洞、九龙山等7个旅游区，11个特色文旅小镇和16个特色

岩房村举行捣糍粑民俗活动

文旅村落。2019年，仅光雾山就实现旅游综合收入9.3亿元。

光雾山红叶被誉为"亚洲最长天然红地毯"，近年来的旅游热，促进县内涉旅服务业新增就业1.3万多人次，使贫困人口参与旅游获得的年收入占其纯收入的65%以上。

日前，光雾山正在全力创建国家5A级景区，南江县也在不久前获得"天府旅游名县"称号，全县共查明的旅游资源达2500余处。旅游扶贫更是辐射到周边更多县区和乡镇。

重振古驿站，淘金大旅游

横贯光雾山—诺水河世界地质公园的米仓大道，日前正在加紧建设。地处大道上的南江县关坝镇，古称官坝，为米仓古道上一颗明珠，自古就是南来北往商贾云集的著名驿站。

关坝全镇有3个贫困村，贫困户262户840余人。依托光雾山景区，寻找增收脱贫的门路，是该镇重要的发展思路。"关坝人占据了景区90%以上公益性岗位，估计有200多人；另有近300人在景区摆摊设点，还有近200人在商家务工。"关坝镇党委书记蒋春生说。

玉泉村九组贫困户张光琼，2014年前因患子宫肌瘤，加之外出务工脚受伤，成了贫困户。2015年起，光雾山景区旅游业日渐兴旺，张光琼凭着自己一手好厨艺，被景区农家乐争相聘请，后来她参加了地方政府组织的厨师专业培训，现被"福源"农家乐长期聘用。

张光琼的儿子结婚后，跟儿媳在西安务工，一年下来收入五六万元，她在农家乐专门做地方特色家常菜，一个月包吃包住2800余元，这样算下来，家庭年收入将近10万元。"很满足了，想想以前，自己差点成了废人，困难的时候家里油盐钱都紧缺！"张光琼激动地说。

"房屋围绕旅游建，产业围绕旅游转，这是我们的发展思路。"蒋春生说，关坝不考虑工业，一心吃"旅游饭"，集镇建设一开始就考虑将来承接旅游服务业，每个房间都建有卫生间，为将来发展民宿奠定基础。种养殖业也围绕旅游商品来做，走短平快、收益高的路线。

据统计，关坝镇近年来返乡发展特色种养业的创业者越来越多，每年依托旅游销售出去的特色农副产品有：100 余吨核桃、虫草参 30 余吨、蜂蜜 5 吨左右，另有牛肉、南江黄羊产品、土鸡及高山蔬菜等若干，销售收入达 3000 余万元，贫困户人均增收 1000 元以上。

盯紧过境客，壮实钱袋子

"前段时间，'安逸走四川'，四川夏季文化旅游节开幕当天，我就卖出去好几十斤蜂蜜，每年红叶节期间，我都要卖出去好几百斤。"桥亭镇桥亭村五组贫困户岳秀勇开心地说。

岳秀勇家因母亲和儿子生病致贫，自己无法出门挣钱，家里还曾欠下 30 多万元债务。自从桥亭场镇因建红鱼洞水库整体搬迁至新址后，随迁过来的岳秀勇找到了家庭增收的门路。通过政府组织培训学来的技术种天麻、养蜜蜂，一年收入 10 余万元，2017 年成功脱贫。

"每年种 8 到 10 亩天麻，一亩产 4000 多斤，隔年须与黄精轮作，总的来算每年有六七万元纯收入；20 多箱蜜蜂，一年也能有三四万元纯收入。"岳秀勇说，他的这些产品根本就不愁销，只需在微信群里发个消息，多年来积累的客户资源，主动购买很快就卖完了。

现在的桥亭场镇位于巴陕高速光雾山出口九龙山脚下，除了政府机关和卫生院、学校等，主要由一个易地扶贫搬迁点和两个新村聚居点构成。建筑风格为川东北民居风貌。

"2013 年在建设规划时，我们的定位就是红叶之旅桥亭，意思是我们要围绕光雾山过境游客做文章，以餐饮服务和旅游商品为主。"桥亭场镇镇长吴文仲说。目前桥亭场镇共有 350 余户人，有 50 余家农家乐从事旅游餐饮服务，从业人员达三四百人，其中贫困户达 200 余人。以每人每月 1500 元的收入计算，旅游餐饮服务便为贫困户年增收 300 余万元。

吴文仲说，像岳秀勇这样的人还有不少，桥亭还是"中国核桃之乡"，目前已投产薄壳核桃 3000 余亩，另有 1500 余亩天麻、1000 余亩猕猴桃，九龙山上还有 3000 余亩茶叶，加上蜂蜜等其他商品，每年靠旅游销售出去的农特产品约占 50%，销售收入就达 5000 余万元。

县农旅集团成立了南江县红鱼洞旅游开发有限公司，随着红鱼洞水库逐渐完工及九龙山生态旅游的开发，桥亭必将成为一个新的旅游热点，经济借旅游展翅的日子越来越近。

留下过夜客，念好致富经

2019 年起，南江县为争创天府旅游名县，共投入 2 亿元左右，深挖光雾山旅游文化资源，使整个景区得以全面提档升级。尤其是根据米仓古道成功打造全国首部大型沉浸式山水夜游项目《梦境光雾山》，舞台实景剧《巴山夜雨》，景区过夜游客同比增长 60% 以上。

"过夜客多了，对当地民宿发展促进很大。"光雾山镇副镇长毛首说，岩房村等多个村全村从事旅游业，全镇发展度假酒店、特色民宿、农家乐等 200 余家，近 1000 名旅游从业人员，收入占家庭年总收入的 70% 以上，全镇 234 户 770 名贫困人口全部稳定脱贫。

岩房村贫困户李绪忠，因母亲患子宫癌，加之两个孩子尚在读书，家庭经济十分困难。李绪忠的家在焦家河边，这里临河自然形成了几十户人家的聚居点。2018 年初，当地政府建议李绪忠开农家乐，并告诉他如果做民宿，每个房间政府可补贴装修费 2000 元。

"我开始很犹豫，怕投了资不仅赚不了钱，反而背上沉重的债务，"李绪忠说，"后来帮扶干部又给我协调了小额信贷，我一咬牙，东挪西借凑足40余万元，建起一幢三楼一底的房子，楼上三层10间客房，楼下可同时容纳三四桌人吃饭，一到夏天，几乎天天爆满。"

据李绪忠介绍，他的民宿一年纯利润就有七八万元。他还跟妹妹种了20多亩地，养了100多只南江黄羊。旅游淡季，他还会去找些别的活儿干，一年纯收入10万元没问题。

南江县县政府领导说，近年来，南江县通过农旅、商旅、工旅融合发展，茶叶、银花、黄羊等一大批农业基地升级为农旅园区，商贸服务从传统的批零住餐转型为现代化的文旅产业，德健食品、良源食品等工业企业积极从事旅游商品开发，全县超8万人直接或间接从事文旅产业发展，占全县从业人员总数的44%，文旅产业对县域经济支撑作用愈发突出。

沟沟岔岔涌动希望

张国凤　付　雅

仲秋季节，六盘山上，细雨霏霏，叠翠欲滴。

从山上看下去，色彩斑斓：绿的，是环绕在山腰，错落有致的梯田；红的，是农家大院门前，高高挂起的灯笼；蓝的，是家家户户旁，一座座标准化牛棚。

走进村子，随处可见的石磨、碾子等原生态物件迎接着八方来客。

这里是宁夏回族自治区南部六盘山脚下的西吉县，一片曾经贫瘠悲怆到让人绝望的土地，如今沟沟岔岔孕育着美好、涌动着希望。

守着家门口致富

窑洞，是黄土高原上古老的居住形式，一度成了破败和贫穷的代名词。而在吉强镇龙王坝村，窑洞摇身一变，成为观光旅游的民宿。曾经水电不通的村庄，迎来了一批又一批远方的客人。

"全区民主党派基层组织负责人和知联会会长培训班来龙王坝观摩学习、海原县高素质农民硒砂瓜种植技能培训班来龙王坝观摩学习、固原市草畜产业技能培训班来龙王坝观摩学习……"在龙王坝致富带头人焦建鹏的微信朋友圈里，每天都能"看到"各地客人的身影。

"通过发展旅游扶贫，龙王坝村户均收入已经突破万元大关。"吉强镇镇长李维新说。

可在2013年以前，这个地处偏远山沟的村子，还是"穷"字当头，村民户均年收入只有1300元。

穷，其实本不应该。龙王坝背靠风景秀丽的青山，处于红军长征途经之地，位于火石寨国家地质公园和党家岔震湖两大景点之间。但是，过去村民只知道种土豆，还不够一家人吃喝。

变化始于2013年。

曾立志"走出大山再不回来"的焦建鹏返乡，成立了西吉县心雨林下产业合作社，投资600万元发展林下种养业。仅用两年时间，生态鸡出栏就达3万羽，加上中草药，年利润达300万元。盯准了致富路，2016年，焦建鹏率领创业团队租赁村里几百亩土地，因地制宜建起了4000平方米的窑洞宾馆。

思路一变天地宽。

43岁的村民杨惠琴抓住了机遇，建起民宿，自己忙不过来，还请邻居来帮忙，年收入达6万元。翻天覆地的变化，让不少村民变成了大忙人。41岁的村民李淑娥身兼三职，闲时打零工，旅游旺季料理自家的3间民宿，再兼着种地，日子过得一天比一天红火。

龙王坝走上了"农村变景区、农民变导游、民房变客房、产品变礼品"的休闲农业与乡村旅游之路。2019年，龙王坝接待游客18万人次，收入1800万元，为208名建档立卡贫困户提供了就业岗位，全村人均纯收入达1.18万元。

窑洞宾馆还只是个起点。2019年，龙王坝整合1.3亿元资金，建成了百亩梯田高山观光温室果蔬园、千亩油用牡丹基地、万羽生态鸡基地。农家餐饮中心、文化小广场、山毛桃生态观光园、儿童游乐园、乡村科技馆等布局合理、设施完善、生态良好的休闲农业基地初具规模。此外，还有创客咖啡馆、梯田精品民宿……龙王坝不但鼓励村民参与农家乐经营，还吸引大学生、返乡青年、复转军人、农业专家、文化企业前来创业，为村庄注入新鲜血液。

赶着牛儿奔小康

李章村位于震湖乡西南部，全村共有耕地5036亩，常住人口116户460人，虽然人均10亩地，但靠天吃饭，村民只能勉强维持温饱。

换个思路，养牛如何？

又不是没养过牛。十多年前，村民袁付雄就开始养牛，受资金限制，只养得起两头黄牛，而且养牛耕田、养驴驮粪，谁舍得当肉牛卖呢？

行不行，得有人先试试。村干部姜正强用自己的经历来证明。"养1头育肥牛，1年纯收入4000元，相当于种植15亩庄稼；养1头基础母牛，1年收入1万元，相当于种植30亩庄稼。"他家一年出栏100多头牛，圈里还有70头。算清这笔账，越来越多的村民改种饲草。"现在全村养牛560头，按常住人口计算，户均养牛5头，配套种植青贮玉米2000亩。"姜正强说。

这样的变化在西吉县并不鲜见。王元明是硝河乡新庄村的第一书记，2017年刚到村里时，山塬峁梁长满荒草。也正是这年，养牛被作为山区群众致富的重点产业来扶持。昔日荒草变成青贮玉米，全村的牛存栏数量从2016年的不足600头，增加到2019年的2026头。随之而来的是，村民年收入从3913元提升到9536元。

已经59岁的马志明是马建乡庞湾村村民，想当年，这个村可是出了名的"破烂村"。第一书记高士平创新开设了"廉情诊所"，采取"问诊"办法，一户一户看、一人一人访，一个问题都不放过，充分激发了村民养牛的积极性。如今，马志明家的牛圈里已经有30头肉牛，年收入达 20 万元。

近年来，西吉县累计新建养殖示范村 110 多个，发展养殖示范户 9000 多户，已形成标准化、规模化养殖和"家家种草、户户养畜，小群体、大规模"并重的发展格局。

"2019 年，全县肉牛饲养量 40 万头，农村户均养牛 5 头。"西吉县有关领导说，全县草畜产业总产值超过 18 亿元。

从"山底"到"山顶"的攀登

——重庆市城口的生态脱贫之路

邓　俐

2019 年盛夏来临，重庆市城口县东安镇兴田村村民赵友兰忙得很，她的"大巴山森林人家"又将迎来避暑旺季。作为脱贫光荣户，赵友兰 2018 年纯收入有 10 多万元。"欠账已经还完了，脱贫是必须的。"赵友兰笑得合不拢嘴。她的经历正是城口县"生态脱贫"的缩影。

一手端着国家级贫困县的牌子，一手端着中国绿色名县的牌子，作为地处重庆最北端的边远区县，城口县位于大巴山腹心地带，是重庆市贫困程度最深、脱贫任务最重的区县之一。过去的城口，因为守住"绿水青山"而牺牲掉"金山银山"；现在的城口，在用好用活用足独特生态环境优势上下深功夫，深入践行"绿水青山就是金山银山"的理念，集中攻克基础薄弱、产业薄弱、内生动力薄弱三大突出性制约因素，走实走稳走宽"产业生态化、生态产业化"的生态脱贫之路，贫困发生率从 2014 年底的 14.5% 下降到 2018 年的 2.77%。

交通先行：从"村口"到"门口"

城口县位于北纬 31 度 37 分至 32 度 12 分、中国气候南北过渡带上，有"中国生态气候明珠""中国绿色名县"等国家级金字招牌。

这方秀美之地，森林覆盖率达 66.7%，位居全市第一；生态环境质量连续 7 年位居全市第一，是长江上游重要生态屏障、重庆重点生态功能区。

　　然而，长期以来，大巴山崇山峻岭、横亘封闭，这个"据三省之门户，扼四方之咽喉"的地方交通极为不便，极大地制约了城口县的经济发展，成了重庆脱贫攻坚的"硬骨头"。

　　要想有出路，必须先修路。城口县从交通入手，聚焦农村小康路、普通干线公路、高速公路和高速铁路建设。高铁方面，计划开工建设渝西高铁万州至城口段，适时启动城口站铁路综合交通枢纽建设；2020 年开工建设渝西高铁达州方向城口境内段，加速城口全面融入国家高速铁路网和全市"米"字型高速铁路网。

　　同时，实施"通路、通水、通网、通物流，改地、改房、改电、改环境"的"四通四改"基础提升工程，打通基础设施建设最后一公里。建成通村公路 480 公里，基本实现公路村村通、社社通；实现农

城口县河鱼农耕文化园，游客在体验农事活动——捉泥鳅

村安全人饮和产业用水全面保障、通信网络实现村全覆盖、农村物流网点覆盖81%行政村；完成2700户危旧房改造，改造农村电网96公里，改善农村电压质量1000户；196个村社区、2万余农户实行环境整治，群众生活陋习、居住环境得到有效改善。

基础设施的改善带动了贫困户增收。2017年夏天，修齐镇通向贫困户范明国饲养跑山猪猪场的公路被水冲毁，范明国二话不说，发动大家连续奋战10多天，很快修通公路。"产业路自己修"，范明国说，以前靠外出务工每年收入1万余元，如今年收入达到4万元以上。

生态产业：从"山底人家"到"山顶药家"

"我是党员我带头。"鸡鸣乡党员沈贤福一头扎进金岩村深山，带领129户、527名群众（其中贫困户49户）发展中药材产业，在山顶建起中药材基地6000余亩，从"山底人家"变成"山顶药家"，如今基地年产药材1500吨，户均增收5万余元。

"九山半水半分田"。城口县山多地少，城口河北连汉江流域的仁河水系，南接嘉陵江流域的前河水系，群山绵延处一条条清澈的河流绕山流淌。碧水绕青山，山底河谷草地青青，山上森林层次分明。城口通过"规划到地、要素到地、技术到地、市场到地、基础到地、服务到地"系列举措，构建"山底强旅，山腰强特，山顶强药"的立体山地生态产业格局。

在山底河谷地带，城口县着重发展生态型乡村旅游，建设"大巴山森林人家"集群片区11个、1500户，带动1200余户5000余名贫困人口增收。

在山腰地带，通过市场主体引领、集体经济组织推动、股权化改革带动，着重发展山地鸡、老腊肉、中蜂、核桃等特色生态农业，发展农业龙头企业 58 个、农民合作社 571 个、家庭农场 347 个，产业扶贫基地 99 个，培育 14 个新型农村集体经济组织，推动股权化改革农业项目 28 个，覆盖 90% 以上农户。

在山顶地带，着重发展中药材产业，总量达到 33 万亩，产量 6.5 万吨，产值 5.2 亿元，成为大巴山"生态药谷"。

旅游扶贫：从"穷山"到"金山"

森林覆盖率 91.8%，平均海拔 1280 米，年均气温 12℃，地处大巴山腹地的东安镇兴田村有着生态好、气候好、空气好、风光好的"四好"标签。但在多年前，兴田村人均耕地不足 0.6 亩，人均粮食不足 90 公斤，2010 年，兴田村的人均年收入还不足 2000 元，贫困发生率高达 31%，村民们只能守着金饭碗，过着穷日子。

2010 年，贯穿全村的城（城口）巫（巫溪）公路通车，兴田村看到了发展的契机。2012 年，东安镇党委政府完善基础设施建设，大力发展乡村旅游，并鼓励群众修建统一命名为"大巴山森林人家"的农家乐。一开始，只有 6 户人跟着干了起来。

兴田村村民唐任平就是 6 个"吃螃蟹"的人之一。村里开动员会时，他正在攀枝花打工。与留守在村里的父母多次沟通后，他毅然辞工回家。当年，他的 4 间客房收入了 8000 多元。尝到甜头的他，次年一开春便把住房扩建了一层，床位也增至 20 个。"我们这儿到处都是森林，门前的亢河清澈漂亮，呼吸的空气都是甜的。夏天最热的时候，也不过 20℃，搞旅游肯定赚钱噻。"唐任平说，从 2013 年起，"大巴山森林人家"每年给他带来的收入都在 10 万元以上。

2013 年，和唐任平同村的赵永兰因车祸左脚粉碎性骨折，长期在外务工的丈夫也因此放弃工作回家照顾她。家里入不敷出，成了建档立卡贫困户。看着开始营业的这6家大巴山森林人家生意火爆，再加上县里、乡里都有补助，赵友兰心里"痒痒"起来。2014年，挂着拐棍的赵友兰多方筹措资金，她的"森林人家"破土动工。

2015年，赵友兰赶在夏季到来前顺利开业。"没想到，生意这么好！"赵友兰的"森林人家"在40多天的暑期，靠着8间客房和餐饮就纯收入5万余元，不少游客把第二年的房间都预定了，一订就是一个月。

房间不够住啊！心头火热的赵友兰，赶紧又借钱扩大了"森林人家"的规模，客房增加到16间。

"在外打工日晒雨淋，现在靠风景就赚钱了。"2016年，唐任平把以前的住房卖了，新修了个更大的。"现在每年收入15万以上没问题。"唐任平笑容满面。

2018年，兴田村已建成大巴山森林人家121户，床位3515张，年接待游客逾60万人次，实现旅游综合收入650余万元，全村90%的农户直接或间接从事乡村旅游，年人均纯收入接近2万。现在，兴田村已经成为重庆乡村旅游的代表，是周边城市重要的消夏避暑目的地。

城口县发挥独有的生态优势，围绕集中安置点，全面整合农村田园风光、古树群落、山水美景等旅游资源，大力发展以户为单位的"大巴山森林人家"，唱好旅游四季歌，打造春赏花、夏避暑、秋赏叶、冬玩雪的特色旅游基地，带动"大巴山森林人家"成为乡村旅游扶贫的知名品牌，持续推进重庆特色旅游基地、全国知名山地休闲度假旅游目的地建设。

同时，城口将发展资金从"城里"带到"乡里"，大力推动城市资本下乡进村，为扶贫输血造血。建立3000万元乡村旅游发展基金，带动了200多个市场主体投入乡村旅游发展，直接发放贷款9000余万元，撬动了近3亿元社会资本投向乡村旅游。建立2200万元扶贫小额信贷风险补偿金，创新实施"户贷户用、户贷合伙、户贷委托、户贷入股"模式，实现 4311 户贫困户获得贷款 2.097 亿元。

这里的山川、森林、溪水等宝贵的自然禀赋，正成为城口脱贫致富的"金山银山"。

内生动力：从"等靠要"到"比赶超"

"一共养了 95 桶中蜂，年收入 5 万多元。"东安镇贫困户王喜才说。他早年患上脑萎缩，精神错乱，病情得到控制后，开始学技术养中蜂，几经沉浮，终于成功，并且有了现在的小洋房。

河鱼乡贫困户彭时俊曾是村里有名的懒汉，精神萎靡，无欲无求，被邻居嫌弃。经过深入细致的思想工作后，彭时俊像换了个人，深感贫穷没面子，变得干劲十足。原来"上顿吃了找下顿"，现在有了产业、有了新房，年收入 3 万元。他常说，不能啥事都靠政府，只要勤快，就能脱贫。

明通镇居民苏必轩被评为新乡贤后，带领周围乡贤奔走于乡镇各地，成了群众信得过、党政信得过的"党群桥梁"。哪里脱贫攻坚有需要，他就出现在哪里，没有他解决不了的事情，也从不要镇里一分补贴，是明通镇群众的脱贫攻坚带头人。

扶贫先扶志。城口县把推动精神脱贫、增强内生动力作为精准扶贫重要内容，大力开展"党恩教育进农家、村规民约进农家、典型示范进农家、文明新风进农家、传统美德进农家、文化滋养进农家"活动，贫困群众内生动力有效激发，涌现出一大批脱贫致富光荣户，一批贫困群众自愿不当贫困户，其中仅明通镇就涌现出 170 余户。

如今的城口县，乘着脱贫攻坚的东风，抓住电商扶贫和"互联网 + 扶贫"的发展机遇，借势当地原生态特色农产品资源和独特生态优势，加快构建生态农业全产业链和旅游产业新格局，实现长久稳定的脱贫，走出了一条别具特色的"逆袭之路"。

走好绿色产业扶贫路　唱响民族团结互助歌

杨志华　文雪梅　公培佳

"风里雨里，我在那柯里等你！"

云南省普洱市宁洱县同心镇那柯里村是茶马古道上的重要驿站，原名马哭里，当年古道崎岖难行，山险水恶。如今却变成风景秀丽、宾客云集的著名休闲旅游景点。昔日马哭里的绿水青山打造成了那柯里的金山银山；而作为全国首个国家绿色经济试验示

范区，普洱市走出了一条"绿水青山就是金山银山"的绿色发展之路，书写了一张"绿色产业扶贫路民族团结互助"生态脱贫的完美答卷。

普洱市委书记卫星介绍，2019 年，普洱市 8 个贫困县实现高质量摘帽，澜沧县高质量通过国家第三方实地评估检查，全市提前一年高质量全面完成脱贫攻坚任务。目前，全市 60 万名贫困人口全部脱贫，"户户达标、村村提升、县县清零"的目标全面实现，普洱彻底消除了延续几千年的绝对贫困问题，实现了历史性跨越。

践行"绿水青山就是金山银山"的理念，深耕"绿色经济试验田"，做好绿色产业扶贫和生态脱贫文章

曾经的普洱贫困面大、贫困人口多、贫困程度深，10 县 9 贫，其中有 2 个是深度贫困县，贫困人口 60 万人，占全省贫困人口总数的 8.6%，贫困发生率一度高达 30.4%，是云南省脱贫攻坚的主战场。同时，普洱森林覆盖率 71.18%，保存着全国近 1/3 的物种，是云南"动植物王国"的缩影。一边是发展经济脱贫攻坚，一边是环境保护，两难之下，普洱当机立断，践行"绿水青山就是金山银山"的理念，深耕"绿色经济试验田"，做好绿色产业扶贫和生态脱贫文章。

普洱市政协副主席、发改委主任胡良波说，普洱深入实施交通先行、绿色发展、开放发展、城乡融合、区域协调、创新驱动六大战略，重点打造现代林产业、旅游康养产业、高原特色农业 3 个"千亿级产业"，生物药、普洱茶、现代制造业 3 个"五百亿级产业"，现代物流、数字经济 2 个"百亿级产业"。通过国家绿色经济试验示范区建设，普洱探索一种生态文明建设与脱贫攻坚经济社会协调发展的模式，编制实施了全国第一个绿色经济考评体系。

　　为此，绿色产业扶贫成为普洱脱贫攻坚的首要担当。于是，该市把培育壮大绿色产业作为高质量脱贫、可持续发展的重头戏，推进茶叶、咖啡、水果、坚果、生物药等高原特色产业以及康养产业快速发展，走一条生态致富之路，让"绿色"成为决胜脱贫攻坚的亮丽底色。

　　产业扶贫离不开龙头企业的带动。普洱茶投资集团作为普洱市的重点茶叶国企，近年来，普洱茶投资集团牢记责任担当使命，依托"龙头企业＋合作社＋茶园＋农户"的合作模式，为普洱市脱贫攻坚提供了生动的实践。董事长杨绍荣告诉记者，为带动贫困户增收脱贫，破解有资源而少销路的问题，2018年12月，普洱茶投资集团与该市澜沧县富邦乡人民政府签订茶产业提质增效合作框架协议，2019年3月，集团承担了富邦乡三个脱贫攻坚茶产业合作收益项目，项目合计涉及建档立卡户910户、3043人，农户自有茶园3600余亩。截至目前，普洱茶投资集团本年度共完成项目农户茶鲜叶收购312.1吨，支付茶农鲜叶款212.6万元，茶农户均增收4000余元。

　　在景谷县，西南地区规模最大的纸浆生产龙头企业云景林纸实施"公司＋农户＋基地"发展模式，带动县内建档立卡贫困户3571户1.28万人受益，农民获得收入9.5亿元，户均增收10万元以上；普洱景谷多上果汁饮品有限公司身为云南省最大的现代化食品工厂，带动3000余户农户增收致富；景谷还抓住了产业扶贫的"牛鼻子"，以肉牛养殖为重点，着重打造"云岭牛"品牌。勐卧云岭肉牛庄园通过入股分红、订单种植、订单养殖和劳动就业四种方式带动地方群众增收致富，目前，已引进400头"云岭牛"种牛，带动1724户建档立卡户实现增收，脱贫成效得到了持续有效提升。

　　在江城县国庆乡嘎勒村的澳洲坚果产业基地，漫山遍野的树上都挂上了沉甸甸的果实。江城中澳农科公司在江城澳洲坚果"一县一业"

产业政策的支持下，采取"公司＋基地＋合作社＋农户"发展模式，江城农户以荒山荒地入股合作种植坚果，收益分成，带动了一大批贫困群众致富。江城县目前已累计投入产业扶贫资金 3.6 亿元，覆盖 39544 名农村人口，推动了橡胶、茶叶、坚果、沃柑等产业的健康发展，带动全县 9855 户 38475 名贫困人口脱贫出列。

普洱市副市长杜建辉说，普洱已建成 11 个农业标准化示范区，思茅区现代农业（茶叶）产业园被认定为首批国家现代农业产业园，思茅区、孟连县分别被列为云南省"一县一业"示范县和特色县。培育 2494 个新型经营主体，与贫困户建立"双绑"利益联结（龙头企业绑合作社、绑贫困户），实现产业有效带动全覆盖。同时，全省首家开展领导干部自然资源资产离任审计，领导干部离任先查生态账、环保账。普洱全市 GDP 保持年均两位数高速增长，目前绿色 GDP 占比高达 94%，走出了一条生态与生计兼顾、增绿与增收协调、绿起来与富起来统一的绿色发展新路子。

建立"宾弄赛嗨"互帮互助机制，实现民族团结进步与脱贫攻坚的有机融合，奏响决战决胜脱贫攻坚"民族大合唱"

10 个县（区）中有 9 个是少数民族自治县，普洱市的脱贫攻坚工作与民族团结进步可谓是相融共生。普洱大力弘扬民族团结誓词碑精神，整合各种资源，汇聚各方力量，全力构建大扶贫格局，奏响决战决胜脱贫攻坚"大合唱"。

位于宁洱哈尼族彝族自治县的民族团结誓词碑也见证了普洱"宾弄赛嗨"互帮互助机制下民族团结进步与脱贫攻坚、乡村振兴的有机融合。"宾弄赛嗨"系傣语，意为"没有血缘关系但像亲戚一样的朋友"，是普洱市孟连傣族拉祜族佤族自治县民间普遍沿袭的各民族间互帮互助传统。普洱丰富拓展了孟连县"宾弄赛嗨"民族团结互帮互助机制内涵，从一个家庭帮一个家庭的模式，上升到一个民族帮一个民族、一个村寨帮一个村寨、一个乡（镇）帮一个乡（镇）、一个县（区）帮一个县（区）、先脱贫帮未脱贫的新型"宾弄赛嗨"模式。

宁洱是云南省2017年15个首批脱贫摘帽县之一。截至2019年底，全县共有建档立卡人口4328户15092人，已脱贫4249户14891人，其中：少数民族人口9487人，占已脱贫人口的63.71％；贫困发生率由2013年末的8.22％降至0.14％，实现了全面小康路上"不让一个兄弟民族掉队"的承诺，闯出一条边疆少数民族地区团结奋进脱贫攻坚的新路子。

近年来，脱贫攻坚的深入推进让普洱多个"直过民族"实现了同其他民族兄弟同步奔小康的惊人一跃，从曾经的"刀耕火种"一步跨进现代文明，住房保障、医疗保险、教育助学、产业发展等惠民政策成为直过民族脱贫的有力支撑，他们开始自主掌控命运，用勤劳和智慧开创与祖辈迥异的生活。2019年底，江城县瑶族聚居区811户3580名贫困人口脱贫；2019年底，瑶族村民年均纯收入提高到9378.5元，瑶族贫困村民小组贫困发生率下降到1.86％。

强化"五级书记抓扶贫、党政同责促攻坚"，健全长效机制，着力巩固提升脱贫成果，实现脱贫攻坚和乡村振兴的有效衔接

为了决战决胜脱贫攻坚，普洱全市上下尽锐出战，"五级书记抓扶贫、党政同责促攻坚"。普洱市委、市政府主要领导带头挂联深度贫困县，带头挂牌督战，带头遍访所有乡（镇），在一线部署任务、推进工

作、解决问题。35名厅级干部分别挂县包乡帮村，103名县处级干部驻乡督导，派出驻村工作队员1.04万人次，1180家市县乡（镇）单位定点扶贫，4.7万名干部职工结对帮扶，实现"挂包帮"双向全覆盖。

"我们把脱贫攻坚一线作为检验基层党组织战斗堡垒和党员先锋模范作用的大考场，作为检验干部作风的大舞台，在脱贫攻坚一线培养、识别、选拔干部，388名脱贫攻坚实绩突出干部得到提拔重用，数量居全省前列。"卫星表示。

为加强扶贫领域监督执纪问责，普洱还在云南省率先推行"电视问政"，对脱贫攻坚工作进行问能、问效、问担当，各县多轮交叉检查，形成了向贫困发起总攻的浓厚氛围。

围绕"两不愁三保障"目标，普洱坚持标准导向和问题导向，在"精准"二字上狠下功夫，把脱贫攻坚政策措施清单化、项目化、具体化，确保脱贫工作务实、脱贫过程扎实、脱贫结果真实。

脱贫攻坚对于普洱市来说，是一次影响深远、深层次、全方位的伟大革命：最直观的变化是农村基础设施的巨变，最欣慰的变化是群众生活水平的质变，最可喜的变化是乡村人居环境的嬗变，最振奋的变化是富民支撑产业的蝶变，最根本的变化是群众思想观念的蜕变，最深刻的变化是党员干部作风的转变。

普洱市委书记卫星满怀信心地说："脱贫摘帽不是终点，而是新生活、新奋斗的起点。"接下来，普洱将加强组织领导，确保脱贫攻坚力度不减；健全长效机制，着力巩固提升脱贫成果；夯实产业基础，切实提高脱贫质量成色；强化统筹衔接，深入实施乡村振兴战略。